HISTOIRE
DE
LA LITTÉRATURE
FRANÇAISE.

TOME I.

TYPOGRAPHIE DE H. FIRMIN DIDOT. — MESNIL (EURE).

HISTOIRE

DE

LA LITTÉRATURE

FRANÇAISE,

PAR D. NISARD

DE L'ACADÉMIE FRANÇAISE.

Deuxième Édition.

TOME PREMIER.

PARIS,
LIBRAIRIE DE FIRMIN DIDOT FRÈRES,
IMPRIMEURS DE L'INSTITUT,
RUE JACOB, 56.

1854.

PRÉFACE
DE LA DEUXIÈME ÉDITION.

Le bon accueil fait à la première édition de cet ouvrage, depuis longtemps épuisée, me permettait de croire qu'une seconde était nécessaire. J'hésitais pourtant à la donner. Je redoutais mon goût de plus en plus sévère, et le travail de la correction, si menaçant pour qui craint d'avoir plus à refaire qu'à corriger. L'invitation de mes honorables éditeurs, derrière lesquels j'ai cru voir le public, a vaincu mes scrupules. Ce travail, commencé avec appréhension, a été plus facile et plus court que je ne l'espérais. Il m'a semblé que, pour le fond des choses, je n'avais rien à regretter ni à changer. La pensée première de ce livre n'est pas une vue particulière : c'est ma foi aux grandes traditions classiques, alors que sa ferveur était pure de toute arrière-pensée offensive, et que je songeais plus à en jouir qu'à la défendre. Rien n'est survenu depuis qui fût de nature à l'ébranler, et j'y persévère, comme en ce qui fait à la fois la règle et la joie de mon esprit.

L'autorité de critiques éminents a pu me faire douter que j'eusse le talent de la rendre communicative ; ils ne m'ont pas fait douter de ma foi elle-même. Qu'il me soit permis d'ajouter que je ne crois pas avoir fait tort à la littérature de mon pays, en l'admirant comme l'héritière des deux littératures universelles, et en lui reconnaissant pour trait distinctif, pour titre d'hoirie, la supériorité de la raison.

Je donne donc de nouveau ces trois volumes, tels qu'on les a lus dans la première édition. Les seuls changements que j'y ai faits sont quelques phrases raccourcies et rendues plus claires, quelques mots disant mieux les choses, ou plutôt les disant comme elles sont; car il n'y a pas de mieux en fait de mots, il y a ou il n'y a pas le mot qui dit la chose. Le désir du mieux, quand il ne mène pas tout simplement au bien, n'est que la tentation de se laisser aller à ce que les peintres appellent empâter les couleurs, ce qui est proprement charger de fard un visage où l'on n'a pas su mettre la vie. C'est le piége des éditions revues et corrigées. J'ai tâché de n'y pas tomber.

Un quatrième volume, consacré au dix-huitième siècle, suivra de près cette réimpression et terminera mon travail. Plusieurs causes l'ont retardé. Peut-être aurai-je à les faire connaître à ceux qui ont bien voulu témoigner quelque impatience d'avoir l'ouvrage complet. Je puis leur dire, dès à présent, que la principale a été le désir de me rendre digne de cette impatience, en ne la trompant pas.

Juillet 1854.

PRÉFACE
DE LA PREMIÈRE ÉDITION.

Cet ouvrage est le résultat de dix années d'enseignement à l'École Normale. J'en fais hommage aux jeunes professeurs sortis de cette école, qui ont été un moment mes élèves, et sont restés mes amis. C'est pour eux, c'est avec eux, que j'ai appris à reconnaître, dans le magnifique ensemble des chefs-d'œuvre de l'esprit français, l'image la plus complète et la plus pure de l'esprit humain. Les années qu'il m'est donné de vivre encore ne me réservent pas d'aussi douces heures que celles que j'ai passées au milieu d'eux, au sein de devoirs aimés, surprenant ou veillant, dans de jeunes cœurs ouverts à toute parole sincère, ces secrètes conformités de l'écrivain et du lecteur qui font la vie des ouvrages d'esprit.

Dois-je déclarer d'ailleurs, pour excuser l'ambition de ce titre d'*Histoire*, que je n'ai point prétendu compléter ni résumer les travaux antérieurs qui ont paru sur cette matière? Rien, à mon jugement, ne pourrait remplacer les parties du cours de La Harpe, où ce critique parle de ce qu'il sait, et ne fait point de théories à l'usage de ses préventions, ou pour donner le change sur les défauts de ses œuvres originales. Rien ne peut tenir lieu de quelques écrits excellents, publiés de nos jours, sur des points particuliers de l'histoire de notre littérature, les uns plus curieux de détails de biographie intime, les autres plus occupés des applications morales. Et quelle histoire réussirait à rendre moins précieuses les leçons d'un professeur illustre, écrivain du goût le plus délicat et de la raison la plus ornée, qui a élevé la critique littéraire au rang de l'histoire, et qui, à l'exemple des antiques orateurs retravaillant leurs harangues pour l'épreuve de la lecture, a changé de brillantes improvisations en écrits durables?

Ce que j'ai osé faire, croyant le terrain moins exploré, et conduit d'ailleurs par mon penchant, ç'a été de mettre en relief, dans l'examen historique de nos chefs-d'œuvre, le côté par lequel ils intéressent la conduite de l'esprit et donnent la règle des mœurs. Persuadé que les lettres doivent être un supplément de l'expérience personnelle, une force active et présente, une discipline qui s'ajoute aux exemples du foyer domestique, à la religion, aux lois de la patrie, j'ai cherché dans nos grands écrivains moins l'habileté de l'artiste que l'autorité du juge des actions et des pensées, moins ce qui en fait des êtres merveilleux, dont la gloire nous peut troubler, que ce qui les met de tous nos conseils et les mêle à notre vie, comme des maîtres aimés et obéis. Peut-être même sera-ce le principal défaut de ce travail, que ma foi y paraîtra superstitieuse, et que j'aurai abaissé mes dieux en les supposant si occupés de moi. Mais s'il ne m'a pas été donné d'éviter l'excès et de me tenir au vrai point, j'aime mieux qu'on me reproche la superstition, où il entre du moins de la reconnaissance, que l'indifférence, où il y a toujours un peu de vanité.

Novembre 1844.

HISTOIRE
DE LA
LITTÉRATURE
FRANÇAISE.

LIVRE PREMIER.

CHAPITRE I.

§ I. Distinction entre l'histoire de la littérature française et l'histoire littéraire de la France.— Où doit commencer l'histoire de la littérature.— § II. Ce que c'est que l'esprit français. — § III. En quoi l'esprit français diffère de l'esprit ancien. — § IV. En quoi il diffère de l'esprit de quelques nations modernes. — § V. Comment l'image la plus exacte de l'esprit français est la langue française. — § VI. Des différences générales entre la langue française et les langues littéraires du midi et du nord de l'Europe. — § VII. Objet et plan de cette histoire.

§ I.

DISTINCTION ENTRE L'HISTOIRE DE LA LITTÉRATURE FRANÇAISE ET L'HISTOIRE LITTÉRAIRE DE LA FRANCE.— OÙ DOIT COMMENCER L'HISTOIRE DE LA LITTÉRATURE.

Avant d'entrer dans cette grande matière, il importe d'être fixé sur le sens du mot littérature, et de se mettre d'accord avec l'opinion générale sur l'objet de cette histoire. Les mots les plus ordinaires ont été, dans ces dernières années, ou tellement détournés de leurs acceptions consacrées, ou étendus à tant d'autres sens, que dans un écrit où l'on prétend, peut-être à tort, exposer des doctrines, il est nécessaire de rappeler ces acceptions premières, ou de justifier celles qu'on y substitue.

Il faut soigneusement distinguer entre l'histoire littéraire d'une nation, et l'histoire de sa littérature.

L'histoire littéraire commence, pour ainsi dire, avec la nation elle-même, avec la langue. Elle ne cesse que le jour où la nation a disparu, où sa langue est devenue une langue morte. Pour la France en particulier, si les savants bénédictins font remonter son histoire littéraire aux premiers bégayements de cette langue, qui deviendra la langue française, d'autres la cherchent bien loin par delà, dans ce travail de décomposition du latin, et dans ce mélange de mots ibériens, celtiques, germaniques, d'où la langue française est sortie. Il n'y a pas de point fixe ; et jusqu'à ce qu'on ait atteint le germe né de ces mélanges, il n'y a pas de raison pour arrêter ses recherches. L'histoire littéraire de la France commence le jour où le premier mot de la langue française a été écrit.

De même qu'elle n'a pas de commencement, et qu'elle ne cesse qu'avec la nation et la langue, elle doit embrasser tout ce qui a été écrit. Ce doit être une sorte d'inventaire détaillé et fidèle de tout ce qui a vu le jour et a été lu, une liste raisonnée de tous ceux qui ont tenu une plume; le mérite d'un inventaire de ce genre est de n'omettre personne.

Je suis loin de dédaigner ce genre d'histoire. Les savants bénédictins, et, de notre temps, M. Daunou, par l'exactitude des recherches et la solidité des jugements, ont fait de l'histoire littéraire un genre dans lequel la philosophie, cette âme des écrits, a sa part. Et, à voir les choses en beau, des recueils de ce genre intéressent l'orgueil d'une nation, en lui montrant l'antiquité de ses origines littéraires et la multitude de ses écrivains. Ils répondent à ce besoin de perpétuité et de tradition qui est une vertu nationale; ils témoignent du respect que doit avoir toute grande nation pour son passé. En outre, dans la pratique, ces curieuses archives sont utiles pour l'érudit qui veut s'éclairer sur un point particulier de l'histoire des lettres ou des mœurs, ou qui cherche tout simplement, comme l'entomologiste ou le botaniste, à connaître tous les individus de la classe des écrivains. Par malheur, la multitude et la variété, dans l'histoire littéraire, ne sont pas, comme dans l'histoire naturelle, des formes sans nombre de la même perfection. Dans l'ordre naturel, chaque individu est parfait et le plus convenablement approprié à sa destination, en sorte que la connaissance qu'on en a est parfaite et profitable comme celle de toute vérité. Au contraire, parmi les écrivains, plus on descend, plus l'imperfection se fait voir, jusqu'à ce qu'on en rencontre qui n'ont fait que sentir par la mémoire et écrire par l'imitation, et dont la connaissance, inutile aux esprits bien faits, pourrait être un piége pour ceux qui ne sont pas formés.

Il en est tout autrement de l'histoire d'une littérature. Il y a une époque précise où elle commence et où elle finit, et l'objet peut en être clairement déterminé. Il y a une littérature le jour où il y a un art; avec l'art cesse la littérature. Mais à quelle époque voit-on commencer l'art, et, dans la langue des lettres, que faut-il entendre par l'art?

Aucun mot n'a peut-être plus besoin d'être défini, parce qu'aucun n'a été plus détourné de son sens, au profit de plus de paradoxes et de caprices. Si même il n'était pas indispensable dans une histoire de la littérature française, je m'en serais passé, pour éviter la confusion qui s'y attache, et échapper au danger, peut-être certain, de ne pas faire agréer la définition que j'en dois donner.

Qu'est-ce donc que l'art, dans l'acception la plus élémentaire, si ce n'est l'expression de vérités générales dans un langage parfait, c'est-à-dire parfaitement conforme au génie du pays qui le parle et à l'esprit humain?

Et qu'est-ce que cette parfaite conformité du langage au génie particulier d'une nation et à l'esprit humain en général, sinon cet ensemble de qualités qui le rendent immédiatement clair et intelligible pour cette nation et pour les esprits cultivés de toutes les nations?

Ne serait-ce pas vouloir trop pousser la définition, que d'ajouter que, pour la France en particulier, il faut entendre par un langage parfait, celui dont tout le monde est d'accord, et qui est considéré comme définitif? Ce serait, par exemple, la partie de notre langue à laquelle, depuis bientôt quatre siècles, tout ce qu'il y a eu d'esprits cultivés en France a invariablement attaché le même sens.

Voici d'ailleurs par quelle suite de changements cette perfection de l'art s'est réalisée dans notre pays.

Trois époques en résument les circonstances les plus distinctes. Dans la première, il n'y a pas d'art; il n'y a qu'un souvenir obscur et confus de l'art antique. A cette lueur qui éclaire ses premiers pas, l'esprit français marche avec tant de lenteur, qu'il paraît à quelques-uns reculer. Il n'a guère que des idées particulières et locales, qu'il exprime pour un moment dans une langue qui change tous les jours. Le peu qu'il a d'idées générales, il les a apprises et les exprime dans la langue savante, la langue des clercs, le latin. Il ne se pense rien de général et d'éternel en français, du moins dans cet ordre d'idées qui seul peut susciter le langage littéraire, et recevoir des formes définitives. Mais l'idiome se forme par les tentatives de quelques clercs pour communiquer à la foule dans la langue vulgaire ce qu'ils ont appris d'idées générales dans la langue savante, et par cet instinct de l'art à venir qui se révèle dans la vaine rhétorique et les grossiers latinismes de quelques écrivains.

Dans la seconde époque, au souvenir de l'art antique succède l'étude même, et bientôt l'intelligence de ses monuments. L'esprit français conçoit à son tour des idées générales. Dans son ardeur pour les exprimer, il emprunte des tours et des mots aux deux grandes langues qui ont le plus exprimé de ces sortes d'idées.

De ces emprunts, la langue nationale s'en assimile une partie et rejette le reste. Ce qu'elle s'est assimilé est durable. La France a son art ;

elle exprime à son tour des vérités générales dans un langage définitif.

Enfin, à une certaine époque unique, éclatent dans le même peuple la perfection du génie particulier de ce peuple, et la perfection de l'esprit humain. L'art devient un fruit du sol, fécondé, en quelque façon, par la connaissance du passé. Mais, de ce moment, c'est en donner une définition incomplète que de le borner à l'expression de vérités générales dans un langage définitif. Il y faut comprendre désormais tous les genres, les qualités de chaque genre en particulier, la composition des ouvrages, la méthode, et généralement tout ce qui fait de chaque ouvrage un tout composé de parties unies entre elles, et proportionnées à l'image des êtres organisés dans l'ordre naturel.

C'est de cette façon uniforme, ce semble, qu'on a vu se développer la littérature française, et, sauf quelques différences de détail, toutes les littératures modernes.

Nous sommes fixés sur l'époque où doit commencer l'histoire de cette littérature; c'est cette seconde époque où l'art paraît, et où l'esprit français exprime des idées générales dans un langage définitif. Nos pères ont donné à cette époque le nom de Renaissance; laissons-lui cette appellation, quoique ce soit moins une définition exacte, qu'un cri d'enthousiasme. L'esprit français, ébloui et charmé à la vue de l'antiquité, croyait renaître et comme sortir des limbes; il ne renaissait pas, il arrivait lui-même à sa maturité; et s'il se reconnaissait dans l'esprit antique, c'est parce qu'il devenait à son tour l'esprit humain.

Tout ce qui est antérieur à la Renaissance appartient à l'histoire de la langue, de l'instrument qui servira quelque jour à exprimer des idées générales. Ce sont nos origines intellectuelles, qui peuvent ne point toucher les autres nations, lesquelles ne sont intéressées qu'à notre maturité, parce que c'est le bien commun de l'Europe moderne.

Mais l'étude de ces origines est un digne sujet pour nous; car c'est là que nous reconnaissons, dans toute leur naïveté, les caractères que tire l'esprit français du sol même de la France, des mœurs locales, des diverses circonstances de la formation de notre pays en corps de nation; c'est là que nous entrevoyons la forme particulière que va recevoir l'esprit humain représenté par l'esprit français. Une histoire de la littérature française, où ces origines n'auraient pas leur place, manquerait de ce qui doit en former l'introduction naturelle.

Si l'art est l'expression des vérités générales

dans un langage définitif, les vérités de cet ordre et les termes qui ont servi à les exprimer n'étant pas sujets à changer ni à périr, il suit que l'histoire d'une littérature est l'histoire de ce qui n'a pas cessé, dans les œuvres littéraires d'une nation, d'être vrai, vivant, d'agir sur les âmes, de faire partie essentielle et permanente de l'enseignement public. Mais cela même, n'est-ce pas le fonds, n'est-ce pas l'âme de la nation?

Ce que nous avons à étudier, à caractériser avec précision, c'est le fonds même, c'est l'âme de notre France, telle qu'elle se manifeste dans les écrits qui subsistent. C'est cet esprit français qui est une des plus grandes puissances du monde moderne.

Est-il besoin de parler de l'utilité d'une telle étude? Qui ne sent à première vue combien l'espèce de relâchement dans lequel nous vivons, par des causes qui ne sont pas toutes mauvaises, rend nécessaire une ferme croyance sur ce point? Parmi tant de doutes qui nous travaillent, soit au sujet de certaines influences longtemps souveraines, soit sur la forme même de l'ordre social et politique sous lequel nous vivons, de quel prix ne serait-il pas de ne point douter du moins de la chose d'où dépend tout le reste, je veux dire la nature même de l'esprit de notre pays? Outre que, par les caractères des écrits qu'il a toujours aimés, comme s'y étant toujours reconnu, nous pourrions apprécier à toutes les époques ses véritables besoins, les distinguer de ses caprices, et travailler avec connaissance à régler son avenir d'après son passé.

C'est ce que je cherche, depuis déjà bien des années, avec une ardeur quelquefois découragée, mais que soutient, contre la difficulté de la matière, l'amour même que cette étude m'a donné pour mon pays. J'ai voulu voir d'une vue claire et déterminer, sans paraxode ni rhétorique, ce qu'il y a de constant, d'essentiel, d'immuable dans l'esprit français. Après m'en être fait une image distincte, si toutefois ce n'est pas quelque illusion qui s'est rendue maîtresse de mon jugement, j'ai voulu m'y attacher davantage en la représentant dans ce livre. Heureux si, en cherchant à me contenter sur un sujet si vital, j'avais réussi à persuader les jeunes gens qui me liront, et à leur épargner ainsi bien des incertitudes que j'ai connues, durant lesquelles la vie s'écoule, et qui font faire quelquefois des fautes irréparables !

En retraçant l'histoire de ce qui a duré, je ne laisserai pas ignorer ce qu'il y a eu de changeant, de capricieux, d'exotique, à certaines époques, dans l'esprit français. Mais ce sera pour en garder le lecteur, et pour le détourner de donner aux vains écrits marqués de ces caractères, un temps que l'époque où nous vivons nous compte d'une main avare, et qui suffit à peine à nous pourvoir de l'indispensable.

§ II.

CE QUE C'EST QUE L'ESPRIT FRANÇAIS.

Pour faire l'histoire de l'esprit français, il faut connaître ce que c'est que cet esprit; il faut s'être mis d'accord avec l'opinion qu'on en a ou qu'on en doit avoir en France, après plus de trois siècles d'écrivains supérieurs. Cette histoire même n'est possible que parce qu'il existe une image claire de l'esprit français. Seulement, les caprices du goût, dans ces derniers temps, ont assez altéré cette image pour qu'il soit nécessaire de la rétablir, afin de nous y reconnaître de nouveau.

Quoiqu'il ne s'agisse que de l'esprit français dans la littérature, comme tout ce qui est de la vie politique et sociale, des arts, de la religion, de la philosophie, tout ce qui est une matière pour l'activité humaine, a été exprimé ou peut l'être par la littérature, on est bien près de connaître tout le fonds de sa nation, quand on en connaît l'esprit dans les œuvres littéraires. Et, de même, on n'est pas loin d'ignorer son pays ou de s'y tromper grossièrement, quand on a des idées vagues ou inexactes sur l'esprit qu'il a manifesté dans les lettres. L'erreur sur ce point, d'une médiocre conséquence dans la théorie, pourrait être capitale dans la pratique. Nous vivons à une époque et sous une forme de gouvernement où la réputation dans les lettres, comme la réputation au barreau chez les Romains, est une sorte de candidature universelle pour tous les emplois de l'État. Nos écrits sont comme des arrhes que nous donnons au public de notre aptitude aux carrières élevées. Or de quel intérêt n'est-il pas de ne se point tromper sur l'esprit de son pays, et, par exemple, pour caresser un de ses défauts passagers, de ne pas risquer de soulever quelque jour contre soi ses qualités qu'on aura un moment surprises? Quel avantage n'aurait pas un politique qui aurait cherché dans toute la suite de notre histoire quelle a été, dans les choses de la politique, l'habitude et comme le naturel de notre pays, et qui pourrait au besoin en appeler à la France séculaire des entraînements et des erreurs de la France du jour? Je m'imagine qu'il ferait mieux nos affaires par cette profonde connaissance de nos traditions, que le plus habile empirique par la plus grande richesse d'expédients.

De même, la meilleure chance est à l'écrivain qui, au lieu de quelque image altérée et mensongère de l'esprit français, travaillera devant une image véritable, dont il aura recueilli les traits dans toute la suite de son histoire. Mais n'y a-t-il que l'écrivain pour qui cette connaissance soit capitale? Ne sommes-nous pas tous intéressés, pour notre conduite, principalement dans la vie publique, à savoir ce que notre nation a constamment tenu pour vrai, même après quelque oubli ou quelque dégoût qui ne faisait que rendre plus décisif son retour à ses habitudes? Ne devons-nous pas, pour n'y être point comme des étrangers, connaître en quoi nous lui ressemblons?

Le meilleur moyen de connaître ce qu'est l'esprit français, c'est de connaître tout ce qu'il n'est pas. Il faut distinguer son état de santé de ses maladies; ses époques de vigueur, de ses époques de faiblesse. L'esprit d'une nation, comme celui d'un homme en particulier, peut éprouver certains affaiblissements passagers, recevoir certaines atteintes, avoir des caprices; après quoi il rentre dans son habitude et son état sain. Et de même que, pour juger du caractère d'un homme, vous ne l'irez pas prendre un jour où quelque désordre de santé l'aura dérangé; de même, pour apprécier l'esprit d'une nation, vous ne vous arrêterez pas à quelques égarements d'un jour, dont elle sera revenue le lendemain.

Vous n'appellerez pas l'esprit français, l'esprit

de certaines époques où, soit à la suite de conquêtes, soit par les fautes d'un mauvais gouvernement, la France a copié, avec l'ardeur qui lui est propre, tantôt les défauts du peuple conquis, tantôt ceux de la nation étrangère dont elle subissait l'influence.

La première chose s'est vue à la suite des guerres d'Italie. C'est le temps où, plus barbare que le peuple conquis, elle s'affublait, comme d'une mode, de la civilisation qu'elle avait visitée, et prenait je ne sais quel travestissement de subtilité puérile et de vaine galanterie. Nous avons payé de ce prix une gloire mal acquise et des conquêtes impolitiques.

La seconde s'est vue pendant et après les guerres de religion. Alors la moitié de la France appelait l'étranger pour combattre l'autre. Notre royauté était à demi espagnole : triste époque où, en expiation d'une mauvaise politique, l'emphase castillane et le faux bel esprit de l'école de Gongora ont gâté tous les écrits de la fin du seizième siècle et du commencement du dix-septième.

Vous n'appellerez pas l'esprit français ces exagérations successives qui ont rendu notre littérature, ou romanesque, ou pastorale, ou superstitieuse pour l'antiquité jusqu'à vouloir appliquer à notre langue la métrique des langues anciennes, ou puriste jusqu'à proscrire, par arrêt des Précieuses, des mots utiles et compris de tous. Vous ne le reconnaîtrez pas dans cette ambition propre à notre temps, qui prétend réunir toutes les qualités et toutes les libertés des littératures étrangères, et qui affecte des priviléges extraordinaires d'imagination et de sensibilité, dans un pays où les hommes de génie sont ceux auxquels le plus de gens ressemblent.

L'esprit français, on l'a dit, et je ne l'en caractérise qu'avec plus de confiance, c'est l'esprit pratique par excellence. La littérature française, c'est l'idéal de la vie humaine, dans tous les pays et dans tous les temps; ou plutôt c'est la réalité dont on a retranché les traits grossiers et superflus, pour nous en rendre la connaissance à la fois utile et innocente. L'art français, dans la plus grande étendue du sens qui appartient à ce mot, c'est l'ensemble des procédés les plus propres à exprimer cet idéal sous des formes durables.

Deux ordres de vérités constituent cet idéal : les vérités simples ou philosophiques qui constatent ce qui se fait, et les vérités morales, ou du devoir, qui établissent ce qu'il faut faire. Les passions étudiées, analysées, et décrites dans le détail le plus rigoureux, avec le dessein de les mieux signaler à la conscience qui doit les combattre et les régler; la vérité philosophique subordonnée à la vérité morale; la connaissance pour arriver au devoir : tel est le fonds de l'esprit français. Une très-petite part est faite à la pure curiosité, et aux spéculations qui ne mènent pas à quelque vérité d'application. En France, tout ce qui n'est pas une connaissance intéressant le plus grand nombre, ou une règle de conduite pour quiconque a la bonne volonté, risque fort de n'être qu'une superfluité et un défaut.

§ III.

EN QUOI L'ESPRIT FRANÇAIS DIFFÈRE DE L'ESPRIT ANCIEN.

Mais l'esprit français, qu'est-il autre chose que l'esprit ancien? C'est en effet l'esprit ancien, avec cette différence, tout à son avantage, que le caractère pratique y est encore plus d'obligation et s'y étend à plus de choses.

Ainsi, chez les anciens, quoique la forme de la société, essentiellement pratique et publique, retînt naturellement les écrivains dans la réalité, la part de la vaine curiosité et des spéculations oiseuses y est fort considérable, particulièrement chez les Grecs. On y a été plus favorable à la liberté, qui est pleine de périls et d'égarements, qu'à la discipline, qui ajoute à la force réelle tout ce qu'elle ôte de forces capricieuses et factices.

Au contraire, l'esprit français est plus porté pour la discipline que pour la liberté. Il l'estime plus féconde et plus pratique. Il est même remarquable que, dans une forme de société qui laisse plus de temps à la vie individuelle et solitaire, et plus de pâture aux spéculations de pure curiosité, l'écrivain est moins libre que chez les anciens de jouir de son esprit. Il est l'organe de tous, plutôt qu'une personne privilégiée ayant des pensées qui n'appartiennent qu'à lui, et qu'il impose en vertu d'un droit extraordinaire. L'homme de génie, en France, c'est celui qui dit ce que tout le monde sait. Il n'est que l'écho intelligent de la foule; et s'il ne veut pas nous trouver sourds et indifférents, il faut qu'au lieu de nous étonner de ses vues particulières, il nous fasse voir notre intérieur, comme dit Montaigne, et qu'il nous avertisse de nous-mêmes.

Voilà en quoi l'esprit pratique est de plus étroite obligation dans notre littérature que chez les anciens : voici comment son domaine est plus étendu.

C'est au christianisme que nous devons le bienfait de cet agrandissement de notre nature. Non-seulement il a réduit toutes nos pensées à la pratique en faisant prévaloir l'esprit de discipline, qui regarde la conduite, sur l'esprit de liberté, qui regarde plus particulièrement les pensées; mais il a comme reculé les bornes et creusé les profondeurs de notre conscience. Dans l'ordre des vérités philosophiques, quel spéculatif, parmi les anciens, a pénétré aussi avant que ses moralistes? Derrière tout ce qui se fait ouvertement et par une volonté claire, que d'actions n'a-t-il pas découvertes qui se font pour ainsi dire en cachette de la conscience, ou à son insu, par cette corruption insensible de notre nature qu'il a si profondément remuée? Et, dans l'ordre des vérités de devoir, quels espaces n'a-t-il pas ouverts à la morale? Que de prescriptions pour épurer le cœur en proportion de ce qu'il l'a approfondi? Le christianisme a fait pour l'esprit français ces trois choses : il en a fortifié la tendance pratique; il en a étendu les objets d'étude en rendant en quelque sorte la vie plus vaste; enfin, il en a fait une image plus complète et plus pure de l'esprit humain.

§ IV.

EN QUOI L'ESPRIT FRANÇAIS DIFFÈRE DE L'ESPRIT DES AUTRES NATIONS MODERNES.

Les différences sont grandes entre l'esprit français et ce qui paraît de l'esprit des autres nations modernes dans leurs littératures.

En faisant le portrait de l'esprit français, j'ai presque fait le portrait de la raison elle-même.

Cette tendance pratique, cette prédominance de la discipline sur la liberté, ce devoir imposé à l'écrivain d'être l'organe de la pensée générale, cette subordination de l'individu à tout le monde, qu'est-ce autre chose que la raison ? C'est cette raison par laquelle nous ressemblons le plus aux autres hommes, gouvernant en maîtresse souveraine l'imagination et les sens, par lesquels nous en différons le plus, et d'où nous viennent ces singularités qui sont si antipathiques à l'esprit français. Notre littérature est comme l'image vivante de ce gouvernement de toutes les facultés par la raison. On y voit l'homme tout entier, son imagination, ses sens, sa raison; car, où l'une de ces choses manque, il n'y a point de vie : mais la raison gouverne. Elle reçoit des idées de l'imagination et des sens, elle en contrôle la valeur, elle en arrête définitivement l'expression. Plus indépendante du corps que la sensibilité et l'imagination, elle ne souffre pas que la nature entreprenne sur ses droits. De là, dans le même homme, ce merveilleux spectacle d'un être intelligent qui sépare en lui le terrestre du divin, qui se préfère à lui-même, qui sacrifie la nature à la raison. C'est ce spectacle que nous offrent tous nos chefs-d'œuvre : il ne s'y voit autre chose qu'une raison supérieure, rendue assez forte, par l'amour de la vérité, pour dominer l'imagination et les sens, et pour tirer d'admirables secours d'où lui viennent d'ordinaire les plus grands dangers.

Tel n'est pas le caractère des autres littératures modernes, et particulièrement de celles du Nord. Là, la nature est à peu près maîtresse, et cet équilibre de toutes les facultés, que j'admire dans nos grands écrivains, y est à chaque instant rompu. C'est tantôt le tour de l'imagination, tantôt celui de la sensibilité, de faire prédominer l'individu sur l'homme, le particulier sur l'universel. La raison a aussi son tour, mais elle n'a que son tour; et, après cette sorte de petit bonheur pour l'écrivain, elle cède sa place. La littérature y est donc moins générale qu'individuelle : et dès lors comment l'esprit de liberté n'y prévaudrait-il pas sur l'esprit de discipline? Cet esprit même de discipline y est-il seulement connu? Je vois beaucoup de théories pour étendre les libertés du poëte : je n'en vois point, ou je n'en vois que d'imitées de notre littérature, pour le contenir et le régler. La rêverie, qui n'est le plus souvent qu'un désordre de la sensibilité, ou une faiblesse de vue qui ne peut pas percer les nuages qui nous dérobent nos propres pensées, y jouit d'un domaine sans limites. La subtilité, qui n'est qu'une force mal employée, y est louée comme un regard de l'âme plus ferme et plus soutenu.

La raison pourrait seule dissiper ces nuages et employer efficacement cette force; mais on l'y suspecte presque d'une sorte de jalousie contre la liberté et la variété de la nature.

Les littératures du Nord sont non-seulement plus individuelles, elles sont aussi plus locales. On le voit par la place considérable qu'on y donne à l'amour de la patrie, comme séparée et distincte des autres patries; et par là je n'entends pas cette passion sérieuse, vitale, qui fait la force des nations, comme l'esprit de famille fait celle des individus. Je veux parler de cette passion exclusive, un peu sauvage, qui préfère le pays à tout, et au pays le lieu même de la naissance, le premier horizon que l'écrivain a vu de ses premiers regards.

En France, nous n'aimons pas la patrie de cet amour jaloux du montagnard pour sa montagne, ni seulement parce que tout y est le mieux disposé pour nos commodités. Nous l'aimons, parce qu'elle nous paraît la meilleure patrie pour l'homme en général; nous voudrions y donner le droit de cité à tout le genre humain. Nous l'aimons, parce que toutes choses nous y paraissent plus conformes à la raison, à la possession de laquelle il nous plaît de convier et d'associer tout le monde. Est-ce un effet des circonstances extérieures d'un pays admirablement tempéré, où, sous un ciel qui ne nous opprime jamais, l'âme paraît plus indépendante du corps, et jouit d'une plus grande liberté? Quoi qu'il en soit, nous avons toutes les inspirations qu'on peut tirer de cette grande idée de la patrie, regardée comme la demeure même de la raison; et nous n'avons pas ce patriotisme étroit, qui naît de la dépendance même du corps à l'égard de la patrie matérielle, et qui borne les pensées à la vallée où l'on est né.

Dans les littératures du Midi, ce même caractère individuel et de localité se montre sous d'autres formes. On y est subtil comme dans le Nord; mais, au lieu de rêver, on s'échauffe et on s'emporte. Les choses que le Nord voit mollement et à demi, le Midi les voit plus grandes qu'elles ne sont; il les amplifie et les exagère. Ce sont deux effets différents de deux constitutions physiques, plus fortes que la résistance que l'âme y oppose. Tandis qu'ici elle se contracte et se replie en quelque sorte sur elle-même, là elle s'exalte et se répand par l'imagination et les sens. Dans les littératures du Midi, presque toutes les pensées sont des métaphores, et tout s'exprime par des images tirées des sens. Il y règne une certaine emphase naturelle, qui vient moins de la corruption du goût que d'une manière de voir les choses, pareille à ce qu'on dit de certains animaux, lesquels n'obéissent si aisément à l'homme que parce qu'ils le voient plus grand qu'il n'est.

Dans ce jugement sur ce que les littératures du Midi ont de particulier, il ne faut comprendre la littérature italienne qu'avec des restrictions méritées. L'Italie est la terre privilégiée, la terre des héros, *magna parens virum*. N'a-t-elle pas eu deux langues littéraires, et n'est-il pas sorti du sein de la même mère Virgile et Dante, Tacite et Machiavel ?

Doit-on conclure de ces différences que seuls nous représentons l'esprit humain ? Non. L'esprit humain est partout ; il est dans les grandes littératures du Midi et du Nord ; il est jusque dans ces patois qui n'ont pu devenir des langues littéraires ; mais il y est moins complet, il y paraît sous des formes plus ou moins défectueuses. Notre privilége à nous, c'est d'en représenter le plus de traits essentiels.

Mais il faut savoir confesser en quoi ces différences sont à notre désavantage. Il nous manque peut-être une certaine espèce de rêverie solide, propre aux grands poëtes du Nord ; une certaine richesse d'imagination, propre à ceux du Midi. Notre imagination, à force d'être subordonnée, est quelquefois timide. Devons-nous regretter aussi qu'elle n'ait pas, comme chez nos voisins, comme autrefois dans la Grèce, son domaine propre, son pays de chimères ingénieuses et charmantes? N'y a-t-il pas certaines erreurs de Platon qui n'honorent pas moins l'esprit humain que la raison d'un Descartes et d'un Pascal? Il est bon de le reconnaître, pour ne pas nous estimer au delà de notre prix ; mais il ne faut pas le regretter, ni surtout vouloir nous compléter par l'éducation. Si l'imagination, dans notre pays, changeait de rôle, et si, d'auxiliaire de la raison, elle devenait maîtresse, nous perdrions la raison de Descartes et de Pascal, sans acquérir les grâces de l'imagination de Platon.

§ V.

COMMENT L'IMAGE LA PLUS EXACTE DE L'ESPRIT FRANÇAIS EST LA LANGUE FRANÇAISE ELLE-MÊME.

A défaut d'une définition précise et directe, l'esprit français se caractériserait suffisamment par la nature même de la langue française, par sa constitution, par ses qualités, qui, entre toutes les langues littéraires modernes, la rendent la plus propre à exprimer des idées générales.

Il suffit de considérer à quelles conditions, en France, on est écrivain, pour se convaincre que c'est une langue toute d'appropriation et de communication. Elle n'est, dans la main de l'écrivain, qu'un instrument pour communiquer des idées qui touchent tout le monde, et non une forme complaisante qui l'aide à jouir solitairement de son esprit, à s'entendre lui-même à demi-mot. Elle ne veut être bornée ni à l'individu qui s'en sert, ni au pays qui la parle. Elle n'est exclusivement ni individuelle, ni locale.

Je regarde d'abord sa nature, et je n'y trouve ni accent ni inversion. Or, c'est par l'accent et l'inversion, ce semble, que se marque, dans une langue, le tempérament particulier d'une nation ; c'en est le caractère le plus local. L'un dépend d'une disposition des organes de la voix, déterminée par la constitution physique du pays ; l'autre dépend du tour d'imagination propre à ce pays. Notre langue coule des lèvres sans contraction et sans effort. Les aspirations qui renforcent les sons ne figurent, dans le corps de ses règles, qu'à titre d'exceptions ; les atténuations ou les élisions de certaines parties de mots, qui semblent des moyens d'éluder certaines difficultés de prononciation, y sont inconnues. Notre langue est unique sous ce rapport, avec quelque langue, ancienne ou moderne, qu'on la compare. Je veux bien n'y pas voir un privilége ; mais si ce caractère n'est propre qu'à elle, et si d'ailleurs il n'a pas empêché que, depuis trois siècles, l'Europe politique et savante n'ait appris le français, il faut bien n'y pas voir une marque d'infériorité.

J'en dirai autant de l'absence d'inversions. Le caprice et la mode ont vainement essayé de naturaliser l'inversion parmi nous : ces tentatives ont toujours échoué. Notre langue suit l'ordre logique des idées ; et l'ordre logique, c'est l'arrangement des choses selon la raison. Je sais bien que, dans les langues à inversion, la raison finit le plus souvent par trouver son compte. Je sais que ce désordre, chez les écrivains habiles, n'est qu'une interversion calculée et savante de l'ordre naturel ; mais encore, pour s'y reconnaître, faut-il que l'esprit passe par deux états. Dans le premier, qui est tout passif, il reçoit les choses telles que le caprice ou le goût de l'écrivain les a disposées ; dans le second, qui est tout actif, il substitue à cet arrangement l'ordre logique. Notre langue ne va au but que par un seul chemin, et ce chemin est le plus direct. Les choses s'y rangent tout d'abord dans l'ordre logique. Les mots sont comme des déductions invincibles les uns des autres, et il n'est pas besoin d'une opération particulière qui rétablisse l'ordre naturel, dérangé par l'artifice de l'inversion. L'inversion sied bien aux peuples chez qui l'imagination et la sensibilité dominent la raison. Elle flatte également deux dispositions contraires, soit l'extrême impatience, qui ne peut pas s'accorder de la lenteur de l'ordre logique, soit l'extrême paresse, qui ne veut pas aller droit aux choses, et qui se plaît aux détours, comme la menant au but du pas qu'elle y veut arriver. Mais à nous l'inversion est antipathique, parce que nous sommes également loin de l'extrême impatience et de l'extrême paresse; ni jamais assez pressés pour vouloir dévorer le chemin, ni jamais assez languissants pour l'allonger à plaisir. Les étrangers, ou ceux de nos nationaux qui ne s'accommodent pas du train de notre langue, peuvent y voir un désavantage. Je n'en veux pas décider; c'est assez pour mon objet que, de l'aveu de tout le monde, l'absence d'inversions soit un des caractères distinctifs de notre langue.

Dans les principales conditions de notre langue — je veux bien ne pas dire priviléges, pour échapper à l'envie,—la clarté, la précision, la propriété, la liaison, qu'y a-t-il pour la commodité de l'écrivain? Ces qualités d'obligation, sans lesquelles on n'écrit rien de durable en France, sont comme autant de priviléges pour le lecteur; pour l'écrivain, ce sont des charges et des devoirs. Quiconque a tenu une plume sait ce qu'il en coûte pour être goûté, c'est trop dire, seulement pour n'être pas rebuté. Que d'efforts pour être clair, simple, précis, pour ne se servir que des termes propres, c'est-à-dire, pour n'être pas un méchant écrivai n

De là, chez presque tous ceux qui ont du goût, une grande répugnance à écrire. Ils sentent la difficulté, et ils craignent la fatigue, que ne paye pas toujours le succès. Aussi n'y a-t-il d'écrivains résolus que ceux qui sont doués extraordinairement, ou cette foule qui n'a pas conscience de la difficulté.

Au reste, l'art n'est pas facile, même aux mieux doués. Ce que l'histoire anecdotique de nos grands écrivains nous raconte de ces manuscrits raturés à toutes les lignes, de ces rédactions premières qui n'ont été que des tâtonnements et des acheminements laborieux vers la rédaction définitive, nous autorise à dire que la langue française, si complaisante pour le lecteur, est sans pitié pour l'écrivain.

Pour écrire clairement en français, c'est-à-dire, pour arracher les idées de ce fonds obscur où nous les concevons, et les amener à la pleine lumière, que d'efforts et de travail! Si nous ne les voyions pas dans le lointain, poindre devant nous comme des lueurs qui nous attirent invinciblement et nous dérobent la longueur du chemin, qui donc s'exposerait à ce rude labeur? Quelques-unes naissent spontanément et tout exprimées; c'est la facile conquête de ceux qui sont nés sous une constellation heureuse : mais combien d'autres qui sont le fruit d'une poursuite ingrate ; qu'il faut remanier sans cesse ; qui, après avoir contenté un moment l'écrivain, le dégoûtent ; qui ne paraissent jamais qu'une image imparfaite du vrai, mais non le vrai lui-même ! Faut-il parler de la défiance que doit avoir l'écrivain de cette demi-clarté trompeuse, qui peut lui suffire, mais qui laisse le lecteur dans les ténèbres ? La douceur même que donne une vérité clairement vue ne lui est permise que le jour où tout le monde la verra comme lui ; jusque-là, c'est peut-être un piége. Malheur à qui se contente trop facilement ! Molière l'a dit : c'est une marque de médiocrité d'esprit. Les joies de l'art sont rares et austères : ce n'est que le plus noble de tous les travaux imposés à la race d'Adam. L'écrivain qui jouit tout seul de son esprit n'est guère plus considéré et estimé qu'un oisif, dans une société où tout le monde travaille.

De même, avant d'être précis, combien de fois n'est-on pas vague ? Que de termes qui n'appartiennent pas à la matière, et qui s'y introduisent par le relâchement de l'attention, par la mémoire, par l'imitation ? Que d'autres, dont l'usage ou plutôt la mode du temps où l'on vit se sont emparés, et dont le sens est étendu à tant de choses qu'il ne désigne plus rien de distinct? Que de tours languissants et embarrassés se présentent avant le vrai tour, le seul qui doive donner à la pensée sa physionomie et son mouvement? Combien d'expressions qui ne déterminent pas les choses, et dont nous sommes si prompts à nous contenter, soit mollesse de conception, soit fatigue ou paresse! Combien d'inexactitudes dans les efforts même que nous faisons pour être exacts! Combien d'illusions dans l'emploi de ce que nous appelons les nuances, lesquelles, au lieu d'être des aspects différents de la pensée, ne sont souvent que de vaines images qui nous la cachent!

Les figures, les métaphores, sont des piéges du même genre, et dont il n'est guère plus facile de se garder. A qui n'en vient-il pas dans l'esprit par cette porte de la mémoire, toujours ouverte à tout ce qui est imitation et mode? Notre langue ne souffre point ces ombres qui se placent entre notre pensée et nous; c'est le premier devoir de l'écrivain de s'en défier, ou plutôt de les chasser courageusement, comme Énée dissipait les ombres avec son épée. Ces images sont le plus souvent des effets du sang, des fumées qui montent au cerveau. Les littératures les plus riches en images sont les plus pauvres d'idées. Certains écrivains sont pleins d'images; tout reluit, tout brille, tout étincelle; mettez tout cela au creuset : pour quelques parcelles d'or, que de cendre! L'image ne doit être que le dernier degré d'exactitude, ou plutôt elle ne doit être que la pensée elle-même; mais, pour une qui remplit cet office, combien qui ne sont que des apparences de la pensée!

Enfin, quel esprit cultivé ne sera pas d'accord avec moi sur l'extrême difficulté, dans notre langue, de la propriété, de la liaison? Pour la propriété, ce n'est pas assez d'être bien doué; il faut savoir la langue, et avoir pesé dans les écrits des modèles ce que valent les mots dont nous nous servirons à notre tour. Il faut que la science les place dans notre mémoire, avec le titre qu'ils ont reçu des hommes de génie, lesquels font des mots une monnaie à effigie, dont la valeur est déterminée; après quoi c'est à l'inspiration de les en tirer, et de les animer de notre propre vie dans la composition, afin qu'en même temps qu'ils ont une même valeur de circulation pour tout le monde, par l'emploi que nous en faisons ils nous appartiennent en propre. Ainsi l'écrivain doit réunir deux qualités qui semblent s'exclure : il doit être savant et inspiré. S'il n'est que savant, il répétera froidement et sans effet ce qui a été mieux dit par d'autres; s'il n'est qu'inspiré, il risquera de parler dans une langue qui ne sera comprise que de lui.

Quant à la liaison, à cette suite et à cette jointure des idées, dont Horace a admiré la puissance en homme qui en avait senti la difficulté, que d'efforts d'attention n'y faut-il pas? Que de fois la force d'esprit qui doit tenir toutes ces pièces rangées ne fléchit-elle point? Quels soins pour disposer dans l'ordre naturel tant de pensées qui se présentent isolément et avant leur tour, pour reconnaître les points par où elles se touchent, pour faire un tissu indestructible de tous ces fils dispersés!

La réunion de ces diverses conditions; une certaine facilité apparente qui cache au lecteur jusqu'à la trace des efforts qu'elle a coûtés, voilà ce qui constitue un bon écrit, ou plutôt une chose écrite en français. Car je ne donne pas ici le secret du génie; sais-je ce secret? et qui le sait? J'indique ce que la langue française veut de quiconque prend la plume; et ces réflexions sur les lois du discours regardent, non ceux qui ont le don du discours, mais ces esprits, en grand nombre, qui peuvent se perfectionner par la culture, et tirer du travail des ressources qui les sauvent du ridicule de mal écrire. Le ridicule, est-ce assez dire? il n'y va pas seulement de notre vanité, notre vie même peut y être engagée; car celui qui s'est fait écrivain, et qui ne sait ni ne pratique les lois du discours, combien n'est-il pas à la merci des hommes et des choses ?

§ VI.

DES DIFFÉRENCES GÉNÉRALES ENTRE LES LANGUES LITTÉRALES DU MIDI ET DU NORD DE L'EUROPE.

Ces qualités fondamentales de notre langue n'ont pas été refusées aux autres langues modernes ; on les y reconnaît dans les bons auteurs, et elles y sont appréciées par le public. Mais elles sont, pour ainsi dire, au hasard du génie ; quiconque les voudrait imposer comme des conditions ne serait pas souffert. Ce qui est pour la France comme une sorte de constitution écrite dans des grammaires et des vocabulaires officiels, consacrés et, si le temps n'avait pas tout relâché, défendus par des corps institués pour cet objet, est, chez les autres nations, une faculté individuelle qui n'est réglée que par le succès. Là, tout est en faveur de l'écrivain : plutôt que de gêner sa liberté, ces langues se condamnent à être éternellement flottantes, et à s'accroître à l'infini. On ne distingue pas par la langue les méchants écrivains des bons, et, parmi ceux qui sont jugés les meilleurs, on n'en choisit pas dont la langue doive faire autorité. En Allemagne, on n'est pas plus tenu d'écrire comme Goëthe que comme Jean-Paul Richter. Le *criterium* de la langue n'est pas plus dans l'un que dans l'autre. De même en Angleterre. Les écrivains du règne de la reine Anne voulurent fonder des institutions de langage, à l'imitation des Français; l'essai n'en réussit pas. La langue anglaise a continué d'être facultative; s'y moquer des préceptes d'Addison n'y porte point malheur, tandis que chez nous on a remarqué, même avant Voltaire, qu'on ne s'y moque pas impunément des préceptes de Boileau.

Dans ces deux pays, le public se prête à cette incertitude de la langue : en Angleterre, parce que la littérature est la seule chose qui n'y soit pas une affaire; en Allemagne, parce que le manque d'activité politique y rend la curiosité littéraire insatiable. Ici, on ne se soucie pas de faire des efforts qui ne profiteraient qu'à la langue; là, on n'a pas trop de toutes les variétés d'esprits et de toutes les nouveautés du langage, pour assouvir cette curiosité à laquelle les gouvernements ont enlevé le principal aliment. Ici et là, par des raisons différentes, on passe tout à l'écrivain : en Angleterre, parce qu'il distrait des affaires; en Allemagne, parce qu'il est, dans un certain ordre, la seule affaire du pays. On se garde bien de faire des conditions dures à qui est si nécessaire, ici comme amusement, là comme occupation unique. Pourvu qu'on s'entende dans le moment présent, et même à demi, n'est-ce pas assez? Quant à la postérité, au public européen, qui en a souci?

Aussi n'importune-t-on pas les écrivains anglais ni allemands de la nécessité d'être clairs. Ce serait pur pédantisme. Le public en saurait fort peu de gré au critique, en Allemagne particulièrement, où le lecteur est toujours plus patient que l'écrivain ne peut être obscur. On y a tant de temps à soi, qu'on s'y plaît aux énigmes. J'entends dire que ce qu'on y appelle la *pénombre*, c'est-à-dire la demi-nuit, y est plus goûtée que la clarté; car, avec la clarté, le plaisir passe vite; la pénombre le fait durer plus longtemps, en le rendant plus difficile. La clarté qui ne laisserait rien à désirer y est suspecte de manque de profondeur, et l'on préfère à une lecture qui produit immédiatement son effet, celle qui donne à rêver. N'est-ce pas le pays où tel qui a assisté sans émotion visible à la représentation d'une pièce de théâtre rit tout à coup, à quelques jours de là, d'un trait comique, ou s'attendrit au souvenir d'un trait de sentiment, laissé par le poëte dans la pénombre, et que le spectateur a emporté chez lui, pour en jouir par une sorte de rumination?

Des préceptes sur la précision, sur la propriété des termes, sur leur liaison, n'y seraient pas plus écoutés. Là, toutes ces conditions sont des servitudes pour l'écrivain. La précision le réduirait, le mutilerait. Plus de ces termes vagues où le lecteur s'aventure comme dans des pays de découvertes; plus de tours incertains et équivoques qui sont goûtés comme l'allure propre à l'écrivain; plus de nuances infinies : ne serait-ce pas fait de ce plaisir de deviner et de rêver que prise si fort le public allemand? Plus d'images; et quelle perte pour un pays où il s'en trouve jusque dans des ouvrages d'anatomie, jusque dans des pièces judiciaires! Le soin de la propriété n'est d'obligation que là où la langue a des règles fixes, et où les mots étant comme des touches qui rendent des sons distincts, l'impropriété dans le langage blesse comme une note fausse dans la musique. Mais que serait-ce, sinon une gêne odieuse pour l'écrivain, là où la langue n'a d'autre règle que le goût des auteurs, et où le goût des auteurs est l'unique règle des jugements du public? Enfin, à quoi bon s'imposer le travail de la liaison pour un lecteur qui s'accommode de suivre un écrivain marchant au hasard, et qui estime cette incertitude même comme un des plaisirs littéraires les plus piquants?

Je sais que toutes ces libertés des autres littératures modernes ont leurs avantages : aussi n'en fais-je pas la critique. Je me borne à les comparer avec nos règles, auxquelles il est tout simple que j'accorde la préférence. On aurait d'ailleurs mauvaise grâce à chicaner les étrangers sur la manière dont ils entendent les nobles jouissances de l'esprit. Partout où l'écrivain est en rapport d'idées avec le public, le public se subordonnât-il à l'écrivain, il y a un beau spectacle pour l'esprit humain. Mais peut-être ce spectacle est-il plus beau encore là où le public, au lieu de se placer au point de vue de l'écrivain, force l'écrivain à se placer au point de vue général. C'est ainsi que les choses se passent dans notre pays. On y préfère la pleine lumière à la pénombre, les couleurs nettes et tranchées aux nuances douteuses. On exige que les mots y aient la valeur des chiffres, et représentent pour tout le monde le même sens. La raison, qui est le lien commun de tous les hommes, est estimée au-dessus de l'imagination, qui les disperse et les isole à l'infini. Tout, je le répète, y est combiné pour l'appropriation et la communication. Il faut bien en conclure que notre langue a des destinées hors du pays qui la parle, et qu'à la regarder dans les ouvrages de l'esprit, l'usage n'en a pas été borné à la France ni à ses écrivains. Cette simplicité du discours, cette suite et cette logique que nous voulons dans nos écrivains, contre notre propre naturel en quelque sorte, lequel n'est ni si austère, ni si conséquent, ni si ennemi de toute parure et coquetterie que notre langue, ne témoignent-elles pas que nous ne la possédons pas pour nous seuls, et que c'est une langue à l'usage de tous, dont nous n'avons que le dépôt? N'est-elle pas, de toutes les langues modernes, celle qui se rapproche le plus de cet idéal d'une langue algébrique rêvé autrefois par de grands esprits, pour unir entre elles toutes les intelligences cultivées dans tous les pays?

Jusqu'à ce jour on a vu invariablement, à part de la multitude des langues, dont la diversité même est une des plus grandes beautés de la création, une langue privilégiée, dominante, chargée pour ainsi dire de faire les affaires générales de l'esprit humain et d'exprimer les grandes idées qui changent la face des sociétés. Il y a trois mille ans, c'était la langue grecque; il y a deux mille ans, c'était la langue latine. Admirons combien l'empire de cette dernière a duré. Jusqu'au moyen âge elle est la langue de la science et du génie; elle règne, elle est universelle; on fait gloire à Dante du courage qu'il a eu, au xiiie siècle, d'oser créer la langue italienne. C'est à présent le tour de la langue française. Si cette langue est si sévère, si réglée, c'est bien la marque qu'elle a le gouvernement des choses de l'esprit; si elle est tenue à tant de clarté, de propriété, de liaison, c'est pour que, sous toutes les latitudes, toutes les intelligences saines et cultivées la puissent comprendre. La langue anglaise, si nous comptons les bouches qui la parlent, semble disputer l'universalité à la langue française : mais, regardez-en l'usage, elle n'est que la langue commerciale du monde; la notre en est la langue intellectuelle. Née de notre unité territoriale et politique, en même temps qu'elle en est le lien le plus puissant, elle nous assure la seule universalité qui ne dépende pas du sort des armes, et qui soit acceptée sans combat. C'est pour cela qu'il faut tant veiller à son intégrité. Notre littérature, c'est le livre des promesses pour toutes les nations qui ont de grandes destinées. Notre langue, c'est la parole d'affranchissement et de civilisation : gardons ce dépôt pour nous et pour tous.

§ VII.

PLAN DE CETTE HISTOIRE.

L'objet de cette histoire étant l'esprit français, défini, autant qu'il a été en nous, par tout ce qu'il n'est pas et n'a pas pu être, considéré comme l'idéal de la vie pratique, comparé à l'esprit ancien, distingué de l'esprit des autres nations modernes, montré dans le génie même et les conditions de la langue française, il reste à savoir qui nous éclairera et nous guidera dans cette étude. La France elle-même. Il n'y a pas ici de système à imaginer; il n'y a qu'à prendre un à un, dans l'ordre des temps et dans la succession des influences, les noms qui ont survécu, et dont la suite nous marque notre chemin. La liste en est arrêtée; le paradoxe archéologique pourra bien essayer d'y glisser quelques noms qui n'y figurent pas, et qui n'y demeureront pas; il n'en pourra rayer aucun.

La France a fait un choix définitif. Parmi tant d'écrits et tant de noms, elle a omis ceux-ci et retenu ceux-là. Ce n'est pas, comme l'a imaginé le paradoxe, dédain ou incurie de sa gloire : c'est justice. Les nations sont plus disposées à grossir la liste de leurs grands hommes qu'à la réduire; elles sont plus soucieuses de leur renommée que ne peut l'être pour elles, et sans y être accrédité, tel écrivain qui a sujet de craindre pour lui-même la destinée de ceux qui ont été omis. Je m'en rapporte à la France, et j'accepte sa liste pour toute la suite de sa littérature, ne réhabilitant personne et laissant les morts dans le repos de leur tombe, mais, par la recherche approfondie des causes qui ont fait vivre les uns et mourir les autres, rendant d'autant plus hommage à ceux qui ont survécu.

Pourquoi ceux-ci vivent-ils, et pourquoi ceux-là ont-ils péri? Parce que la France se reconnaît dans les premiers, et qu'elle ne se reconnaît pas dans les seconds.

La France n'a pas eu à faire un long examen. Elle s'est regardée successivement dans les images vraies ou prétendues de son propre esprit. Dans les unes, elle ne s'est pas reconnue; dans les autres, elle s'est reconnue, soit à certains traits, soit tout entière. La science compare laborieusement l'original à ces divers portraits, et donne en détail les raisons du jugement souverain que la France en a porté d'instinct.

C'est là l'objet de ce travail, et c'en sera le plan.

CHAPITRE DEUXIÈME.

§ I. Où commence l'histoire de la langue. — Caractères généraux des premiers écrits en prose française. — Les Chroniqueurs. — § II. Des chroniques qui ne sont que des mémoires personnels. — Villehardouin et Joinville. — § III. Les Chroniqueurs de profession. — Froissart. — § IV. Travail de la prose française pendant les deux derniers tiers du xve siècle. — Christine de Pisan et les chroniqueurs de la cour de Bourgogne. — § V. Première ébauche de l'art historique. — Mémoires de Philippe de Comines.

§ I.

OÙ COMMENCE L'HISTOIRE DE LA LANGUE. — CARACTÈRES GÉNÉRAUX DES PREMIERS ÉCRITS EN PROSE FRANÇAISE. — LES CHRONIQUEURS.

Quels sont les premiers écrits où l'esprit français se soit reconnu à des traits certains, où la langue des ouvrages durables se soit révélée? Il faut consulter cette liste, qui ne trompe point.

Antérieurement aux premiers noms qui ont mérité d'y être inscrits, il est quelques monuments où l'on voit poindre cet esprit et naître, pour ainsi dire, cette langue. Ce sont certains actes publics, écrits en roman, où se fait voir ce travail de décomposition du latin, d'où est sortie notre langue. Mais ces actes ne sont pas assez caractéristiques pour servir de dates dans l'histoire de l'esprit français et de la langue littéraire. Ce doit être le privilége des premiers monuments où la langue générale s'est enrichie des créations de quelque esprit supérieur.

Avant le xiie siècle, qui paraît être l'époque où le roman se constitue et reçoit des règles, il n'existe aucun monument de ce caractère. Mais ce siècle voit naître un certain nombre d'écrits que rien ne distingue de la langue générale, et qui sont signés sans être personnels. Tout ce qu'une érudition ingénieuse et patiente, excitée par la juste curiosité qui s'attache aux origines d'une grande langue, en a exhumé dans ces derniers temps, a confirmé, pour cette période de notre histoire, le choix qu'a fait la France, entre tant d'écrivains, de ceux auxquels elle déclare s'être reconnue. C'est là une noble tâche, et c'est peut-être le génie même de l'érudition de trouver ainsi les pièces justificatives à l'appui des jugements portés par une grande nation sur la suite de sa littérature.

Il faut donc, jusqu'à ce qu'il se rencontre un écrit qui montre une première image de l'esprit français, et marque une première époque de la langue littéraire, se borner à caractériser ce fonds commun de langage qui a été d'usage général, avant les premiers monuments auxquels la France se soit reconnue.

On paraît d'accord sur l'origine de la langue française, sur la division en dialectes normand, bourguignon, picard, poitevin, lorrain, et de l'Ile-de-France. Cette origine, c'est le latin; cette division en dialectes est un effet de la féodalité, qui avait constitué, sur le sol français, des nations distinctes, parlant un langage différent. Toutefois, ces différences n'ont jamais consisté qu'en certaines particularités d'orthographe et de prononciation. Tous ces dialectes ont avec celui de l'Ile-de-France, lequel devait être la langue française, des rapports de vassalité, semblables à ceux qui liaient les seigneurs au roi. Notre langue suit la destinée de la nation. Elle est d'abord féodale. Quand la royauté sera maîtresse, ou plutôt quand la nation se sera constituée en corps par la réunion de tous ses membres, le dialecte de l'Ile-de-France absorbera tous les autres; il n'y aura qu'une langue, comme il n'y aura qu'une nation.

Le caractère commun des écrits, dans ces commencements de notre langue, c'est l'imitation non du latin littéraire, mais du latin parlé.

Cette imitation se montre à deux marques : l'usage de l'inversion, et une quantité de mots latins corrompus, plus semblables toutefois aux mots primitifs par l'orthographe que par la prononciation, qui, en les assimilant peu à peu, allait en changer la nature.

Ce n'est pas d'ailleurs la seule liberté que prenne notre langue avec un idiome qui tirait sa puissance de la conquête et de la religion. Ainsi, aux inversions imitées du latin se mêlent déjà beaucoup de phrases directes; et les inversions elles-mêmes semblent être choisies parmi celles qui se rapprochent le plus du langage uni. Le détour est si court pour arriver au but, et l'opération, pour rétablir l'ordre, si aisée et si rapide, qu'on sent bien que l'inversion ne tardera pas à disparaître : ainsi, même aux époques où notre langue l'a subie, elle a su l'accommoder à ce besoin de clarté qui est le trait distinctif de l'esprit français.

Tout d'ailleurs est nerf dans cette ébauche de langue. Le discours s'y réduit aux deux termes par excellence, le substantif et le verbe. Il n'y a pas encore de mots pour les nuances, ce qui paraît moins tenir à la simplicité relative des esprits en ce temps-là, qu'à une répugnance d'instinct pour tout ce qui n'est pas l'expression précise et générale, soit d'un fait, soit d'un sentiment.

L'obligation d'être clair et net dans notre langue remonte jusqu'à cette époque. Quand on lit les auteurs du xiie siècle, la difficulté de la lecture vient moins de leur défaut de netteté et de clarté, que de notre manque d'habitude, et de ce que nous ne reconnaissons pas toujours immédiatement le mot latin sous le travestissement d'une orthographe à la fois chargée de lettres et incertaine. Même, s'il pouvait être question de défauts dans un âge si tendre, j'y remarquerais le défaut des esprits clairs et nets, qui est une certaine sécheresse : c'est comme la première forme d'un esprit sain qui n'est pas encore développé.

Ainsi, à près de quatre siècles de l'époque où cette ébauche de langue sera la plus grande langue du monde moderne, une partie déjà en est mûre, et restera. Ce sont d'abord beaucoup de mots soit indigènes, soit tirés du latin, ou plutôt nés d'une sorte de consentement de l'esprit français à certains mots latins conformes à sa nature. Ce sont ensuite beaucoup de tours propres à cet esprit, où se peignent ses mouvements les plus naturels, et qui lui sont venus du sol même, de l'auteur de toutes les variétés du monde physique et moral, de Dieu. Il est remarquable d'ailleurs que les tours qui sont comme la partie indigène de la langue sont plus mûrs que les mots que nous tirons des autres. Ces mots s'altéreront, se modifieront, s'accroîtront, selon les progrès que fera l'esprit français, les développements qu'il prendra, les idées qui exerceront son activité. Mais les tours changeront peu, parce que les tours expriment ce qu'il y a de plus original dans cet esprit, et de moins sujet au changement. C'est son habitude, sa physionomie ; c'est sous cette forme que l'esprit humain se manifestera par la langue française. En ce qui regarde les tours, notre langue est formée dès le berceau : presque aucun n'a péri ; un petit nombre seulement est suranné.

Ces qualités pour ainsi dire organiques de notre langue ne se montrent d'ailleurs que dans les récits. Autant la langue y est vive, claire, le tour franc et rapide, autant, dans les ouvrages de morale et de théologie, les expressions sont languissantes et obscures, les tours équivoques et traînants. La langue des spéculations de l'esprit y est encore tout entière à naître. Des siècles s'écouleront avant que nous sachions l'art de porter la lumière dans les matières du raisonnement, et qu'à cette clarté du récit nous joignions la clarté toute spirituelle de la raison faisant voir l'enchaînement de pensées pures, comme le chroniqueur fait voir la suite d'événements historiques. C'est donc seulement dans le récit qu'il faut chercher et pour ainsi dire épier les premiers mouvements de l'esprit français, et reconnaître sa langue naissante. Les premiers écrivains qui ont laissé des noms durables dans l'histoire de la prose, ce sont des chroniqueurs : ce sont Villehardouin, Joinville, Froissart, et Philippe de Comines.

§ II.

DES CHRONIQUES QUI NE SONT QUE DES MÉMOIRES PERSONNELS. — VILLEHARDOUIN ET JOINVILLE.

I. — *Geoffroy de Villehardouin.*

Le premier dans l'ordre chronologique est Villehardouin. Né en Champagne vers le milieu du XIIe siècle, il prit la croix à la voix de Foulques, curé de Neuilly, qui prêchait la croisade au nom du grand pape Innocent III. Ses mémoires sont le récit de cette expédition si extraordinaire, dont le but était la délivrance de la terre sainte, et qui eut pour résultat la prise de Constantinople et l'établissement d'un empire français en Orient.

Villehardouin fut le véritable promoteur de la croisade. Envoyé d'abord à Venise avec cinq chevaliers, pour demander des vaisseaux à la république, ce fut lui qui porta la parole devant le doge dans l'église Saint-Marc, et qui décida le traité entre Venise et les croisés. A son retour en Champagne, il apprend la mort de son seigneur Thibault, qui devait commander la croisade. L'expédition était dissoute. Villehardouin s'opiniâtra à chercher un chef. Il fit choix du marquis de Montferrat, qui fut agréé, et parvint à faire prendre la route de Venise à Louis, comte de Blois, un des seigneurs les plus puissants de la croisade, qui voulait aller en Palestine par un autre chemin.

Le projet primitif des croisés était de se rendre directement de Venise dans la terre sainte. Un événement singulier les fit changer de dessein, et les conduisit à Constantinople. A Venise se trouvait alors le jeune Alexis, fils de l'empereur Isaac, à qui son frère avait fait crever les yeux, après avoir usurpé son trône. Alexis, d'abord emprisonné avec son père, s'était échappé sur un vaisseau jusqu'à Ancône; rencontrant les croisés qui s'acheminaient vers Venise, les amis qui l'avaient accompagné lui dirent : « Voici une armée toute trouvée : que ne vous en servez-vous pour aller reconquérir le trône de votre père? » Alexis envoya des ambassadeurs aux chefs de la croisade, alors devant Zara, ville de l'Esclavonie, dont ils faisaient le siége pour le compte de Venise. Après bien des divisions, les uns voulant, avec l'envoyé du pape, qu'on fît voile vers la Syrie; les autres, en majorité, plus hommes d'aventure que chrétiens dociles, voulant qu'on cinglât vers Constantinople, on s'embarqua du

port de Corfou, la veille de la Pentecôte, l'an 1203.
« Li tans fu biaus et clers, dit Villehardouin,
« et li vens bons et soués : si laissièrent leurs
« voiles aller au vent. Et bien tesmoigne Joffrois,
« li mareschaus, qui ceste œvre dicta, ne on-
« ques n'en menti à son escient de mot, com
« cil qui a tout les consaus fu, qu'onques mais
« si grans estoire ne fu veue. Et bien sembloit
« estoire qui terre deust conquerre; quar tant
« comme on pooit voir aus iels, ne paroient fors
« voiles de nés et de vaissiaus, si que li cuers de
« chascun s'en resjoïssoit mult durement (1). »

Villehardouin raconte la traversée sur cette mer historique, sans rappeler aucun des souvenirs de l'antiquité; ce qui prouve, outre d'autres circonstances communes à lui et à son époque, qu'il n'avait pas de littérature classique. Ses mémoires sont un fruit du pur esprit français, de

(1) *De la Conqueste de Constantinoble*, chap. LX. Voici la traduction de ce passage :

« Le temps était beau et clair, et le vent bon et doux; ils mirent à la voile. On peut bien en croire Geoffroy, le maréchal, l'auteur de cet ouvrage, qui à son escient n'y a rien mis de contraire à la vérité, comme il appartenait à celui qui fut de tous les conseils : jamais on ne vit si grande flotte; une flotte à conquérir le monde, ce semble; car, tant que la vue pouvait s'étendre, on n'apercevait que voiles de nefs et de vaisseaux, si bien que le cœur de chacun en ressentait une forte joie. »

celui qui se formait lentement et sans bruit, en dehors du mouvement d'idées des Guillaume de Champeaux et des Abailard, et de l'ambition encyclopédique de Vincent de Beauvais.

On connaît les principaux événements de cette épopée, le rétablissement d'Isaac l'Ange, les démêlés des croisés avec le jeune Alexis, l'usurpation et le détrônement de Murtzuphle, l'occupation et le pillage de Constantinople en 1201, l'installation de Baudouin en qualité d'empereur, les combats qu'il eut à soutenir contre les Grecs et les Bulgares, jusqu'à la journée d'Andrinople, où il fut fait prisonnier ; la régence et les deux premières années du règne de Henri, frère de Baudouin, la mort du marquis de Montferrat en 1207.

Villehardouin est peut-être le héros le plus solide de cette épopée, œuvre de sa fermeté persévérante, où il remplit tour à tour, aux moments décisifs, avec un succès dont il se vante moins que les héros d'Homère, le rôle de négociateur et celui de capitaine. L'habile député qui avait conduit l'arrangement avec Venise fut successivement de l'ambassade qui vint demander à Isaac l'Ange l'accomplissement des promesses de son fils, et qui somma ce jeune prince, que la bonne fortune avait rendu ingrat, de tenir sa parole. C'est lui qui, dans les dissensions entre les chefs de l'armée d'Orient, défenseur des intérêts de cette armée, parvint à réconcilier Baudouin, empereur de Constantinople, avec le marquis de Montferrat, devenu seigneur de Thessalonique et de ses dépendances; c'est lui qui négocia le mariage d'Agnès, fille du marquis, avec l'empereur Henri, successeur de Baudouin. Quant aux exploits du capitaine, outre sa part dans tous les combats qui précédèrent ou suivirent l'occupation de Constantinople, quoi de plus héroïque que sa belle retraite devant les Bulgares, et ce combat offert par quatre cents chevaliers français à quarante mille cavaliers; soutenus par des troupes de pied! Depuis six cents ans, la France ne s'est pas moins reconnue à ces hauts faits d'armes qu'à la simplicité, à la probité historique du narrateur.

Les mémoires de Villehardouin se terminent à la mort du marquis de Montferrat. Le récit en est pathétique. Le marquis s'était laissé entraîner par les Grecs à faire une course dans le Rhodope. « Quant il ot esté en la terre et il s'en dut par-
« tir, dit Villehardouin, li Bougre (les Bulgares)
« se furent assemblé de la terre, et virent que li
« marchis estoit à poi de gent, et il vinrent lors
« de toutes pars, et assaillirent à s'arriere-garde.
« Et quant li marchis oï le cri, si sailli en un che-
« val tot desarmés, un glaive en sa main; et quant
« il vint là où ils ierent assemblés à l'arriere-garde,

« si lor recourut sus, et les chacia une grant
« piece arrieres. Là fu ferus d'une saiete parmi le
« gros del braz de soz l'espaule mortellement,
« et commencha moult à espandre de sanc. Et
« quant ses gens virent ce, si se commencierent
« moult à esmaier et à desconfire, et à mauvaise-
« ment maintenir. Et cil qui furent entor le mar-
« chis le soustinrent. Et il perdi moult de sanc,
« si se commencia à pasmer. Et quant ses gens
« virent que il n'avoient nulle ayue de lui, si se
« commencierent à desconfire et lui à laissier.
« Et ensi furent desconfi par ceste mesaven-
« ture; et cil qui remesent avoec li furent mort,
« et li marchis Montferrat ot la tieste cooupée.
« Et envoierent les gens du pays le chief à Jo-
« hannis, et che li fu une des greignours joies
« que il oncques eust.

« Halas! quel damage chi ot à l'empereour et
« à tous les Latins de la terre de Romenie, de
« tel home pierdre par telle mesaventure, qui
« estoit uns des meillors chevaliers et des plus
« vaillans et des plus larges qui fust el remanant
« dou monde! Et ceste mesaventure avint l'an de
« l'incarnation Jesu-Christ mil deux cent et sept
« ans (1). »

(1) Chapitre CLXXVII. Voici la traduction de ce passage :
« Après s'être avancé dans le pays, il lui fallut revenir ;
mais les Bulgares s'étaient réunis de çà et de là; ils virent

Il n'a péri de cette langue que la vieille orthographe gauloise. Pour le tour, l'ordre et la suite des faits, le naturel du récit, on n'y peut guère changer, même pour perfectionner, sans péril; et le trait des gens du marquis, « qui commencèrent à laisser leur chef, quand ils virent qu'ils n'auroient nulle aide de lui, » est une de ces

que le marquis n'avait que peu de monde : alors ils vinrent de toutes parts, et assaillirent son arrière-garde. Sitôt que le marquis eut ouï leurs cris, il sauta sur un cheval, sans armure, un glaive à la main; et, arrivé à l'endroit où ils étaient aux prises avec l'arrière-garde, il leur courut sus à son tour, et leur donna la chasse fort loin. Mais là il fut frappé d'une flèche au gros du bras, sous l'épaule, mortellement, en sorte qu'il commença à jeter beaucoup de sang. Ce que voyant ses gens, ils commencèrent fort à prendre de l'émoi, à se défaire et à se mal maintenir. Ceux qui étaient autour du marquis le soutinrent; mais il perdit beaucoup de sang, et ne tarda pas à tomber en pâmoison. Quand ses gens virent qu'ils ne pouvaient plus compter sur lui, ils commencèrent à se débander et à le laisser là. C'est ainsi qu'ils furent défaits dans cette malheureuse rencontre. Ceux qui demeurèrent avec lui furent tués, et le marquis eut la tête coupée. Les gens du pays envoyèrent la tête à Joannis, et ce lui fut une des plus grandes joies qu'il eut jamais.

« Hélas! quel malheur ce fut pour l'empereur Henri et pour tous les Latins de la terre de Romanie, de perdre un tel homme par une telle mésaventure, un des meilleurs chevaliers, des plus vaillants et des plus généreux qui fût en tout le reste du monde! Ce malheur arriva l'an de l'incarnation de Notre-Seigneur mil deux cent et sept. »

vérités universelles qui trouvent même dans une langue au berceau des formes déjà parfaites, et qui ne changeront pas.

Il y a d'autres traits du même genre, quoique en petit nombre, dans ces mémoires. Aux plus beaux temps de notre langue, on n'aurait pas su exprimer en moins de mots plus sentis ce lâche retour des Grecs à leur empereur rétabli sur le trône. « Et toz ceux, dit Villehardouin, qui avoient esté le jor devant contre lui, estoient en ce jor toz à sa volonté. » Changez l'orthographe ; c'est une vérité de tous les temps exprimée dans un langage définitif. Ces exemples prouvent que les langues tiennent au sol du pays par d'antiques racines, et que, dès leurs premiers bégayements, elles sont déjà marquées de caractères immuables, qu'il n'est permis à aucun écrivain de méconnaître ni d'altérer.

Au reste, il ne faut pas plus chercher dans Villehardouin la profondeur des pensées que l'art du récit. Quoique chargé à diverses reprises de messages délicats, auprès de personnages qui n'avaient pas tous la loyauté chevaleresque, il ne paraît pas que sa pénétration allât au delà de cet instinct des âges héroïques, où tout se fait de premier mouvement plutôt que par calcul, et où l'on n'a pas à deviner des passions qui se trahissent. Il ne se préoccupe guère des causes et des suites des événements, et il ne paraît pas se douter que les croisés ne travaillaient qu'à l'accroissement de la puissance maritime de Venise, le seul pays qui profita de cette guerre, et qui garda jusqu'au xviie siècle quelques restes d'une conquête entreprise au xiie.

Les héros d'Homère ne font pas non plus de spéculations historiques sur les causes et les conséquences de la conquête de l'Asie par la Grèce. Il ne faut pas demander au négociateur qui traite l'épée au poing, la sagacité du diplomate de cabinet.

L'esprit du xiiie siècle, c'est la guerre et la religion. Le héros de ces temps est le chevalier chrétien. Tel est Villehardouin. Mais c'est un chevalier, moins l'imaginaire recherche de perfection de la chevalerie d'alors; il ne s'est pas formé sur les romans de chevalerie. Il est chrétien, mais sans théologie, d'une foi simple et naïve, distinguant les hommes des choses, et, tout en croyant au pape, osant combattre ses agents, quand ils contrarient les projets des croisés.

Ce qu'il faut chercher dans les récits de Villehardouin, c'est donc la franchise du chevalier et la simplicité du chrétien. C'est cette sincérité d'un narrateur qui ne parle que de ce qu'il a vu, ou qui nomme et compte ses témoignages quand il raconte sur ouï-dire. Sa morale, c'est la volonté de Dieu qui châtie les péchés par les revers, et qui fait réussir tous ceux qu'il veut aider. Esprit pratique, allant droit au but, si Villehardouin n'a pas la profondeur de vues que nous demanderons à l'historien d'une société plus avancée, il n'a pas non plus les illusions qu'on ne s'étonnerait pas de trouver dans un historien de son époque.

De là cette franchise de langage, ce cours naturel de son style, selon l'expression si juste de M. Daunou; de là ce récit d'une clarté si égale et si soutenue, que le tour de la phrase y fait deviner le sens des mots.

Si ces mémoires ne sont pas le plus ancien monument de la prose française, c'est du moins le premier ouvrage qui ait été marqué des qualités qui font durer les livres. L'esprit et la langue en sont si conformes au génie de notre pays, que la lecture en est encore facile après tant de changements survenus dans la syntaxe et le vocabulaire de notre langue depuis plus de cinq cents ans.

II. — Le sire de Joinville.

Il s'est écoulé près d'un siècle entre les mémoires de Villehardouin et ceux de Joinville. De grands événements remplissent ce siècle. Un grand roi et un grand pape, Louis IX et Innocent III, l'un en exigeant du clergé plus de connaissances et de lumières, l'autre en encourageant les doctes et en fondant les premiers établissements littéraires, font faire un progrès notable à l'esprit français. Les croisades, en mettant en contact les nations occidentales, d'abord entre elles, ensuite avec les Grecs, les Arabes, l'Asie et l'Afrique, rendent plus général et plus rapide le commerce des connaissances. De petites cours à l'image des cours de Provence font éclore une poésie héritière de la poésie mourante des troubadours. Des princes figurent aux premiers rangs sur cette liste de deux cents poëtes que la patience des savants continuateurs de l'histoire des bénédictins a comptés dans ce siècle, et qui s'exerçaient sur tous les tons et ébauchaient tous les genres.

Joinville, né vers 1223, et élevé à la cour de Provins et de Troyes, alors le séjour des maîtres de la *gaie science*, dut être touché de ces diverses influences. La grandeur des événements et des hommes, et la délicatesse relative des mœurs, lui ont imprimé un caractère particulier. Villehardouin représente certaines qualités de l'esprit français, Joinville en représente d'autres. Tous deux marquent deux âges de notre langue.

La vie de Joinville est inconnue jusqu'à l'époque où il accompagna saint Louis dans sa première croisade. On sait seulement qu'il succédait à son père, vers 1240, en qualité de sénéchal de Champagne; et lui-même nous apprend qu'à une grande cour tenue par Louis IX à Saumur, il *tranchait*, c'est-à-dire qu'il était écuyer tranchant.

A l'appel du roi de France, Joinville vendit tous ses biens, et équipa dix chevaliers, dont trois portaient bannière, luxe de suite considérable, mais non désintéressé. Depuis la prise de Constantinople, tous les chevaliers comptaient devenir princes. A la foi qui entraînait les seigneurs en Orient, se mêlait un vague espoir de changer l'écu de chevalier contre les armes impériales. Joinville n'avait pas échappé à cette ambition.

Quelques jours avant son départ, il lui était né un fils. Du lundi de Pâques au vendredi, des fêtes furent données au château de Joinville en l'honneur du nouveau-né. Le vendredi seulement, Joinville parla de son départ. Il dit à ceux *qui estoient là* que comme il ne voulait pas emporter un denier à tort, si quelqu'un avait à se plaindre de quelque dommage, il était prêt à lui en offrir réparation. Quelques jours après il se confessa, ceignit l'écharpe et le bourdon de pèlerin, fit un pèlerinage pieds nus aux églises voisines ; et quand il fallut repasser devant le château de Joinville, où il laissait sa femme et ses enfants, « Je ne vox (voulus), dit-il, onques retourner « mes yex vers Joinville, pourceque le cuer ne « me attendrist du biau chastel que je lessoie, et « de mes deux enfants. »

Cette tendresse paternelle, ce regret pour le *biau chastel*, sont plus d'un homme pacifique que d'un guerrier; voilà des sentiments délicats qu'il ne faut pas chercher dans les mémoires ni sous l'armure de fer qui recouvrait le cœur de Villehardouin. Il n'est pas étonnant que le même homme qui détourne les yeux de la demeure de ses enfants, de peur de s'attendrir, s'embarque sans enthousiasme, et se souvienne qu'il a souffert du mal de mer dans la traversée. Je ne regrette pas non plus de trouver Joinville touché, au départ, d'un autre sentiment que la joie simple et profonde du maréchal de Champagne, à la vue de cette belle flotte, qui semblait destinée à conquérir le monde. Joinville pense plus à la terre qu'il a quittée qu'à celle qu'il va conquérir. « Et en brief tens, dit-il, le vent se feri « ou voille, et nous ot tolu la veue de la terre, que « nous ne veismes que le ciel et yeaue; et chascun « jour nous esloigna le vent des païs où nous avions « esté nez. En ces choses vous monstré-je que celi « est bien fol hardi qui se ose mettre en tel peril,

« à tout autrui chatel ou en péchié mortel ; car l'en
« se dort le soir là où en ne scet se l'en se trouverra
« ou fons de la mer (1). » Il est fort douteux que
ce dernier trait soit une réminiscence classique
de l'*Illi robur et œs triplex* d'Horace, quoique
Joinville semble avoir quelque souvenir de l'antiquité, et qu'il compare Louis IX à Titus. Il
n'en a que plus de mérite à avoir relevé la pensée poétique d'Horace par un sentiment chrétien, bien supérieur au développement descriptif
du poëte.

C'est ainsi que le génie d'une littérature s'enrichit du génie de chaque écrivain en particulier.
L'enthousiasme profond et sévère de Villehardouin, ce vaste espoir qui se montre dans la
description de la flotte, l'oubli de tout ce qu'il
quitte dans son entraînement vers ce qu'il va
chercher, ne sont pas moins propres à l'esprit
français que le sens rassis de Joinville réfléchissant sur le danger qu'il brave, et se rendant

(1) *Mémoires du sire de Joinville*, 70. Voici la traduction
de ce passage :

« Et en bref temps le vent frappa dans les voiles, et
nous enleva si bien la vue de la terre, que nous ne vîmes
que le ciel et l'eau, et chaque jour le vent nous éloigna du
pays où nous étions né. Est par là vous fais-je voir que celui-là est bien fou hardi qui s'ose mettre en tel péril avec le
bien d'autrui, ou en péché mortel ; car on s'endort le soir
sans savoir si l'on ne se trouvera pas au fond de la mer. »

bon témoignage à lui-même dans cette crainte qu'il exprime pour l'homme qui s'embarquerait avec une conscience mauvaise.

Cinq années de séjour en Orient, des souffrances de tout genre, la peste, la faim et la soif, la maladie, soit par l'effet du climat, soit par suite de blessures, la captivité, tant de courage perdu, tous les devoirs de croisé remplis avec un dévouement d'autant plus méritoire que l'enthousiasme était médiocre, avaient guéri Joinville du désir de recommencer la croisade. Aussi Louis IX essaya-t-il vainement de l'entraîner de nouveau en Orient. Joinville ne voulut pas prendre part à une expédition qu'il jugeait funeste à la France. Un songe vint à propos le confirmer dans sa résolution. Dans ce temps-là, plus d'un grand dessein n'avait pas d'autre cause déterminante; et comme les songes s'accommodent aux dispositions des esprits, en même temps que ceux du roi Louis IX le poussaient à prendre la croix, ceux de Joinville lui conseillaient de ne pas quitter son foyer. Il avait vu dans son sommeil le roi agenouillé devant un autel, et plusieurs prélats le revêtant d'une serge rouge de Reims. Son chapelain, Guillaume, lui donna l'explication. La serge annonçait que la croisade serait *de petit exploit*. L'interprétation de Guillaume, le songe lui-même, c'était le bon sens français qui commençait à n'avoir plus foi aux croisades. Louis IX entreprit la dernière sans la nation.

Après la mort de ce prince, Joinville vit successivement deux règnes et le commencement d'un troisième. Considéré par Philippe le Hardi, en rébellion déclarée contre Philippe le Bel, que ses mesures fiscales avaient rendu odieux à la noblesse, il se rapprocha de Louis le Hutin, et ce fut à la prière de la reine, femme de ce prince, qu'il dicta ses mémoires, étant plus que nonagénaire. Il mourut dans les premières années du xive siècle.

Joinville a en commun avec Villehardouin le caractère du chevalier chrétien, le courage, la droiture, les vertus de la chevalerie sans ses illusions, une foi simple, libre devant le clergé, sans raffinement théologique. Il a de plus que Villehardouin, d'avoir vécu dans l'intimité d'un homme supérieur, et d'avoir eu l'esprit aiguisé par ce commerce. Quelques-uns de ses entretiens avec saint Louis nous transportent dans un monde bien supérieur à celui où vivait Villehardouin. Combien ces questions du roi sur Dieu, ces leçons de morale qu'il donne au chevalier, lequel avouait naïvement qu'il aimait mieux se mettre trente fois en péché mortel que d'avoir la lèpre; ces disputes avec le fondateur de la Sorbonne, en présence de Louis IX, qui jugeait entre son sénéchal et son chapelain; combien ces entretiens sévères ou capricieux du roi avec Joinville ne donnent-ils pas plus à penser que les aventures héroïques de l'époque de Villehardouin, époque toute d'action, où il est si rare de trouver la trace d'un retour de l'homme sur lui-même, et où la pensée ne paraît être qu'un instinct perfectionné!

Joinville est un esprit plus libre, plus curieux, plus animé que Villehardouin. Il mêle quelques jugements à ses récits. A la différence du maréchal de Champagne, qui va toujours en avant, où les événements le mènent, ne se recueillant pas un moment pour les prévoir ou pour les juger, Joinville s'est quelquefois interrogé sur les hommes et sur les choses. Par exemple, en Égypte, il s'est enquis de la nature et des propriétés du Nil; et quoique sa foi naïve fasse descendre ce fleuve du paradis terrestre, il en donne une description qui n'a pas cessé d'être exacte. Son récit l'amène-t-il à parler des Bédouins? il décrit leurs mœurs, qui sont les mêmes aujourd'hui qu'il y a cinq siècles. Or, c'est là encore un progrès. Villehardouin ne décrit pas. Toutes les richesses de Constantinople, tant d'or et d'argent que n'épuisa pas un pillage de plusieurs jours, toute cette magnificence raffinée de l'em-

pire grec ne lui tirent que quelques exclamations, « que c'estoit merveille à voir, etc., » et autres de la même sorte. Les souvenirs de Joinville sont plus précis et plus détaillés, parce que ses impressions l'ont fait penser. N'est-ce pas une nouveauté admirable, à cette époque de notre littérature et de notre langue, que cette courte et frappante description du Nil : « Ce
« flum (fleuve), dit Joinville, est divers de toutes
« autres rivieres; car quant viennent les autres
« rivieres aval, et plus y chieent (tombent) de
« petites rivieres et de petitz ruissiaus, et en ce
« flum (fleuve) n'en chiet nulles : ainçois avient
« ainsi que il vient tout en un chanel jusques en
« Egypte, et lors gete (jette) de li ses branches
« qui s'espandent parmi Egypte. Et quant ce
« vient après la saint Remy, les sept rivieres
« s'espandent par le païs, et cuevrent les terres
« pleinnes; et quant elles se retroient, les gaun-
« gneurs (laboureurs) vont chascun labourer
« en sa terre à une charue sanz rouelles (roues);
« de quoy ils treuvent dedens la terre les four-
« mens, les orges, les comminz, le ris, et vivent
« si bien que nulz n'i sauroit quemander; ne
« se scet l'en dont celle treuve (trouvaille)
« vient mez que de la volenté Dieu..... L'yaue
« (l'eau) du flum est de telle nature, que,
« quant nous la pendion en poz de terre blans

« que l'en fait ou païs, aus cordes de nos paveil-
« lons, l'yaue devenoit ou (au) chaut du jour
« aussi froide comme de fonteinne.

« Il disoient ou païs que le soudanc de Babi-
« loine avoit mainte fois essaié d'ont le flum
« venoit, et y envoioit gens qui portoient une
« maniere de pains que l'en appelle bequis pour
« ce qu'il sont cuis par deux foiz, et de ce pain
« vivoient tant que il revenoient arieres au sou-
« danc, et raportoient que il avoient cerchié le
« flum, et que il estoient venus à un grant tertre
« de roches taillées, là ou nulz n'avoit pooir de
« monter; de ce tertre cheoit le flum, et leur
« sembloit que il y eust grant foison d'arbres en la
« montaigne en haut; et disoient que il avoient
« trouvé merveilles de diverses bestes sauvages
« et de diverses façons, lyons, serpens, oliphans,
« qui les venoient regarder dessus la riviere de
« l'yaue, aussi comme il aloient à mont (1). »

Un esprit superficiel peut décider que c'est là un bien faible progrès, pour être l'ouvrage d'un siècle. Mais pourquoi les littératures iraient-elles plus vite que les nations? Et n'est-ce pas la considération même du temps que mettent les langues à se former, qui devrait les rendre respectables, et les préserver de la témérité des innovations?

(1) Mémoires du sire de Joinville, p. 109.

§ III.

LES CHRONIQUEURS DE PROFESSION. — JEHAN FROISSART.

Près d'un siècle s'écoule entre les Mémoires de Joinville et les Chroniques de Jehan Froissart (1333-1419). De profondes différences sont à remarquer entre ces deux monuments, et ces différences sont de nouveaux traits de l'esprit français, de nouveaux progrès de la langue.

C'est à dessein que je donne le titre de mémoires aux écrits de Villehardouin et de Joinville, et celui de chroniques à l'ouvrage de Froissart. Les mémoires sont les souvenirs personnels d'un homme qui a été mêlé aux événements qu'il raconte; les chroniques peuvent être l'ouvrage d'un historien de cabinet, lequel ne fait que mettre en récit les souvenirs d'autrui.

Tel est, en effet, pour la plus grande partie, le caractère des chroniques de Froissart. Villehardouin et Joinville sont de grands personnages qui dictent leurs mémoires. Froissart ressemble à certains trouvères normands, à Robert Wace entre autres, le chroniqueur en vers des ducs de Normandie, dont fort heureusement il n'imite ni la sécheresse, ni les digressions; il écrit les gestes d'autrui, il est chroniqueur de profession. Déjà, cependant, Joinville avait donné l'exemple de raconter des événements auxquels il n'avait pas pris part; mais il en tirait les détails de personnages dont il avait une si grande pratique, et il en connaissait si à fond le principal, qui était le roi Louis IX, que cette partie de ses récits n'est guère moins personnelle que le reste. Le premier, dans l'histoire de notre prose, qui ait écrit avec le dessein d'être écrivain, c'est donc Froissart. Froissart avait quelque culture littéraire et avait appris le latin; il dit dans ses poésies de quel prix il avait payé le peu qu'il en savait :

> Car on me fist latin apprendre;
> Et se je varioie au rendre
> Mes liçons, j'estoie batus (1).

Qu'étaient-ce que ces leçons? Des grammaires comme on en faisait alors, où l'on enseignait le latin littéraire dans un latin barbare. Quoi qu'il en soit, cette culture latine se fait sentir dans les Chroniques de Froissart. On y reconnaît l'imitation, non du latin parlé, comme dans Villehardouin et Joinville, mais du latin des clercs, du latin écrit. Une certaine délicatesse, plus de choix dans les mots transportés d'une

(1) Poésies de Froissart, *Espinette amoureuse*.

langue dans l'autre, annonce un esprit plus poli, un certain degré de savoir appliqué avec un certain degré de goût.

La plus sensible des différences entre Froissart et ses devanciers, c'est que ceux-ci s'en tiennent à ce qu'ils croient la vérité, et que Froissart entre hardiment dans la vraisemblance. C'était là une grande et féconde nouveauté. Je ne sais même pas si la vraisemblance, en ce qui regarde l'histoire, est d'un rang inférieur à la vérité, et un motif de jugement moins certain; outre que celle-ci, pour être reconnue, a besoin d'être conforme à celle-là. Les preuves de la vérité sont matérielles; elles sont fournies par les sens, dont les témoignages sont si douteux : pour tout ce qu'on n'a pas vu de ses yeux, ouï de ses oreilles, interprété par sa passion, il faut s'en rapporter aux sens et à la passion d'autrui. Les preuves de la vraisemblance sont morales : c'est le contrôle même que la vraisemblance exerce sur la vérité; c'est cette conformité des faits avec la raison, par laquelle seule nous sommes touchés des enseignements de l'histoire, et décidons invinciblement du faux et du vrai. La vraisemblance n'est rien moins que la lumière même de l'histoire, et il est glorieux pour Froissart de l'avoir en certains récits si bien connue et exprimée, que la vérité, ultérieurement rétablie, n'a pas pu prévaloir contre elle, ni la science contre les légendes du chroniqueur.

Il est vrai que la vue de Froissart ne s'étend pas au delà des motifs et des circonstances les plus ordinaires, et ne sort pas du cercle du récit ou de la description. Il remplit les lacunes des témoignages ; il complète une description dont les traits généraux lui ont été fournis ; on lui avait donné une ébauche, il en fait un tableau. Mais il ne porte pas la vraisemblance dans les causes secrètes des événements, ni dans l'appréciation des motifs qui ont fait agir les hommes. Cette autre vue dépasse sa portée, et le temps où il a vécu n'était pas mûr pour une telle étude.

Ce temps, c'est celui où dominaient les habitudes et les mœurs féodales. La France n'était qu'un vaste champ clos, où se donnaient, tour à tour, des batailles sanglantes et des tournois. Les fêtes y succédaient aux guerres, et les guerres aux fêtes. Personne, parmi les hauts personnages qui figuraient dans cette mêlée, n'en avait le sens ; et quoiqu'une sérieuse ambition d'acquérir et de s'accroître fût au fond de toutes les guerres, des habitudes plus fortes que les pensées et les volontés y font ressembler les princes à des champions qui se disputent le prix de la valeur, plutôt qu'à des hommes politiques qui songent à constituer des nations. Quant à la

France, elle souffre des guerres ou elle s'amuse des fêtes, sans voir plus loin dans l'avenir que les princes qui s'y disputent l'empire. Ce travail lent et insensible de l'unité nationale, dont nous pouvions marquer les progrès jusque dans la confusion du quatorzième siècle, semble comme suspendu.

Toutes les pensées sont attachées au présent : ou plutôt y a-t-il autre chose que des impressions si vives et si multipliées que les esprits n'ont ni la liberté ni le temps de la réflexion ? L'historien, ou plutôt le chroniqueur, car il faut approprier les noms aux époques, n'avait qu'à raconter et à peindre. Où Froissart aurait-il imaginé de pénétrer le secret de guerres suscitées par les mœurs belliqueuses du temps presque autant que par les intérêts ? Comment se serait-il inquiété de rechercher les mobiles secrets de ces rivaux de tournois ou de champs de bataille, qui n'entretenaient leur historien errant que de leurs grands coups d'épée ? Froissart, lui-même, n'imaginait pas une forme de société meilleure que la féodalité ; sa naissance, ses goûts, son tour d'esprit lui firent aimer les temps qu'il avait à peindre. Froissart est à la fois l'historien le plus naïf et l'apologiste le plus convaincu de la féodalité.

Il naquit sur les marches de Flandre, à Valenciennes, sur un des plus grands champs de bataille du xive siècle, d'un père qui était peintre en armoiries. Ses premières impressions furent des impressions de guerre, ses premiers regards rencontrèrent les signes caractéristiques de la société féodale. Il aimait, tout enfant, tout ce qui touchait à la noblesse.

> Très que n'avoie que douze ans,
> Estoie forment goulousans (désireux)
> De veoir danses et caroles,
> D'oïr menestrels et paroles,
> Qui s'apertiennent à deduit,
> Et se ma nature introduit
> Que d'amer par amour tous chiaus (ceux)
> Qui aimment et chiens et oisiaus (1).

Lui-même (qui l'aurait cru, s'il n'en eût fait l'aveu?), lui-même avait l'humeur querelleuse de son époque. A cette école où il était battu quand il *variait* à dire ses leçons de latin, il battait ses camarades, qui d'ailleurs le lui rendaient bien.

> J'ere (j'étais) batus et je batoie (2).

De retour à la maison, avec des habits souvent déchirés, il y recevait les gourmades paternelles :

> Là estoie mis à raison
> Et batus souvent.....

(1) Poésies de Froissart, *Espinette amoureuse.*
(2) Ibid.

ce qui ne l'empêchait pas, quand il voyait ses camarades passer dans la rue, de leur courir sus et de se battre seul contre plusieurs. Son vouloir en cela n'était borné, dit-il, que par son pouvoir. Mais il lui arriva souvent

> Que voloirs et povoirs ensamble
> A son pourpos souvent faloient (1).

D'autres traits de ses mœurs lui sont communs avec les hauts seigneurs de son temps. Il était joueur, prodigue, généreux, bon convive, plus dépensier qu'avide d'argent.

> Aussi à la fois m'en pillon (pille-t-on)
> Aux dés, aux eshas et aux tables,
> Et aux aultres jus (jeux) delitables;
> Mès pour chose que argent vaille,
> Non plus que ce fust une paille
> De bleid, ne m'en change ne mue.
> Il samble voir qu'argent me pue.
> Dalès (près de) moi ne poet arrester.
> J'en ai moult perdu au prester;
> Il est fols qui preste sans gage....
> Souvent de moi s'esmervillon (s'émerveille-t-on)
> Comment si tos je m'en délivre.....
> Il me defuit et je le chace;
> Lorsque je l'ai pris, il pourchace
> Comment il soit hors de mes mains;
> Il va par maintes et par mains;

(1) *Espinette amoureuse.*

>   Et seroit un bons messagiers
>   Voires, mes qu'il fust usagier
>   De retourner quant il se part!
>   Mès nennil, que Diex y ait part!
>   Jà ne retournera depuis,
>   Non plus qu'il cheist (tombât) en un puis
>   Lorsqu'il se partira de moi (1).

Un mot charmant, un mot de génie, le peint tout entier :

>   Je passerai legierement
>   Le temps avenir et present
>   Parellement (2).

Son tour d'esprit, c'est cette grande curiosité qui le fit remarquer par Robert de Namur, seigneur de Montfort, lequel attacha Froissart à son service, et lui persuada d'écrire tout ce qu'il avait vu et entendu. Il avait les trois qualités nécessaires à l'historien de la féodalité : la curiosité qui le fit voyager en tous lieux pour savoir, les matériaux historiques n'étant pas alors des

---

(1) *Le Dict don Florin*. Dans cette pièce, Froissart voulant avoir le compte de 2,000 fr. qu'il possède, outre le revenu de sa cure de Lestrines, interroge un dernier florin qu'il a retrouvé *en un anglet d'un bourselot*. Il y a là de piquantes ressemblances avec Rabelais : deux curés menant joyeuse vie, et celui de Lestrines professant sur l'argent la même doctrine que le curé de Meudon met dans la bouche de Panurge.

(2) Extrait du virelai : *Prendés le blanc, prendés le noir.*

actes écrits, mais des hommes dispersés, et des témoignages qu'il fallait aller chercher par les grands chemins; la mémoire qui retenait tous ces témoignages; enfin une imagination à la fois exacte et vive, qui les éclaircissait et les animait.

Sa vie même est celle qu'on menait à cette époque; une vie d'aventures, qui commence par une jeunesse romanesque. Froissart, quoique clerc et sacré prêtre, s'éprit d'une jeune demoiselle de noble maison. Ils se prêtèrent d'abord des romans. Froissart, au lieu de lettres qui auraient pu tomber en des mains étrangères, y glissait des chansonnettes. La demoiselle ne voulait qu'un commerce intellectuel; elle était, dit Froissart, « aussi lie (douce) aux aultres gens qu'elle ert (était) à moi. » Elle se maria. Froissart en fut gravement malade. Si ses poésies ne mentent pas, cette fois il ne prit pas la vie *légèrement*. Revenu à la santé, il pensa, pour se guérir, à faire un voyage en Angleterre. La femme d'Édouard III, Philippe de Hainaut, le prit sous sa protection. Froissart ne fut pas ingrat. Parlant de la mort de cette princesse, il s'écrie :

> Haro! mettés moi un emplastre
> Sus le coer, car, quant m'en souvient,
> Certes souspirer me convient,
> Tant suis plains de melancholie (1).

(1) Poésies de Froissart, *Buisson de Jonece*.

Après quelque séjour en Angleterre, la reine le renvoya en France avec de riches présents, mais point guéri, selon l'usage du temps, qui faisait durer jusqu'à la mort les blessures amoureuses. Il fut calomnié auprès de sa dame par *Malebouche* (la Calomnie), ce personnage que nous verrons dans le *Roman de la Rose*, et qui rend de si méchants offices aux amants. Il s'en revint à la cour d'Angleterre, où sa royale protectrice le mit dans sa maison et en fit son clerc. Comment et quand finit cette passion? Froissart ne le dit point.

Cette demoiselle n'est-elle pas une dame de ses pensées, comme la Béatrix de Dante, comme la Laure de Pétrarque, lesquelles n'empêchèrent pas Dante de se marier, ni Pétrarque d'avoir des enfants, de même que la *demoiselle* de Froissart ne l'empêcha pas de laisser quelque peu de son cœur banal sur tous les grands chemins? Je le croirais à plus d'un trait de ressemblance entre la pièce d'où sont tirés ces détails et le *Roman de la Rose*. J'y vois au début, comme dans le roman, une description du printemps. J'y retrouve les chants d'oiseaux. Il y a aussi un rosier, une rose offerte à la demoiselle, qui n'en veut pas. Froissart fait des virelais sous le rosier. Enfin, à son premier retour d'Angleterre, ce Malebouche qui le calomnie auprès de sa maîtresse, et ce fidèle *ami*, si évidemment imité de celui de l'amant dans le *Roman de la Rose*, me font croire que si le fond des aventures est vrai, l'imitation du poëte à la mode a dû y ajouter. Mais peu importe pour notre objet. Il suffit qu'on reconnaisse ce tour d'esprit romanesque dans Froissart, et cette marque des mœurs de la société féodale.

Froissart demeura cinq ans auprès de la reine Philippe, « qu'il servoit de beaux dictiés » et de traités amoureux. Depuis lors, il voyagea d'une cour à l'autre, lisant son poëme de *Meliadus*, et recueillant des récits pour ses chroniques. Il vit « plus de deux cents hauts princes, » qui presque tous avaient figuré dans les guerres du xive siècle, ou qui en savaient par ouï-dire des faits d'armes merveilleux. Il allait « travellant et chevauchant, querant de tous côtés nouvelles, » souvent appelé par les princes ou les barons, qui lui demandaient une place dans ses chroniques, écrivant leurs prouesses presque sous leur dictée, et risquant fort d'exagérer; car je n'imagine pas que les chevaliers du moyen âge parlassent de leurs exploits plus sobrement que les gens de guerre d'aujourd'hui.

La paix ne faisait pas son compte : il ne savait pas s'y occuper. « Je considérai, dit-il, que nulle espérance n'estoit, que aucuns faits d'armes se fissent ès parties de Picardie et de Flandre, puisque paix y estoit. » Mais ne voulant pas être « oyseux, » et se trouvant encore « sain de corps et de mémoire, » il va trouver messire Gaston, comte de Foix et de Béarn, pour savoir de lui « la verité de lointaines besognes. » Chemin faisant, il rencontre un chevalier qui lui raconte des histoires de ce pays. Il en « est tout rejoui, » ayant si longtemps chômé; et à tous les hôtels où ils s'arrêtaient, il consignait sur le papier tout ce qu'il avait ouï de son compagnon de voyage. C'est ainsi qu'il recueillait ses matériaux, partie dans les cours, partie sur les grands chemins; il les rédigeait à Valenciennes, sa ville natale, où il venait se reposer de ses excursions. Cet aveu si naïf sur la paix, qui ne lui donne rien à faire, n'est ni une marque d'indifférence cruelle, ni la preuve que Froissart, par un instinct supérieur, aimait mieux la guerre, qui faisait les affaires de l'unité française, que la paix, qui eût perpétué la féodalité. Froissart s'ennuie de la paix, parce qu'elle ne donne matière ni à raconter ni à peindre. Qu'était-ce, d'ailleurs, que la paix à cette époque? Une trêve pendant laquelle les combattants reprenaient des forces. Quand la féodalité se repose, son historien dort ou s'ennuie.

Froissart n'aime pas la paix; il ne se soucie

guère non plus de la patrie; il l'eût bornée à Valenciennes, ou aux États de Robert de Namur. Il est fort heureux que l'idée de la patrie ne soit pas née en ce temps-là; elle n'eût profité, comme la paix, qu'à la féodalité. Mais la féodalité ne pouvait pas faire naître cette idée, parce que la suzeraineté impliquait la vassalité, et que toutes les patries féodales, la Normandie, la Bourgogne, le Poitou, la Picardie, relevaient d'une patrie supérieure, la France. L'idée de la patrie ne pouvait pas venir avant la patrie elle-même. Je n'en veux donc pas à Froissart de n'être d'aucun pays: notre chroniqueur était un grand politique sans le savoir.

Je ne lui en veux pas non plus des changements qu'on l'accuse d'avoir fait dans ses chroniques, parce qu'il aurait tiré, dit-on, plus d'argent du mensonge que de la vérité. De tels changements sont coupables dans un historien qui apprécie les faits et juge les personnes, s'il est vrai que, pour complaire à la vanité de ses contemporains, il ait trompé la postérité et menti par intérêt. Mais quoi de moins ressemblant que ce portrait au bon et indifférent Froissart, changeant ses récits pour être agréable à ses hôtes, et donnant le prix du tournoi à ceux qui l'avaient le mieux traité? A-t-il omis sciemment les circonstances principales? A-t-il changé des victoires en défaites? Nullement. Il s'agit tout au plus de quelques grands coups de lance donnés en plus d'un côté, ou reçus en moins de l'autre. Et qui peut accuser Froissart de n'avoir pas aimé, jusqu'à se mettre mal avec les gens, la vérité, qu'il lui était presque impossible de savoir? Que ces grands mots de falsification, de trahison, conviennent mal, à propos d'une conscience si légère et d'un livre si peu ambitieux!

On trouve, dans le prologue du livre quatrième, une expression qui aurait dû désarmer la critique. « Je me suis de nouvel *reveillé*, dit Froissart, et entré dans ma forge. » Et plus loin : « Jusques au jour de la presente date de mon *reveil*. » Que signifie ce mot? Je n'y vois pas seulement une évidente imitation du *Roman de la Rose*, et ce lieu commun d'un songe qui défraye tous les écrits de ce temps; j'y vois la preuve d'une pensée non moins romanesque qu'historique. Qui s'étonnerait donc que les *Chroniques* de Froissart n'eussent en beaucoup d'endroits que l'authenticité d'un songe, et qu'il eût quelquefois *forgé* certains détails pour flatter la forfanterie de quelque homme de guerre, ou payer le bon accueil d'un prince?

Il ne faut pas juger ces chroniques comme on ferait d'une histoire. Il n'y a pas place pour la critique là où il n'y a pas un historien qui recherche à la fois le vraisemblable et le vrai ; qui non-seulement raconte les événements, mais qui les explique ; qui pénètre les causes et prévoit les effets ; qui raisonne sur les intérêts des peuples, sur les caractères, sur les mœurs ; qui discerne le bien du mal, et qui approuve ou blâme ; qui, pour tout dire, sent en homme de cœur, examine en philosophe et décide en juge. On a remarqué qu'en Italie, un contemporain de Froissart, l'historien Villani, s'était élevé en quelques endroits à la hauteur de cette tâche. Mais l'Italie touchait à son grand siècle littéraire, et Villani avait une patrie grande et glorieuse, Florence, où toutes les vicissitudes civiles et politiques avaient été déjà épuisées. Il avait lu le Dante, et il avait pu apprendre dans Salluste, que traduisait un de ses contemporains, les devoirs de l'historien. Froissart n'avait ni cette forte éducation que donne le spectacle des agitations d'un peuple libre, ni, dans la langue nationale, un maître comme Dante ; et, quoique clerc, s'il n'ignorait pas tout à fait l'antiquité, il la pratiquait fort peu, ou point. Ses lectures étaient les romans et les poésies du temps, outre les siennes, dont il portait le recueil de cours en cours, les lisant pour prix des récits qu'on lui faisait. Peintre avant tout, et faiseur d'armoiries, comme son père, il n'omet rien de ce qui se voit par les yeux : drapeaux, devises, fêtes, tournois, parures, champs de bataille; il se tait sur tout ce qui se juge. Le sens de cette confusion universelle, dans laquelle il vivait, était trop obscur pour qu'il fût tenté de le chercher : et comment se serait-il ému de toutes ces destructions de la guerre, dont personne, ni peuple, ni noble, ni roi, n'était excepté? C'est le contraste du mal d'un côté, du bien de l'autre, et de l'inégalité qui en résulte, qui excite notre sensibilité; mais, au XIVe siècle, qui donc avait tout le bien de son côté, et qui donc n'avait pas sa part du mal? Froissart ne s'émeut donc jamais, mais il émeut. Cette dure vie de nos pères trouble nos nerfs; cette facilité à mourir offense notre tendresse pour la vie; et ce chroniqueur, qui n'a jamais pleuré, nous intéresse aux malheurs de son temps, comme à des dangers auxquels nous aurions échappé.

Sur la fin de sa vie, son imagination ayant perdu de sa vivacité et sa raison s'étant fortifiée, il laisse voir quelque intention de juger les choses qu'il raconte. Il mêle des réflexions au récit de la chute et de la mort du roi d'Angleterre, Richard, fils du prince Noir. Il rappelle qu'étant à Bordeaux, le jour où ce roi était né, messire Richard de Ponchardon, maréchal d'Aquitaine, lui avait dit de la part du prince Noir : « Froissart, escrivez et mettez en memoire que madame la princesse est accouchée d'un beau fils. » Ce souvenir lui fait faire un retour sur la fragilité des plus belles destinées.

L'expérience et les années semblaient lui avoir donné, avec la satiété des spectacles qui avaient amusé sa jeunesse et son âge mur, un certain goût de pénétrer dans les causes et de tirer la morale des événements. Au commencement de ses chroniques, il s'était naïvement qualifié d'*historien*; eut-il, en les finissant, une idée plus exacte de la grandeur de ce titre, et l'ambition de le mériter? Il était trop tard pour lui et trop tôt pour la France.

Mais le mérite particulier de Froissart, le trait auquel s'est reconnu l'esprit français, c'est d'avoir peint des couleurs les plus vraies, ou plutôt des seules couleurs qui y convinssent, une époque caractéristique de la société française. Ses chroniques en sont l'image si fidèle, et son art suffit si complétement à sa matière, qu'il a fait de la chronique comme un genre parfait en soi, qui a devancé la venue de la littérature.

Cette curiosité sans confusion, cette imagination facile et heureuse, cet arrangement naturel et sans effort, sont les seules qualités du genre, et Froissart les possède en perfection.

Nous avons remarqué, dans les premiers monuments écrits de notre langue, une sorte de maturité précoce pour le récit : il y en a des modèles dans Froissart. Le récit, dans certains endroits de ses chroniques, n'a pas été surpassé ; et cette partie de l'art, si difficile pour l'historien moderne, au milieu de tant de faits divers qu'il faut, à la fois, classer, raconter et juger, est l'habitude et comme le tour d'esprit naturel de ce chroniqueur.

Depuis plus de cinq siècles que ces chroniques ont été écrites, l'esprit français se reconnaît aux qualités de ces charmants récits, à cette clarté, à cette suite, à cette proportion, à cette absence d'exagération, à ces couleurs déjà mêlées et variées d'une main habile, et dont aucune n'éblouit. De même, la langue française se reconnaît à cette netteté de l'expression, à cette grâce du tour, à cette fermeté sans roideur, à cet éclat tempéré, qui frappent le critique le moins suspect d'archaïsme, et que sentiraient ceux même qui veulent lire sans juger. Si ce style manque de nerf, s'il n'est pas marqué de ces expressions de génie qui sont comme des pas que fait la langue vers sa perfection, c'est que la source unique de ces expressions est la raison découvrant les vérités générales, et se servant de l'imagination et de la sensibilité pour en donner des images qui demeurent. Il n'appartient qu'au grand art de l'histoire de faire faire ce progrès aux langues : or, n'oublions pas, malgré la faveur de mode dont jouissent les monuments de notre vieille langue, que les chroniques de Froissart ne sont pas de l'histoire.

§ IV.

TRAVAIL DE LA PROSE FRANÇAISE PENDANT LES DEUX DERNIERS TIERS DU XIVe SIÈCLE. — CHRISTINE DE PISAN ET LES CHRONIQUEURS DE LA COUR DE BOURGOGNE.

I. — *Christine de Pisan.*

L'honneur d'avoir entrevu pour la première fois le véritable caractère de l'histoire pourrait appartenir à une femme très-célèbre au commencement du xive siècle, aujourd'hui oubliée, Christine de Pisan.

Je ne veux pas la réhabiliter. Ceux qui ont manqué de génie ont mérité d'être oubliés. Christine de Pisan n'eut que du savoir, et la prétention d'une femme qui se hausse à des sujets virils. Elle est restée aussi loin de la grâce et du naturel d'une femme, que de la force de pensée d'un homme. L'arrêt est juste, s'il s'agit des qualités qui font les livres durables.

Mais mentionner n'est pas réhabiliter ; et peut-être serait-il aussi injuste d'omettre Christine de

Pisan, que paradoxal de vouloir la remettre en honneur. Elle aussi marque un âge de la langue : c'est, il est vrai, un âge sans caractère, sans physionomie, mais où la science remarque le travail d'une langue qui va se renouveler et s'étendre.

Christine de Pisan voulut aller plus haut que Froissart, et n'eut pas la force de s'élever jusqu'à Comines : elle n'eut donc que de l'ambition. Mais l'ambition est plus féconde que l'imitation. Elle a péri dans ses efforts : mais la pensée même qui les lui fit faire lui a survécu.

Christine était fille de Thomas Pisan, Italien, astrologue célèbre, qu'on accusa Charles V de trop consulter. Elle fut élevée à la cour, sous ce règne réparateur qui permit à la France de respirer entre les deux guerres d'extermination qu'elle eut à soutenir contre l'Angleterre. Thomas Pisan fit instruire sa fille en toutes sortes de connaissances, et surtout au latin, qu'elle sut mieux qu'homme de son temps. Mariée fort jeune, et bientôt privée de son protecteur Charles V, elle dut songer à vivre et à faire vivre les siens du savoir qu'elle avait acquis. Elle fit d'abord un grand nombre de poésies, à l'imitation du *Roman de la Rose,* qu'elle attaqua plus tard. Ce ne fut qu'en 1399, et à l'âge de trente-six ans, qu'elle entreprit d'écrire en prose des ouvrages sérieux.

Un seul a été imprimé : c'est *Le livre des faits*

et bonnes mœurs du roi Charles V. Le duc de Bourgogne, père de ce prince, en donna, dit-on, l'idée à Christine de Pisan. Ce livre, qui appartient plus à l'histoire de la langue qu'à l'histoire politique, à cause de son caractère apologétique qui doit le rendre suspect, est le premier ouvrage historique où la morale et le récit aient tour à tour leur part. Il est vrai que chaque part est entièrement distincte ; qu'après un récit plus nu et moins agréable que celui de Froissart, viennent des réflexions qui, motivées d'abord par les faits, s'en éloignent bientôt, et s'allongent de toutes sortes de souvenirs d'érudition ; mais, si je ne me fais illusion, quand on s'est amusé jusqu'à la satiété des charmants récits de Froissart, ce n'est pas sans plaisir qu'on sent pour la première fois, dans cette vie de Charles V, l'âme de l'histoire. La surprise n'est pas peu agréable en quittant ce chroniqueur insouciant, qui ne donne pas une larme à nos plus grands désastres, ce *vilain* parvenu qui méprise son origine, et se vante, dans ses poésies, qu'il aimerait mieux se taire,

>Que ja villains evist (eût) du sien
>Chose qui lui fesist (fit) nul bien ;

de trouver enfin un historien qui s'émeut du mal et du bien, qui fait une différence entre la victoire et la défaite, entre la paix et la guerre, et qui sent les contentements et les souffrances de son pays.

J'ajoute qu'il est d'un grand intérêt de voir pour la première fois l'ambition non moins naïve que pédantesque de la prose française, quelquefois trébuchant, quelquefois marchant d'un pas hardi et sûr dans cette première tentative d'exprimer des idées générales, et de faire parler l'esprit français comme l'esprit humain.

Cette langue est surchargée d'épithètes et de synonymes. Le plaisir de *translater* et de voir naître sous sa plume de beaux mots, qui fussent les égaux des mots latins, détourne trop souvent l'écrivain de son plan, et étouffe le fond sous les incidents. Mais j'aime cet entassement et cette richesse, quoique sans goût et si mélangée, après la perfection bornée et stérile de la langue de Froissart. J'aime ces noms mal orthographiés d'Aristote, de Cicéron, de Pline, de Sénèque, de Tite-Live, qui sont admis pour la première fois au droit de cité dans la prose française. L'élève est trop faible encore pour les maîtres; il les admire souvent sans les entendre, et les imite où ils sont inimitables; mais quel progrès qu'il les ait enfin reconnus, et que, désormais, il ne doive plus s'en séparer!

II. — George Chastelain.

On remarque ce même caractère dans toute une école de chroniqueurs, non moins oubliés que Christine, et qui fleurirent à la cour des ducs de Bourgogne. Le plus illustre fut Charles Chastelain, nom que j'apprends, peut-être, à quelques-uns de ceux qui lisent cette histoire. Il naquit à Alost, en Flandre, en 1404. La plupart des chroniqueurs des XIVe et XVe siècles nous viennent de la Flandre. Ce fut l'époque de la grande prospérité des villes de Flandre et des ducs de Bourgogne, leurs suzerains ; les lettres naissent partout où une civilisation quelconque les abrite et les nourrit.

George Chastelain appartenait à une famille noble du pays. Après des études hâtées, il visita les pays étrangers, et se fit donner le nom d'*Aventureux*, à cause de son goût pour les voyages. Il porta les armes jusqu'à l'âge de quarante ans, et vint se fixer à la cour de Philippe le Bon, qui en fit son panetier et son conseiller privé, et le chargea, sous le titre d'*Indiciaire*, de *chroniser* tous les événements de cette époque. La chronique de George Chastelain commence à l'année 1419, et se termine en 1474, date présumée de sa mort. Il fit, outre cette chronique, un grand nombre de vers, des *Consolations*, à la façon de Sénèque et de Boëce, des traités moraux et d'autres ouvrages, dont le nombre n'étonnait guère moins que la beauté. S'il en est un qui peut intéresser l'histoire politique, c'est une défense de George Chastelain répondant aux critiques et aux menaces qu'il s'était attirées, en louant le duc Philippe aux dépens du roi Charles VII. Mais l'histoire de la littérature n'y peut trouver que l'exagération la plus insipide, et comme la débauche de cette rhétorique qui valut à Christine de Pisan le surnom de *Tulle* :

> Tulle : car en toute eloquence
> Elle eut la rose et le bouton;

et à George Chastelain, le titre de *suprême rhétoricien*.

III. — Olivier de la Marche.

Celui qui qualifiait ainsi Chastelain, et qui, ailleurs, l'appelle son père en doctrine, son maître en science, « la perle et l'estoile de tous les historiographes de son temps et de pieça, » est Olivier de la Marche. Il était attaché à la maison de Charles, duc de Bourgogne, qu'il accompagna dans ses guerres, et qu'il servit dans ses négociations et ses intrigues. Il assista à la bataille de Nancy, et il vit la fin de cette puissante maison de Bourgogne, dont la fortune, un moment éblouissante, ressemble si fort à la renommée de ses historiens et de ses poëtes, de leur vivant portés si haut et si enviés, aujourd'hui relégués, par lambeaux, dans des recueils où l'on compte mais où l'on ne pèse pas les noms. Les Mémoires d'Olivier de la Marche commencent au règne de Charles le Téméraire, et se terminent à l'année 1501, quelques mois avant sa mort. Fidèle jusqu'à la fin à la maison de Bourgogne, Olivier de la Marche croyait continuer la chronique de cette maison en écrivant celle de Maximilien d'Autriche, qui avait épousé Marie, fille du duc Charles.

En voici le début :

« A l'heure que j'ay ceste matiere encommen-
« cée, j'aproche quarante cinq ans, et ressemble le
« cerf ou le noble chevreul, lequel ayant tout le
« jour brouté et pasturé diverses fueilles, herbes
« et herbettes, les unes cueillies et prises sur les
« hauts arbres, entre les fleurs et près des fruits,
« et les autres tirées et cueillies bas, à la terre,
« parmi les orties et les ronses aguës, ainsi que
« l'appetit le desiroit et l'adventure le donnoit :
« après qu'iceluy se trouve refectionné, se
« couche sur l'herbe fresche, et là ronge et
« rumine, à goust et à saveur, toute sa cueil-
« lette : et ainsi, sur ce my-chemin ou plus
« avant de mon aage, je me repose et rassouage

« sous l'arbre de congnoissance, et ronge et as-
« saveure la pasture de mon temps passé, où je
« trouve le goust si divers et la viande si amère,
« que je pren plus de plaisir à parachever le
« chemin non cognu par moy, sous l'espoir et
« fiance de Dieu tout puissant, que je ne feroye
« (et fust il possible) de retourner le premier
« chemin et la voye dont j'ay desja achevé le
« voyage. Et toutesfois entre mes amers gousts,
« je treuve un assouagement et une sustance à
« merveilles grande, en une herbe appelée me-
« moire, qui est celle seule qui me fait oublier
« peines, travaux, miseres et afflictions, et
« prendre plume, et employer ancre, papier et
« temps, tant pour moy desennuyer comme
« pour accomplir et achever (si Dieu plaist)
« mon emprise, esperant que les lisans et oyans
« suppleeront mes fautes, agreeront mon bon
« vouloir, et prendront plaisir et delectation
« d'ouyr et sçavoir plusieurs belles, nobles et
« solennelles choses advenues de mon temps,
« et dont je parle, par veoir, non pas par ouyr
« dire. »

Olivier de la Marche écrivait ces touchantes et nobles paroles en 1491. On ne s'attend guère à rencontrer, à cette date, un sentiment si vrai et si profond, exprimé avec la grâce du style de Montaigne. Quelques années auparavant, Olivier de la Marche traçait ce portrait de Philippe le Bon :

Philippe le Bon, duc de Bourgogne, « avoit
« une identité de son dedans à son dehors; n'y
« avoit qui desmentît l'ung l'autre, ne visaige
« coraige, ne coraige semblant (physionomie)...
« Avoit ce don de Dieu en son aspect, que
« oncques nul qui ennemy lui fust né le re-
« garda, qu'il ne s'en contentast. Ne parloit où
« qu'il fust, si non à cause; et n'y avoit nul
« vuide en sa parole; parloit en moyen ton, ne
« oncques pour passion ne le fist plus haut;
« estoit egal à toutes gens, et benigne en res-
« pondre; tard à promettre, et plus encore à
« ire (à s'irriter); mais esmeu, c'estoit un en-
« nemy... Donnoit à temps et à poids. Oncques,
« je cuide, menterie ne lui partit des levres :
« et estoit son scel sa bouche, et son dire let-
« triage (lettre écrite)... N'y avoit difference de
« son dire et faire, fors du temps entre deux.
« Estoit humble aux humbles, et fort et fel
« (cruel) aux orgueilleux... Fut large et liberal
« en dons, et donnoit au prix de l'homme.

« A tout temps avoit sens propre, et à toutes
« gens propres manieres; sage en conseil, froid
« en conclure, dur en rompre en propos, et ferme
« en son promettre. . . . Ne daignoit en basses
« choses tourner son haut coraige. . . . Vaillant
« plus qu'homme, et plus mortel que nul glaive,

« aimoit plus honneur que sa vie, bonne grace
« que couronne en chief.

« Afin que toutefois je ne semble flatteur, avoit
« des vices en lui : negligent estoit et nonchallant
« de toutes ses affaires, ce qui tournoit à grand
« playe à ses pays et subjects, etc. . . . »

Ces grands traits, dont le sens et la concision sont d'un écrivain supérieur, sont tirés d'un court et énergique précis de l'histoire de Philippe le Bon. Son panégyriste l'y montre « tenant le salut de la France en sa clef, et la tranquillité de l'Occident en sa main. » Il en fait un portrait physique, dont l'exactitude pittoresque peut paraître d'ailleurs minutieuse. Ce sont de ces beautés qu'on serait tenté de défendre contre l'oubli, s'il n'était pas bon qu'on vît par ces ruines mêmes, qui ne semblent pas méritées, que des détails heureux et hardis ne sauvent pas de la mort les ouvrages médiocres, et qu'il n'est donné de durer qu'aux livres écrits d'une main égale et soutenue.

Je ne me plains donc pas de la triste fin qu'ont eue George Chastelain, l'auteur de ce beau portrait, et Christine de Pisan, la première qui eut l'honneur de s'aider de l'antiquité, et la première oubliée. D'abord, ils se méprirent sur l'antiquité, en s'attachant bien plus aux préceptes qu'aux modèles, et en n'imitant de l'art que l'extérieur. Leurs admirateurs, en les qualifiant l'une de *Tulle*, l'autre de *suprême rhétoricien*, en ont fait la plus exacte critique. Christine de Pisan et George Chastelain ne firent en effet qu'ajuster la rhétorique née des derniers raffinements de la littérature latine à des idées à peine dégrossies et à une langue qui se cherchait encore. Ils perdirent le secret des charmants récits de Froissart, et n'eurent pas la haute raison de Comines. Le premier jugement porté sur leurs écrits si admirés de leur vivant leur a été mortel; et cette incertitude de leurs idées et de leur langue, cette invention grossière et excessive dans les mots, qui paraît bien plus venir de la mémoire échauffée par l'érudition que d'un instinct sûr et profond des analogies des deux langues, leur ont été comptées comme des fautes que ne rachètent pas leurs bonnes intentions.

Nous sommes d'un pays où les meilleures intentions ne sauvent pas un écrivain de l'oubli. Nous aimons les écrits francs et caractérisés, et les plus modestes, qui sont de leur rang et ont un air à soi, bien mieux que les plus ambitieux, qui font de grands pas et qui tombent. Mais il y aurait ingratitude à dire que les ambitieux ne servent pas les langues aux époques de formation, et qu'en particulier Christine de Pisan et les chroniqueurs de Bourgogne n'aient pas été utiles à la nôtre. Ils ont peut-être formé Comines, qui certainement les avait plus lus que les historiens latins.

§ V.

PREMIÈRE ÉBAUCHE DE L'ART HISTORIQUE. — LES MÉMOIRES DE PHILIPPE DE COMINES.

L'histoire commence à paraître dans les Mémoires de Philippe de Comines (1443-1209). Ce n'est plus le chroniqueur complaisant qui fait payer innocemment à la vérité historique les frais de l'hospitalité des princes qui l'hébergent, ni l'*Indiciaire* officiel, qui fait du récit un panégyrique : c'est un grave personnage qui juge les choses et les hommes, non sans se tromper, mais sans s'amuser de sa matière, comme Froissart, et sans la travestir, comme Christine de Pisan et les chroniqueurs bourguignons.

Les Mémoires de Comines sont l'histoire de sa vie, de ses débuts à la cour du duc de Bourgogne contre la France, puis de sa désertion, qu'expliquent les mœurs du temps, à la cour de Louis XI, dont il devint le confident et le conseiller; de ses services publics et secrets; de ses disgrâces sous Charles VIII; de son emprisonnement à Loches, dans une de ces cages de fer imaginées par Louis XI, et qu'on appelait *les fillettes* du roi; de sa rentrée en grâce; de la part qu'il prit aux guerres d'Italie, et de ses dernières années, sous le règne de Louis XII.

Les caractères de l'histoire se montrent, dans ces chroniques, par plusieurs qualités propres à Comines, et dont s'est enrichi l'esprit français. Tracer d'une main impartiale les portraits des grands personnages, faire des réflexions sur les événements et les caractères des peuples, comparer leurs institutions, distinguer une bonne politique et une mauvaise, indiquer des progrès à faire, des réformes à réaliser, enfin regarder l'histoire comme un enseignement, voilà ce qui donnait à Comines le droit de prendre le titre d'historien, que Froissart s'attribue si naïvement. Et cependant il n'estime ses mémoires que comme des notes, et c'est sous ce modeste titre qu'il les envoie à l'archevêque de Vienne, pour en faire usage dans une histoire en latin. L'impartialité de Comines est le fruit d'une raison supérieure, plutôt que de l'indifférence. On ne peut trop admirer avec quelle haute convenance et quelle force de raison il parle de Charles le Téméraire et des causes de la ruine de la maison de Bourgogne. S'il loue beaucoup Louis XI, c'est presque toujours pour des actions qui méritent d'être louées. Quant à Charles VIII, quoiqu'il en ait été d'abord maltraité, et qu'il n'ait jamais eu complètement sa faveur, il juge ce jeune prince avec indulgence, et ne lui « sait pas mauvais gré de ses rudesses, » dit-il quelque part, « connoissant que c'estoit en sa jeunesse, et qu'il ne venoit pas de lui. »

De ces trois princes, celui qui devait le plus l'occuper, c'est Louis XI. La pénétration de l'historien égale la dissimulation de son héros. Comines a connu ce prince, qui se déroba toute sa vie à tout le monde; qui avait, comme on l'a dit, son conseil dans sa tête, et laissait aux événements à faire connaître ses desseins. L'art des historiens ultérieurs n'a pas surpassé l'esquisse si frappante qu'il en a tracée. Ce mélange même d'admiration et de crainte, d'affection et de défiance, que lui inspire Louis XI, donne l'idée la plus exacte de ce personnage si grand et si singulier, qui faisait de si grandes choses sans gloire, et qui rendit tant de services à notre nation sans mériter sa reconnaissance.

Du reste, il ne faut pas chercher la morale de l'histoire dans les jugements qu'imposaient à Comines son rôle de confident et de complice de Louis XI, la morale si relâchée du temps (1), et cette indifférence pour les crimes politiques, dont l'Italie faisait alors des pratiques régulières

(1) Les noms historiques de ce temps disent assez ce qu'était la morale. En Angleterre, Richard III; Louis XI, en France; les Médicis, à Florence, et le secrétaire de la république, Machiavel; à Rome, Alexandre VI et les Borgia.

de gouvernement. Comines aime l'habileté, l'adresse, ce qu'il appelle dans Louis XI sagesse, et qui n'était que l'art d'avoir l'avantage en toute affaire, par tous les moyens. S'il préférait les bons, c'est moins parce qu'ils honorent et légitiment le succès, que parce qu'ils le rendent plus certain et plus facile.

Mais tel est le besoin qu'ont les esprits élevés, même dans les temps les plus corrompus, d'une règle du bien et du mal, qu'à défaut de la morale générale qui eût fait voir à Comines le mal dans le succès, il le voit du moins dans les revers, qu'il attribue à l'ignorance des princes et à leur peu de foi. Il reconnaît la main de Dieu dans cette chûte si rapide de la maison de Bourgogne, et dans les emportements du dernier de ces grands vassaux qui, depuis un siècle, tenaient en échec leur suzerain. Ses réflexions sur cet événement, le plus considérable du xve siècle, sont graves et éloquentes. Il y a d'ailleurs tant de vérité dans une morale qui fait sortir des conseils de Dieu les grandes fortunes comme les grandes catastrophes d'ici-bas, qu'elle devait inspirer des pages durables à un homme qui ne pensait qu'à mettre des notes sur le papier. Un progrès de plus de la langue, et on s'imaginerait lire Bossuet montrant le doigt de Dieu dans les chutes des empires et la disparition des peuples, et épouvantant la sagesse humaine de la fragilité de ses établissements.

Je vois, dans Comines, des causes et des effets, les passions et leurs conséquences, les desseins secrets sous les apparences publiques, moins de costumes que dans Froissart, mais plus d'hommes ; je vois quels sont les mobiles politiques de l'époque, semblables à ceux de toutes les époques ; je vois pourquoi certains desseins échouent, et pourquoi d'autres réussissent ; lequel eût le mieux valu, dans certaines affaires, du courage ou de la prudence. Je n'assiste plus, comme dans Froissart, à un vain spectacle, dont le sens et la moralité m'échappent ; mais je sens mon jugement se fortifier du jugement d'un homme supérieur, élevé, comme dit Montaigne, aux grandes affaires, et qui m'apprend à connaître mon temps par le sien.

Froissart, c'est le drame sans ses ressorts cachés, sans ce qui l'explique, sans sa moralité : Comines, c'est le drame complet, moins peut-être quelque mise en scène, qui n'y eût pas beaucoup servi. Indiquer les causes des événements et les motifs des actions ; entre ces causes, distinguer les véritables de celles qui n'ont été qu'apparentes ; entre ces motifs, discerner ceux qui ont déterminé les actions de ceux qui n'ont servi que de prétextes ; descendre dans le fond de l'homme et découvrir la pensée secrète sous le rôle ; enfin, par une réserve admirable, quand les événements ont été trop grands ou trop soudains pour que l'historien les puisse expliquer par des raisons humaines, y voir des effets de la sagesse et de la justice de Dieu, voilà, ce semble, une première ébauche de l'histoire assez belle : si ce n'est pas encore l'histoire elle-même, c'est seulement parce qu'il y manque une dernière et suprême convenance, une langue mûre pour les choses de l'art.

La langue de Comines n'est pas mûre, parce que toutes ces pensées dont nous le louons sont plutôt entrevues et indiquées, qu'envisagées d'une vue claire et exprimées pleinement.

Admirons, cependant, quels progrès la langue a faits depuis Froissart, en clarté, en précision, en nationalité. Il y a moins de mots étrangers, moins de saxon, moins de vieux gaulois, moins de latinisme dans les mots, sinon dans les tours, et peut-être plus de variété dans la phrase. Mais voici la grande différence : la langue de Froissart est presque exclusivement descriptive et matérielle ; celle de Comines est plus abstraite. L'un emprunte ses images et ses couleurs aux spectacles qu'il décrit ; et lors même qu'il veut peindre les douleurs morales, il s'attache plus à en faire voir la pantomime qu'à en analyser les effets intérieurs. L'autre tire les nuances délicates de sa langue des profondeurs de la réflexion et du raisonnement. La langue de Froissart est la langue des faits; celle de Comines est la langue des idées. Comines, en cent endroits, fait toucher à Montaigne.

Je trouve, dans un plan d'éducation rédigé par Mélanchthon pour Jean-Frédéric, duc de Stettin et de Poméranie, un passage qui prouve quel cas on faisait à l'étranger des Mémoires de Philippe de Comines. Dans ce plan, Mélanchthon propose de consacrer une partie de l'après-midi à des lectures, soit de Salluste, soit de Jules César, soit de *Comines* (1).

(1) *Cominœi de Carolo Burgundo.* Lettres, liv. I, 60.

CHAPITRE TROISIÈME.

§ I. Caractères généraux des premiers écrivains en vers. — § II. Analyse du Roman de la Rose. — I. Guillaume de Lorris. — II. Jean de Meung. — § III. Des critiques dont le Roman de la Rose fut l'objet, du xive au xvie siècle. — § IV. Par quels caractères le Roman de la Rose a mérité son rang dans l'histoire de la poésie française. — § V. Les principaux poëtes du xve siècle. — § VI. Charles d'Orléans. — § VII. Villon.

§ I.

CARACTÈRES GÉNÉRAUX DES PREMIERS ÉCRIVAINS EN VERS.

Le premier ouvrage en vers auquel l'esprit français se soit reconnu, c'est le *Roman de la Rose*. Il est le premier sur la liste des poëmes qui durent. Lui contester ce rang, ce serait renier les traditions mêmes de l'esprit français. Toutefois, entre la chronique de Villehardouin et le *Roman de la Rose*, il y a cette différence, qui prête à litige, que Villehardouin est à la fois le premier par le choix de la France et le plus près du berceau de notre langue; au lieu qu'un très-grand nombre d'écrivains en vers ont précédé le *Roman de la Rose*.

Dès la seconde moitié du douzième siècle, il y a une sorte de langue poétique. La poésie provençale, un moment si florissante, touche à sa fin; aux troubadours vont succéder les trouvères. Le génie de la France septentrionale a pris le dessus. Parmi les poëtes de cette époque, les uns s'inspirent des poëmes orientaux et des romans de chevalerie arabes; les autres, des traditions de la mythologie septentrionale et des aventures de certains héros de l'Armorique, Lancelot du Lac, Érec, Tristan, Yvan, transmis par les peuples de la Bretagne et par les poëtes anglo-normands aux romanciers français (1). Quelques-uns mettaient en vers Arthur et les héros de la Table Ronde, courant à la recherche du saint ciboire où avait bu Jésus-Christ; ou Charlemagne et ses compagnons, allant conquérir la Palestine. Le plus grand nombre se contentait de rimer l'histoire contemporaine. C'est ainsi que Grain d'Or de Douay écrivait les événements de la première croisade, et que l'un des successeurs de Guillaume le Conquérant faisait chanter, par l'Anglo-Normand Robert Wace (2), les guerres de la conquête. Bon nombre de fables se mêlaient

(1) L'un des principaux est Chrestien de Troyes, mort en 1191.

(2) Mort vers 1184.

à ces récits, et les poëtes chroniqueurs puisaient aux mêmes sources que les auteurs de romans.

Au xiiie siècle, ces deux sortes d'ouvrages se multiplient prodigieusement. On y compte plus de deux cents poëtes ou rimeurs, quoique l'attention des esprits cultivés fût tournée vers la théologie et la scholastique, dont le siége était à Paris. Ces poëtes s'exerçaient dans tous les genres qu'avait traités la poésie provençale, déjà si languissante vers la fin du règne précédent, et qui s'éteignit au xiiie siècle, avec la civilisation qui l'avait fait naître.

L'honneur de ce premier essor de l'esprit français revient au grand roi saint Louis. C'est lui qui voulut que les juges, les légistes et les plaideurs connussent les lois. Il organisa l'Université; il fonda une bibliothèque et des archives; il attira les poëtes à Paris, et il commença ainsi la destruction des dialectes féodaux. D'autres princes et barons, soit de leur propre mouvement, soit à son exemple, encouragèrent les lettres, et quelques-uns les cultivèrent. Un grand pape, Innocent III, faisait au clergé un devoir d'obligation et de foi d'être instruit; ses successeurs suivirent sa politique. Il y a deux marques certaines de l'ardeur intellectuelle de cette époque : c'est le changement des modes, qui se renouvelaient tous les deux ans, et le caprice de l'écriture, dont l'orthographe et la forme variaient d'une année à l'autre.

Les trouvères ne voulaient être, sur aucun point, en reste avec les troubadours. Il n'est pas un des genres cultivés par les Provençaux où ne s'essayassent nos Français. Le genre le plus populaire était celui des romans. L'érudition estime le roman de *Berthe aux longs pieds*, par Adenès (1), et *Parthenopex de Blois*, dont l'auteur est inconnu. Les tours que joue maître Renard à son compère le Loup, dans le roman du Renard, ont amusé nos pères. Les peintres en tiraient leurs sujets.

On s'explique aisément la popularité du roman du Renard. Ce Renard, ce Loup, c'étaient le trompeur et sa dupe : c'était l'époque.

Les petits poëmes sont fort nombreux. S'il n'y a pas de chansons à boire, ce qui ne prouverait pas, d'ailleurs, qu'on fût sobre en ce temps-là, il y a beaucoup de chansons d'amour et de guerre. Les *jeux-partis*, sorte de dialogues mêlés de récit et de réflexions, pourraient être regardés comme de grossières ébauches du poëme dramatique (2). Les variétés du genre sa-

(1) Il était attaché à la cour de Philippe le Hardi.
(2) Ainsi le jeu-parti du *Croisé et du Décroisé* : l'un fait l'éloge, et l'autre la critique des croisades; le premier finit par décider le second à se croiser.

tirique sont en grand nombre. Dans les *sirventes* ou *sottes chansons*, on attaquait les hommes puissants, les courtisans, les moines, le clergé régulier et séculier, les rois eux-mêmes; témoin la vengeance que tira Henri II, roi d'Angleterre, d'un certain Luc de Labarre, auquel il fit crever les yeux.

La *Bible Guyot* est une satire de toutes les classes de la société, y compris les *légistes* ou les hommes de loi, et les *fisiciens* ou médecins. Il y a moins d'amertume et plus de digressions morales dans la *Bible au seigneur de Berze*, autre satire du même genre.

L'esprit satirique est le principal assaisonnement d'un genre très-cultivé alors, et le plus approprié à cet âge de l'esprit français et de la langue. Ce sont les *fabliaux* ou *lais*, dont les sujets étaient tirés des mœurs du temps, la plupart graveleux, et mêlés de traits malins contre les puissances. Le trouvère Rutebeuf est un des maîtres du genre (1). Un trop grand nombre de ces poëmes ne sont que des imitations de récits orientaux, transmis par des traductions latines. La Bible, Pétrone, Ovide, Apulée, fournissaient les sujets de plusieurs autres. Les meilleurs sont tirés du fonds même de l'esprit français, de

(1) Il vivait au temps de saint Louis.

ce qui n'a pas changé dans les mœurs et le caractère de la nation.

Les fables formaient un genre distinct des fabliaux. Les noms d'Ysopet I, Ysopet II, que se donnent les auteurs, indiquent l'imitation d'Ésope, dont les fables avaient été traduites ou paraphrasées du grec en latin. D'autres venaient de l'Orient et du poëte Pilpaï. Dans presque toutes, la prolixité, ce trait commun de tous les ouvrages en vers du XIIIe siècle, détruit les proportions du genre; les propriétés des animaux n'y sont pas observées; ce ne sont ni des bêtes ni des gens de l'époque. Le recueil des fables de Marie de France mériterait d'être mentionné à part, quoique, selon l'opinion de M. Daunou, à laquelle je me range pleinement, il s'y rencontre fort peu de ces traits vifs et naïfs qui donnent tant de prix à ce genre, que la diction en soit fort obscure, les détails à peine indiqués, et la moralité verbeuse.

Il faut ajouter, à cette énumération des genres traités par nos poëtes au XIIIe siècle, les poëmes didactiques ou descriptifs. Il y en a sur presque toutes les matières qui peuvent faire l'objet de traités, et recevoir la forme d'un enseignement. Depuis l'art de plaire, qui est le sujet d'un des plus intéressants de ces poëmes, *le Chatoiement des Dames,* par Robert de Blois (1), jusqu'à l'art d'élever les oiseaux de chasse, on rimait des préceptes sur toutes choses. La chevalerie, les sciences physiques et naturelles, l'astronomie, la géographie, étaient enseignées didactiquement dans ces poëmes. Les poëtes y mêlaient des inventions pour dissimuler l'aridité du genre. Dans le *Mariage des sept Arts* de Tainturier (2), Grammaire, qui est la mère des six autres, déclare qu'elle va se marier. Logique, Rhétorique, Musique, Arithmétique, Astronomie et Géométrie, en veulent faire autant. Médecine survient, leur tâte le pouls, et autorise tous ces mariages. Théologie y consent. On fait venir sept maris, et les sept noces se célèbrent en un seul festin, où les vins, dit le poëte, valaient mieux que ceux de Cana.

Pour apprécier les caractères communs de tous les écrits en vers antérieurs au xive siècle, il y faut distinguer avec soin ce qui nous est venu de l'imitation, de ce qui appartient en propre au génie de notre pays. Il faut chercher la part du tour d'imagination particulier à cette époque, et la part de ce bon sens, commun à toutes les époques de notre histoire, et qui,

---

(1) Trouvère du xiiie siècle.
(2) Trouvère du même temps.

d'un siècle à l'autre, se développe et se perfectionne, en demeurant le même.

Le tour d'imagination propre aux XIIe et XIIIe siècles, tel qu'il se manifeste dans le plus grand nombre des écrits en vers, et principalement dans les genres les plus populaires, les romans et les lais ou fabliaux, c'est le goût du merveilleux. Le merveilleux est partout. C'est le temps des légendes des saints; c'est le temps où Charlemagne et Arthur ont leur mythologie. Dans la religion, dans la guerre, dans l'amour, le merveilleux se mêle à la réalité, ou s'y substitue entièrement. D'où venait ce merveilleux? Sans parler de la tendresse d'imagination d'une nation si jeune encore, la cause la plus générale de cette disposition au merveilleux fut le contact avec l'Orient et la lecture des traductions des ouvrages orientaux. C'est aux croisades que nos poëtes durent ce tour d'imagination qui leur est commun. Nous avons commencé par imiter l'Orient.

Cette imitation-là ne nous a pas été bonne. L'Orient ne nous a pas donné la splendeur de l'imagination de ses poëtes, mais cette abondance prolixe que j'ai marquée plus haut, et la monotonie qui en est l'effet. Tout ce que nous connaissons d'écrits en vers aux XIIe et XIIIe siècles, sauf de rares exceptions, est affecté de ce double défaut. La fécondité n'y est qu'apparente. Tous les romans, par exemple, semblent sortis du même moule. Les incidents romanesques et les inventions de féerie, qui sembleraient devoir être inépuisables, sont presque toujours les mêmes. Les surprises, ce moyen qui paraît infini, sont toujours attendues. C'est la même aventure, non avec des personnages différents, mais avec les mêmes personnages sous des noms divers. L'uniformité de ces romans en explique la prodigieuse multiplication.

Nos pères nous donnent, dès ce temps-là, une excellente leçon. L'invention n'est donc pas toute dans l'imagination, quoiqu'elle semble la plus riche et la plus hardie de toutes nos facultés. Car voyez à quel bon marché on la contente. Son domaine est plus borné qu'il ne paraît, parce que c'est par l'imitation qu'elle s'excite et se nourrit; et l'imitation n'est pas féconde. La faculté la plus inventive, c'est la raison, parce que la raison seule nous découvre la vérité, la seule source des littératures qui ne s'épuise pas.

Que dans des poëmes prolixes et uniformes la langue poétique soit pauvre, qui s'en étonnerait? Et cette pauvreté n'est pas relative seulement à ce qui nous paraît aujourd'hui la richesse d'une langue, mais à ce que pouvait être notre langue dès ce temps-là, à ce qu'elle était même dans les genres plus conformes au génie de notre pays.

Aussi, pour trouver quelque variété et une langue déjà expressive, il faut descendre des merveilles des romans dans ces petits poëmes qui, sous les noms de fabliaux, de sirventes, de tensons, de jeux-partis, de chansons, ont pour sujet quelque anecdote graveleuse, quelque particularité des mœurs contemporaines, la satire des abus, et l'amour, tel qu'on le faisait alors, sans cette fausse délicatesse qui lui venait de l'imitation. C'est là ce qui est propre à notre pays, et qui porte la marque éternelle de ce bon sens qui doit se fortifier et s'étendre, mais qui ne changera pas. Là, l'esprit français est dans son naturel ; il ne doit rien ni à l'enthousiasme des croisades, ni aux traditions chevaleresques des Arabes, ni à cette magnificence de l'Orient, qui est antipathique au génie de notre nation. Ces petits poëmes sont variés, parce que les incidents sont des faits réels, fidèlement observés et naïvement sentis ; et la langue en est relativement riche, parce qu'elle suffit à exprimer tout ce que pouvaient concevoir les esprits les plus ingénieux de l'époque.

De même que, dans la prose, la langue a déjà une sorte de maturité pour le récit, de même, dans les écrits en vers, la langue suffit à ce tour d'esprit satirique avec lequel notre nation est née. Elle y est même plus riche que dans les écrits en prose, parce que la satire touche à plus de choses que les récits, et qu'elle y prend toutes les nuances, depuis la colère sérieuse qui prétend corriger ce qu'elle attaque, jusqu'à cette indifférence aimable qui ne veut rien corriger, et pour qui les abus mêmes ne sont que des maux nécessaires avec lesquels il faut savoir vivre.

Le tour d'esprit satirique, dans les écrits en vers des XIIe et XIIIe siècles, est comme le cachet du génie national ; l'empreinte n'en est pas effacée. C'est donc dans les poëmes mêlés de récit et de satire qu'il faut chercher les premiers traits de l'esprit français et les premières traditions de notre langue poétique. Et de même que le monument duquel nous faisons dater les premières traditions de la prose française est un récit, de même je ne m'étonne pas que les premières traditions de notre poésie et de notre langue poétique datent d'un roman satirique : c'est au *Roman de la Rose* que doit en commencer l'histoire.

§ I.

COURTE ANALYSE DU ROMAN DE LA ROSE.

I. — *Guillaume de Lorris.*

Le *Roman de la Rose* est l'œuvre de deux mains. Notre Ennius, comme dit Marot, ou notre Homère, comme disait Lenglet-Dufresnoy, au temps où La Motte-Houdart abrégeait Homère, est-ce Guillaume, de la ville de Lorris en Gâtinais, auteur de la première partie (1), ou Jean de Meung-sur-Loire, auteur de la continuation? Je crois, sans rien ôter au mérite de Guillaume de Lorris, que Jean de Meung a le plus de droits à être notre Ennius, sinon notre Homère. On ne le place pas si haut, pour peu qu'on sache mieux le grec que La Motte-Houdart, et le vieux français que Lenglet-Dufresnoy.

Guillaume de Lorris vivait au temps de saint Louis, vers le milieu du XIIIe siècle; il mourut vraisemblablement vers l'an 1260, à l'époque même où naissait son continuateur, Jean de Meung, surnommé Clopinel, probablement de quelque défaut à la jambe. Jean de Meung était-il docteur en théologie? était-il moine? Ni son

(1) Cette première partie se compose de 4,000 vers; la seconde en a 18,000; ce sont des vers de huit syllabes.

Testament, ni son *Codicille*, ni son *Trésor*, qui ne sont, à quelques passages satiriques près, que de longues méditations de théologie, ne contiennent de détails sur sa vie. On sait seulement, par un passage du *Testament* de Jean de Meung, que *Dieu lui donna de servir les plus grandes gens de la France*, et, par une préface au roi Philippe le Bel, qu'il avait traduit du latin un livre de Végèce, les lettres d'Héloïse et d'Abailard, et le livre de *la Consolation* de Boëce, « *que j'ai translatée en françois*, dit-il au roi, *jaçoit qu'entendes bien latin*. »

Jean de Meung vécut jusque vers l'an 1320 : il était contemporain du Dante.

Environ soixante ans se sont écoulés entre les deux parties de ce roman, qui sont en réalité deux poëmes très-distincts, sous un titre commun. Il faut m'en permettre une courte analyse, pour en faire voir la différence, et motiver le jugement que j'en dois porter.

Guillaume de Lorris a fourni le cadre du roman. Il l'avait sans doute tiré des romans de chevalerie. Le fond de ces romans, ce sont les aventures de quelque amant en quête de sa dame, que lui disputent mille difficultés et mille ennemis, et qu'il finit par retrouver après beaucoup d'incidents romanesques. Ici l'objet de la recherche de l'amant n'est pas une femme, c'est une rose; et les aventures n'ont lieu qu'en songe. Le poëte ou l'amant s'imagine qu'il est introduit par dame Oyseuse au château de Déduyt (Plaisir). Il y trouve l'Amour et tout son cortége, Doux-Regard, son écuyer, Richesse, Jolyveté, Courtoisie, Franchise, Jeunesse, etc., etc., lesquels forment des couples amoureux, et se livrent au plaisir de la danse et de la promenade. Le poëte, en se promenant lui-même, arrive devant un carré de roses protégé par une haie; il distingue un bouton, et s'apprête à le cueillir; une flèche que lui décoche l'Amour l'étend par terre, tout pâmé et baigné de sueur. Il se reconnaît vaincu, et prête serment d'allégeance à l'Amour, auquel il laisse son cœur en gage. L'Amour enferme ce cœur sous clef. Après quoi il lui enseigne ses commandements: c'est tout un traité de l'art d'aimer.

Le poëte, à peine seul, veut retourner au bouton. Il est accompagné de Bel-Accueil. Dangier, armé d'un bâton d'épines, Honte, Peur, Malebouche, l'empêchent d'y arriver. Raison lui conseille de renoncer à sa poursuite. Il s'emporte contre elle, et, à l'aide de Pitié et de Franchise, il parvient à fléchir Dangier; Vénus lui permet d'approcher ses lèvres du bouton. Mais Malebouche l'a dénoncé à Jalousie; celle-ci fait bâtir un château fort, et y enferme Bel-

Accueil dans une tour dont une vieille a les clefs : Honte, Peur, Malebouche et Dangier gardent les quatre portes principales.

Que peut le poëte sans le secours de Bel-Accueil? Resté seul, il se lamente, il gémit sur le prix dont il a payé les premières faveurs de l'amour.

Ici finit la part de Guillaume de Lorris. Dans un dénoûment découvert depuis peu d'années (1), il possède la rose, et Beauté lui promet que s'il a le cœur *bon* et *entier*, sa possession ne sera pas troublée.

Ce poëme est, en plusieurs endroits, inspiré et, en quelques-uns, traduit de l'*Art d'aimer* d'Ovide. Les imitations y sont piquantes, par le contraste de la langue extrêmement raffinée du modèle et de la langue encore informe de l'imitateur. Dans les prescriptions de l'amour, *tes dents cure* traduit, avec une naïveté grossière, le *careant rubigine dentes* d'Ovide, et

   S'en tes ongles a point de noir,
   Ne l'y laisse pas remanoir,

n'est que la paraphrase de

   . . . . Sint sine sordibus ungues.

(1) Postérieurement à l'édition du *Roman de la Rose*, donnée par le savant M. Méon.

La pensée de cette première partie paraît assez claire. La rose est évidemment la femme qu'on aspire à posséder ; et ces personnages allégoriques qui en favorisent ou en contrarient la conquête, représentent assez exactement les divers incidents de l'amour, ainsi que les passions que met en jeu la passion principale. Il n'est donc pas difficile de les reconnaître sous ce travestissement un peu froid. Dame Oyseuse, c'est la paresse qui mène bien vite au château de Déduyt. Tous ces couples qui forment le cortége de l'Amour, ce sont toutes les qualités séduisantes de la jeunesse, qui est la saison d'aimer. Qui peut réussir en amour sans le secours de Bel-Accueil ? Qui peut s'y aventurer sans rencontrer Dangier, Honte, Peur et Malebouche, ou Médisance ? Quel amant ne s'est pas emporté contre la Raison ? Auprès de quelle dame ne réussissent pas Pitié et Franchise ? Qui ne risque enfin quelque malheur, comme le château fort de Jalousie et la vieille qui tient sous clefs Bel-Accueil ?

Le poëme de Guillaume de Lorris est donc tout simplement (et il fallait en croire le poëte sur parole) une sorte d'*Art d'aimer*. Si beaucoup d'érudits l'ont entendu autrement, et si Marot notamment, qui en a donné une édition ou plutôt une version, a vu dans la rose, soit

« l'état de sapience, » soit « l'état de grâce, » soit « le souverain bien infini, » soit enfin la glorieuse vie de Marie elle-même, c'est que le plan, fort peu clair dans la première partie, est encore plus obscur dans la continuation de Jean de Meung, et que, parmi ces personnages allégoriques, il en est plusieurs dont le rôle ne correspond pas toujours à une circonstance bien déterminée, soit de l'amour, soit des passions dont il est le mobile. Pour Marot en particulier, peut-être voulait-il, en bon frère en poésie, protéger, par cette dévote interprétation, l'œuvre de ses devanciers contre les susceptibilités croissantes du clergé et du parlement.

Au reste, la part de Guillaume de Lorris est tout à fait inoffensive. Les censeurs de la Sorbonne auraient eu peine à y trouver un seul trait qui blessât les mœurs; tout au plus y noterait-on quelques détails grossiers, dont la faute est moins au poëte qu'à son temps. Le poëte n'est responsable que des détails impurs, qui sont toujours volontaires, en quelque temps qu'il écrive. Pour ce qui regarde l'Église, je n'ai remarqué que deux ou trois traits de satire timide et détournée contre les moines, ces plastrons, pendant près de cinq siècles, de tout ce qui tenait une plume en France, prosateur ou poëte. Il n'y a d'un peu hardi que ce portrait de Papelardie, l'une des figures peintes sur les murailles du château de Déduyt; encore l'ironie en est-elle si douce et si dérobée, qu'on pourrait n'y voir qu'une simple description :

>En sa main un psautier tenoit.
>Et sachiez que moult se tenoit
>De faire à Dieu prieres saintes,
>Et d'appeler et saints et saintes.

Presque toutes ces figures, vagues et indécises, trahissent un esprit moins ferme que délicat. Mais cette délicatesse même n'était pas sans prix, surtout pour l'époque. Nous y reconnaissons la tradition d'une des qualités les plus goûtées de notre littérature, la grâce, dont La Fontaine a dit, comme s'il eût voulu se peindre lui-même :

>Et la grâce, plus belle encor que la beauté.

Prenons garde pourtant de nous laisser tromper par la naïveté d'une langue naissante. La grâce d'un bon nombre de traits n'est que dans le bégaiement de cette langue, et c'est une illusion de croire qu'une pensée est aussi près de l'âme que le mot qui l'exprime est près de sa source. J'en dirai autant de certaines choses que le temps reculé où elles furent écrites ne doit pas protéger contre la critique; de certains vieux défauts à côté de quelques beautés poétiques; d'une portion de poésie parasite, qui, au berceau de notre littérature, dispute le terrain à la poésie du sujet; de descriptions qui dispensent le poëte d'imaginer, et de quantité de choses déjà pour la rime.

II. — Jean de Meung.

Guillaume de Lorris était un trouvère du temps de saint Louis, d'un esprit délicat et doux, point ou médiocrement clerc, mais très-versé sans doute dans la poésie des cours d'amour, et formé par les troubadours provençaux. Jean de Meung est un clerc, libre penseur et libre diseur, qui laisse bien loin derrière lui la poésie provençale, et entre pleinement dans les voies de l'esprit français. Le poëme de son devancier qu'il continua, soit à la prière de Philippe le Bel, soit parce que l'usage d'alors l'y autorisait, n'est pour lui qu'un titre populaire sous lequel il étale son savoir encyclopédique. Dès les premières pages, voilà des développements de morale imités des anciens, des dissertations spéciales sur l'amour, l'amitié, la jeunesse et la vieillesse, relevées d'allusions hardies aux mœurs et aux abus de l'époque; voilà des épisodes, en langage burlesque, de l'histoire sacrée et profane, qui viennent comme exemples à l'appui des raisons morales. La mort de Virginie, frappée par son père, et celle d'Appius, le juge prévaricateur, vont servir de preuves de l'iniquité des jugements; Agrippine, Néron, Crésus, Hécube, les uns par leur fin lamentable, les autres par leurs malheurs, déposeront contre les caprices de la fortune. Pénélope et Lucrèce seront citées, sinon comme les seuls, du moins comme de très-rares exemples de la fidélité conjugale. Hercule et Déjanire, Samson et Dalila témoigneront de la perfidie des femmes. Les noms des philosophes et des poëtes anciens hérisseront de leur orthographe gothique cette bizarre épopée. Après Socrate, Héraclite, Diogène, nous verrons Juvénal, Horace

> Qui tant ot (eut) de sens et de grace;

vers à noter pour la justesse de l'éloge, à une époque où Lucain surpassait Virgile, et Sénèque Cicéron. Les personnages de Guillaume de Lorris ont perdu leur physionomie dans Jean de Meung. Je ne reconnais plus ces enfants un peu indécis, d'une imagination chaste et gracieuse : ce sont des personnages rassis et sans illusions, sortis d'un cerveau satirique. Les noms sont restés les mêmes, mais les caractères ont été changés. Le seul air de famille qui leur soit demeuré, c'est qu'ils semblent être les mêmes personnages se moquant, dans leur âge mûr, de ce qu'ils ont aimé dans leur jeunesse.

La Raison, que Lorris avait logée au sommet d'une haute tour, et qui parlait avec tant de poids à l'amant, n'est ni moins sensée, ni de moins bon conseil dans Jean de Meung; mais elle y moralise avec tant de liberté et s'y permet des mots si crus, qu'en un endroit elle se fait traiter, par l'amant, de *folle ribaude*. L'ami, si doux et si modeste dans Lorris, est devenu, dans la tête de son second père, un philosophe de la secte de Diogène. L'amant lui-même a pris de l'humeur. Jean de Meung lui a ôté cette résignation naïve et cette longanimité de troubadour, que lui avait prêtée Lorris; ou plutôt c'est Jean de Meung lui-même qui s'est substitué à tous les personnages de son devancier.

La part de Lorris offrait quelque peu d'action et une certaine proportion entre les parties. Dans celle de Jean de Meung, l'érudition et la satire interrompent à chaque instant l'action et détruisent le plan. La Philosophie, la Scolastique, l'Alchimie, lui sont des héros plus chers que les aimables figures que lui avait léguées Guillaume de Lorris.

Jean de Meung a trouvé l'amant se lamentant au pied de la tour où est enfermé Bel-Accueil. Il lui dépêche Raison, qui lui parle longuement de l'amour, de l'amitié, des caprices de la fortune, de l'avarice et de ses inconvénients. Son discours se prolongeant outre mesure, l'amant lui tourne le dos. C'est là un trait de l'esprit français. Jean de Meung sent qu'il est trop long; mais, au lieu de se réduire, il se contente de montrer qu'il n'est pas dupe de ses longueurs.

L'ami conseille alors à l'amant d'essayer de la corruption sur les gardiens de Bel-Accueil, et de prendre le chemin de Trop-Donner. Mais l'amant, qui raccommodait ses manches dans Guillaume de Lorris, n'a pas fait fortune dans Jean de Meung. Comme il se désespère, le dieu d'Amour vient mettre à son service une armée pour assiéger le château de Jalousie. Il convoque tous ses barons : ce sont dames Oyseuse, Noblesse de cœur, Franchise, Simplesse, Pitié, Largesse, Hardiesse, Honneur, Courtoisie, Déduyt, Sûreté, Jeunesse, Patience, Humilité, Bien-Celer. Ils ont amené avec eux deux personnages que Jean de Meung n'a pas empruntés à Guillaume de Lorris : c'est Faux-Semblant et Contrainte-Abstenance. Ce sont là les vrais enfants de cet esprit si mordant et si positif; le *Roman de la Rose* n'a pas de plus bel endroit. Molière n'a fait qu'achever l'ébauche qu'a tracée Jean de Meung du faux dévot, aussi vieux que les religions, aussi indestructible qu'elles. Il faut laisser Faux-Semblant se peindre lui-même.

Le dieu d'Amour, surpris de trouver ces deux inconnus dans les rangs de son armée, escortés de Simplicité et de Franchise, veut tout d'abord les en chasser; mais les barons intercèdent pour eux, et le dieu consent à recevoir les services de Faux-Semblant. Quoi de plus piquant déjà que de donner à Faux-Semblant, pour intercesseurs, Simplesse et Franchise? Ne sont-ce pas les plus honnêtes gens qui font les affaires des faux dévots? Je reconnais Tartufe se couvrant de la simplicité d'Orgon et de madame Pernelle.

Faux-Semblant est fait roi des ribauds. Comme il est d'honnêteté douteuse, le dieu d'Amour, qui veut savoir sur qui compter, l'interroge d'abord sur sa demeure. « J'ai maisons diverses, dit Faux-Semblant; mais, ajoute-t-il, je n'ose m'ouvrir, à cause des moines mes confrères. » Le dieu insiste : « Eh bien! dit Faux-Semblant, j'habite le monde et le cloître, mais plus le cloître que le monde, parce que j'y suis mieux caché :

> Religieux sont moult couverts;
> Les seculiers sont plus ouverts. »

Faux-Semblant vit avec les orgueilleux, les fourbes, les gens d'intrigue,

> Qui mondaines honneurs convoitent
> Et les grands besognes exploitent,
> Et vont traçant (cherchant) les grands pitances,
> Et pourchassent les accointances
> Des puissants hommes, et les suivent,
> Et se font povres, et se vivent
> Des bons morceaux delicieux,
> Et boivent les vins precieux;
> Et la povreté vont preschant,
> Et les grands richesses peschant.

Malheur à qui voudrait faire obstacle à Faux-Semblant! Il sait trahir et frapper à mort, sans qu'on voie la main d'où partent les coups. Comment la verrait-on,

> . . . . tant est fort la decevance
> Que trop est grand (difficile) l'apercevance?

Trait de vérité profonde. Je vois encore Orgon ne pouvant se résoudre à trouver Tartufe criminel, et ne sortant de dessous la table qu'à la dernière extrémité; tant est difficile l'*apercevance*, quand la décevance a été si forte! L'attrait des âmes simples vers le faux dévot, c'est l'attrait des moutons vers le loup habillé en pasteur. S'il fuyait, ils courraient après lui.

Faux-Semblant a le pouvoir de lier et de délier; il confesse et absout qui bon lui semble, en dépit du clergé régulier, qui le redoute. Que si quelque pénitent était réclamé par le prêtre de sa paroisse, et admonesté de venir à son confessionnal, il lui suffirait de s'en plaindre

>A son confesseur nouvel,
>Qui n'a pas nom frère Louvel,
>Mais frère Loup, qui tout dévore.

Ce frère Loup a des bulles à Rome; son sénéchal est Chevance, et son frère germain Intrigue. « Du reste, ajoute Faux-Semblant, ce ne sont pas les pénitents pauvres que je dispute aux prélats. A moi les brebis grasses, à eux les brebis maigres; et s'ils ne sont pas contents de leur lot, gare qu'ils ne perdent mitres et crosses! »

Comment, dit l'Amour, que ces aveux scandalisent, en uses-tu si déloyalement?

>Car si cum tes habits nous content,
>Tu sembles estre un saint hermite?

FAUX-SEMBLANT.

C'est voir (vrai), mais je suis hypocrite.

LE DIEU D'AMOUR.

Tu vas preschant abstenance.

FAUX-SEMBLANT.

Voir, voir, mais j'emplis ma pance

De bons morceaux et de bons vins,
Tels cum il affiert (appartient) à devins (gens d'Église).

LE DIEU D'AMOUR.

Tu vas preschant la povreté.

FAUX-SEMBLANT.

Voir, mais riche suis a planté (abondamment);
Mais combien que povre me faigne (je me feigne),
Nul povre je ne contredaigne (approche) :
J'aimerois mieux l'accointance
Cent mille tems (fois) du roi de France,
Que d'un povre, par Notre-Dame!
Quand je vois tout nus ces truands
Trembler, sur les fumiers puants,
De froid, de faim, crier et braire,
Ne m'entremetz de leur affaire.
S'ils sont à l'Hostel-Dieu portés,
Jà ne sont par moi confortés,
Que d'une aumosne toute seule
Ne me paistroient-ils la gueule,
Qu'ils n'ont pas vaillant une seche :
Que don'rà qui son couteau leche?

Je perdrais du papier à faire remarquer la vigueur de toute cette peinture. Tartufe, au cinquième acte, n'est pas plus dur que Faux-Semblant, et sa magnifique langue n'est pas plus forte ni plus précise que l'énergique bégaiement de son aïeul.

Mais à qui donc Faux-Semblant offre-t-il le secours de son ministère? Eh! au riche usurier.

— Et si on lui en demande la raison : « C'est, répondit-il, que le riche, qui pèche plus que le pauvre, a bien plus besoin de mon assistance au dernier moment. »

Ici Jean de Meung, dans une digression dont il ne songe pas à s'excuser, se sert de Faux-Semblant lui-même, qui n'est que le type de l'ordre fameux des moines mendiants, pour attaquer cet ordre, dont la querelle avec l'Université est un des plus curieux épisodes du règne de saint Louis. Jean de Meung tenait pour l'Université ; c'était la cause des libres penseurs. Il imagine un trait fort piquant : c'est de faire donner raison à l'Université par un moine mendiant. En effet, Faux-Semblant se déclare le champion du célèbre représentant de l'Université, Guillaume de Saint-Amour ; son long discours n'est qu'une traduction des arguments de ce professeur contre les mendiants.

« Quel était, demande l'Amour, le grief de Guillaume ?

— Il voulait, dit Faux-Semblant, que je travaillasse. Moi, travailler !

> Jaim' mieux devant les gens orer (prêcher),
> Et affubler ma renardie
> Du manteau de papelardie.

D'ailleurs, qui travaille dans ce monde, si ce

n'est à voler? Que font baillis, prévôts, bedeaux, maires, que voler? Moi, je trompe trompés et trompeurs, et vole volés et voleurs.

— Me serviras-tu à mon gré? demande le dieu d'Amour.

— Votre père ni votre aïeul n'auront eu de sergent plus loyal.

— Comment! la loyauté est contre ta nature.

— Fiez-vous à moi. Il n'est gages, lettres ni témoins, qui vous assureraient de ma fidélité. » Dernier trait de caractère.

Le dieu ordonne l'attaque du château. Faux-Semblant et Contrainte-Abstenance, sa *mie*, s'apprêtent à combattre avec les armes qui leur sont propres. Celle-ci s'affuble d'une robe de camelot, couvre sa tête d'un large chapeau de nonne, sans oublier son psautier ni ses patenôtres. Faux-Semblant, habillé en frère mendiant, suspend une Bible à son cou, et s'appuie, en guise de bâton, sur une potence. Dans sa manche est caché un rasoir d'un acier tranchant. Ainsi accoutrés, nos pèlerins vont trouver Malebouche, l'un des gardiens du château. Celui-ci les reçoit bien : touché par un sermon de Faux-Semblant, il se met à genoux pour se confesser; mais, tandis qu'il baisse la tête avec contrition, Faux-Semblant le saisit à la gorge, l'étrangle, et, de son rasoir, lui coupe la langue. Tel soldat, tel exploit.

Dans son *Testament*, Jean de Meung continue à poursuivre Faux-Semblant; mais, cette fois, c'est sous son vrai nom de moine mendiant qu'il le marque de sa sanglante satire. Du reste, pour n'avoir rien à démêler avec les hommes sincères, ni surtout avec les indifférents, qui, pour vivre bien avec les dévots, feraient brûler les libres penseurs, il fallut que Jean de Meung protestât

> Qu'oncques ne fut s' (son) intention
> De parler contre homme vivant,
> Sainte religion suivant.

Ainsi fit Molière, quatre siècles plus tard, par la bouche de Cléante, dans *Tartufe*. Du reste, le Tartufe de Molière n'est autre que le Faux-Semblant de Jean de Meung, comme celui-ci n'est autre que la Papelardie de Guillaume de Lorris.

Ces trois expressions de la même pensée marquent nettement trois époques de la même poésie. Au commencement, c'est un simple portrait. La poésie naissante ne peut s'élever plus haut. Plus vieille de soixante ans, elle fait de ce portrait un personnage vivant; mais ce personnage mal appris se confesse et se dénonce.

Quatre siècles plus tard, le faux dévot de Molière se déguise si bien, qu'on le confond avec le vrai dévot. Soixante ans pouvaient suffire pour faire de Papelardie Faux-Semblant ; mais il ne fallait pas moins de quatre siècles pour que Faux-Semblant devînt Tartufe.

Faux-Semblant et sa mie étranglent les soldats normands, lesquels s'étaient endormis, « gorgés, dit le poëte,

<blockquote>D'un vin que pas ne versai. »</blockquote>

Ils pénètrent dans le château. L'amant revoit Bel-Accueil. Déjà, avec son aide, il s'apprête à cueillir la rose, quand un cri, poussé par Dangier, fait accourir Honte et Peur. Bel-Accueil est battu, et l'amant chassé du château par les épaules.

L'armée du dieu d'Amour donne alors l'assaut. Franchise fait face à Dangier, Sûreté à Peur, Bien-Celer à Honte. Mais les assiégés sont les plus forts, et le dieu d'Amour envoie demander du secours à sa mère. Vénus y met un prix : les barons vont jurer qu'aucune femme vivante ne restera chaste ; ils en font le serment sur leurs carquois et leurs flèches, en guise de reliques, dit Jean de Meung.

Il arrive au camp un allié qui n'était guère attendu : c'est Génius, le chapelain de dame

Nature. C'est sous le couvert de cette bizarre allégorie que Jean de Meung fait passer tout ce qu'il savait de physique, d'alchimie, d'histoire naturelle. Dans sa confession à son chapelain, Nature explique à sa manière la création du monde, la formation, le cours et l'harmonie des planètes, le préjugé qui rejette sur les constellations les fautes des hommes, la prédestination conciliée avec la liberté humaine, le tonnerre et les éclairs, les verres ardents, le télescope, les songes, les comètes. Elle y mêle des digressions contre les princes,

>Dont le corps ne vault une pomme,
>Outre (plus que) le corps d'un charraier (charretier),
>Ou d'un clerc, ou d'un escuyer.

Cette sortie contre les princes en amène une autre contre les nobles, avec des souvenirs du discours de Marius, dans Salluste.

Enfin les femmes n'y sont pas épargnées. Il n'est pas une des digressions de Jean de Meung qui leur soit favorable.

Génius est accueilli avec joie. Il monte en chaire, vêtu d'une chape magnifique, l'anneau pastoral au doigt et la mitre en tête. Son prêche, dans lequel se confondent Jupiter, Saturne, les joies du Paradis, la fontaine de la divine essence, rend le courage aux soldats. Le siège du château recommence; Vénus jette dans la place un brandon allumé. Dès que Dangier, Honte et Peur en ont senti la chaleur, ils s'écrient : « A la trahison! » Dès lors toute résistance a cessé; le château est pris. Franchise, Courtoisie et Pitié courent délivrer Bel-Accueil, lequel facilite à son ami la conclusion très-peu chaste du roman. Je n'analyserai pas cette longue et sale équivoque. Guillaume de Lorris n'avait rêvé que la conquête d'une rose, symbole de l'amour chaste et chevaleresque des troubadours : Jean de Meung a flétri la rose en la cueillant.

§ III.

DES CRITIQUES DONT LE ROMAN DE LA ROSE FUT L'OBJET DU XIVe AU XVe SIÈCLE.

Le *Roman de la Rose* eut le sort de tous les livres qui font faire aux esprits un pas en avant : il fut vivement attaqué. Les poëtes, par envie, ou seulement par courtoisie envers les dames si maltraitées par Jean de Meung; les prédicateurs, probablement ceux qui craignaient d'avoir été trahis par Faux-Semblant, lancèrent contre ce poëme, les uns, des défis chevaleresques, les autres, des anathèmes. L'adversaire le plus considérable et le moins suspect du *Roman de la Rose* fut le chancelier Gerson. Il prêcha en chaire contre l'auteur, et il écrivit un traité allégorique contre le poëme, alors dans toutes les mains.

Dans ce traité, le grave chancelier a aussi un songe : il lui a semblé qu'il s'envolait jusqu'au sénat de la chrétienté. Les principaux membres de ce sénat sont : la Justice canonique, la Miséricorde, la Vérité, le Courage, la Charité, la Tempérance, et d'autres que j'omets. L'assemblée est présidée par la Pénétration et la Raison. Les secrétaires sont la Science et la Prudence; le procureur général est l'Éloquence théologique, « aux discours doux et modérés, » dit Jean Gerson, qui avait lui-même le secret de ces discours-là. La Conscience remplit le rôle de greffier; elle est chargée d'exposer les causes. « Après avoir con-
« templé ce spectacle avec admiration, dit le
« chancelier, je vis la Conscience se lever et de-
« mander la parole. Elle tenait en main copie
« d'une plainte intentée contre Jean de Meung
« par la Chasteté. »

La Conscience donne lecture de cette plainte, où la Chasteté énumère, sous sept chefs principaux, les outrages qu'elle a reçus d'un « certain étourdi » qui prend le nom d'Amant.

En l'absence du coupable, qui ne peut être interrogé, le président demande s'il se trouve dans l'assemblée quelque avocat d'office qui veuille prendre sa défense.

Une foule immense se lève en tumulte, jeunes, vieux, gens des deux sexes et de toutes conditions, les uns pour excuser le coupable, les autres pour renchérir sur l'acte d'accusation. Les premiers demandent grâce pour sa jeunesse, pour son érudition, « telle, disent-ils, qu'il n'est personne qui puisse lui être comparé dans la langue française. » Quelques-uns prétendent qu'on se trompe sur ses intentions; que, sous cette prétendue licence de langage, se cache un profond esprit de pénitence; d'autres l'approuvent énergiquement d'avoir dit la vérité à tout le monde, nobles, gens d'Église, peuple.

Après la défense, vient le réquisitoire. Sur l'invitation de la Conscience, l'Éloquence théologique réfute les excuses et les apologies. Elle prend ensuite ses conclusions. « Hors d'ici, s'écrie-t-elle, « un tel livre! Que la lecture en soit interdite à « jamais, spécialement dans les endroits où le « poëte met en scène des personnes infâmes, « comme cette vieille damnée, à qui l'on devrait « infliger le supplice du pilori.... »

« L'Éloquence, ajoute Gerson, qui reprend son récit, venait d'achever son discours, quand je sentis l'heure où mon cœur retournait à son ancien état; et, m'étant levé, je passai dans ma bibliothèque. » (1402, 18 mai.)

Quelques années après, Christine de Pisan attaqua le *Roman de la Rose* par des raisons plus mondaines et plus littéraires. Il lui appartenait, comme femme, de prendre la défense de son sexe, et, comme poëte, de rappeler le but moral de la poésie. Dans son curieux livre *des Fais et bonnes Mœurs du sage roy Charles*, elle en donne une belle définition : « Celle-là est poësie dont « la fin est verité, et le procez (moyen) doctrine « revestue en paroles d'ornements delitables, et « par propres couleurs. » Une femme qui avait, au commencement du quinzième siècle, une si noble et si juste idée de la poésie, était compétente pour critiquer le *Roman de la Rose*. Christine, d'ailleurs, rendit hommage au talent de Jean de Meung, *bien parlant*, disait-elle, et *moult grand clerc soubtil*.

Ses critiques furent réfutées par des conseillers et des secrétaires du roi. L'admiration pour Jean de Meung était presque une religion d'État. On le qualifiait de « très-excellent et irreprehensible docteur en sainte divine Escriture, haut philosophe, et en tous les sept arts liberaux clerc très-profond. » Or, à cette époque, il s'était écoulé près d'un siècle depuis la publication du *Roman de la Rose*. L'admiration n'était donc pas un engouement passager; elle avait résisté à tous les changements de goût. Jean de Meung n'était pas moins populaire en Angleterre et en Italie qu'en

France. Chaucer traduisait en anglais *le Roman de la Rose* pour la cour anglo-française d'Édouard. Jusqu'au commencement du seizième siècle, cette grande réputation ne s'affaiblit point, et ses admirateurs, comme ses détracteurs, ne furent ni moins nombreux ni moins ardents. Enfin, il arriva au *Roman de la Rose* ce qui arrive à tous les ouvrages fortement empreints d'originalité : on l'imita par les seuls côtés où ils sont imitables, par ses défauts, si ce mot est applicable à une poésie naissante.

On vient de voir Gerson le calquant pour l'attaquer, et subissant son influence littéraire au moment même où il veut détruire son influence morale. Christine de Pisan, qui, dans ses *Epistres du desbat sur le Roman de la Rose*, qualifiait ce livre d'*exhortation de très-abominables mœurs*, lui empruntait, pour son poëme du *Chemin de longue estude*, son inévitable songe, ses allégories et sa forme encyclopédique. Pendant deux cents ans, sauf de très-rares exemples d'indépendance, l'imagination des poëtes s'en tint à son merveilleux, aujourd'hui si grotesque, et n'osa pas détrôner les dieux de son Olympe allégorique. Le *Roman de la Rose* fut donc plus qu'un poëme : ce fut l'esprit même de deux siècles.

§ IV.

PAR QUELS CARACTÈRES LE ROMAN DE LA ROSE A MÉRITÉ SON RANG DANS L'HISTOIRE DE LA POÉSIE FRANÇAISE.

L'unique cause de cette popularité est la conformité de ce poëme avec l'esprit français à cet âge de notre histoire. C'est ce qui lui a mérité l'honneur d'être le premier inscrit sur la liste des ouvrages en vers qui ont eu le privilége de durer. L'érudition, dans ces dernières années, lui a disputé ce rang, ou plutôt l'en a déclaré indigne. Les uns n'ont pu lui pardonner de s'être ennuyés à le lire; les autres lui ont fait un grief du plaisir que leur a donné la lecture de quelques poëmes antérieurs ou contemporains.

Je regrette de rencontrer parmi les premiers un nom illustre, celui de M. Daunou. Cet écrivain si grave et si solide n'a pas échappé cette fois à la tentation, si ordinaire de notre temps, de substituer son jugement personnel à l'opinion commune.

Ce n'est pas toutefois faute de connaissances claires et profondes sur ce point de l'histoire de notre littérature française. M. Daunou reconnaît, avec son exactitude accoutumée, le grand et durable succès du *Roman de la Rose*. Il détermine le temps pendant lequel les exemplaires manuscrits s'en multiplièrent, et l'époque où s'en répandirent les éditions imprimées. Il parle des attaques dont il fut l'objet, et s'il oublie celles de Christine de Pisan, il mentionne celles de Martin Franc, poëte du xve siècle, lequel y vit un outrage aux dames, dont il se disait le champion. Mais cet excellent critique n'a-t-il pas manqué de pénétration en attribuant le succès de l'ouvrage aux censures qu'il a essuyées ?

Sans doute les censures ajoutent au succès d'un livre ; et c'est une sage maxime qu'il faut se bien garder de censurer les écrits qu'on ne veut pas faire lire. Mais le plus souvent le succès est la cause des censures, et c'est le succès qu'il faut d'abord expliquer. « Les chaires, dit M. Daunou, retentirent longtemps d'anathèmes contre ce roman : on s'en obstina davantage à le lire, quelque ennuyeux qu'il pût être. » Je ne reconnais pas là le sens d'ordinaire si sûr de M. Daunou. Ennuyeux peut-être pour qui vient d'éditer Boileau, et d'y admirer, dans la perfection même de l'art d'écrire en vers, une image si pure de l'esprit français. Mais le *Roman de la Rose* n'ennuyait pas nos pères : ce n'est pas en France qu'on s'opiniâtrerait, même pour faire pièce aux prédicateurs, à s'ennuyer pendant deux siècles. La censure ne s'acharne pas contre des livres sans vie. Regardez-y de près : c'est toujours la guerre entre l'esprit de liberté et l'esprit de discipline, dont la réconciliation, à certaines époques, produit les chefs-d'œuvre. Je préfère de beaucoup, au jugement de M. Daunou, celui de Chénier, quoiqu'il l'ait trop peu motivé, et qu'il ait fort diminué le mérite du *Roman de la Rose* en le réduisant à la seule gaieté.

L'autre reproche qu'on fait au poëme de Jean de Meung, c'est d'être un ouvrage de décadence. Dans cette opinion, il aurait usurpé le rang qui appartient aux poésies apparemment classiques qui l'ont précédé, et dont il marque le déclin. C'est d'abord faire remonter bien haut le mot décadence, jusqu'alors réservé aux époques littéraires qui suivent les grands siècles : ceux qui découvrent ainsi des décadences dans le berceau même des langues, risquent fort d'altérer le sens consacré de ce mot, et de troubler les esprits sur l'idée générale qu'il exprime. Mais même en appliquant le correctif de *relativement*, et en rapetissant cette décadence aux proportions de l'art, relativement classique, dont le *Roman de la Rose* aurait dégénéré, la poésie du *Roman de la Rose* est-elle une poésie de décadence? Ne serait-il pas plus exact d'y voir un progrès?

Tout cela dépend de l'idée qu'on s'est faite de la poésie française. Si l'on en reconnaît la plus grande beauté dans sa naïveté gauloise, et, comme on le dit des vins, dans son goût de terroir, le *Roman de la Rose* est en effet un ouvrage de décadence ; car il est moins français, au sens étroit que je viens de dire, que certaines poésies d'une date antérieure. Si, au contraire, l'idéal de la poésie française est dans le mélange du génie national et du génie ancien, le *Roman de la Rose*, qui est un faible pas de la poésie française vers cet idéal, doit être regardé comme un progrès.

La critique historique a fait, de nos jours, une belle conquête : c'est cette vue d'après laquelle l'unité de la France, depuis l'origine de la monarchie, n'aurait fait que des progrès et des pas en avant. Tout y aurait servi, même les plus mauvais gouvernements, même les batailles perdues contre les Anglais, lesquels n'auraient pas vaincu la nation française, mais la féodalité. D'où nous est venue cette vue si profonde et si lumineuse sur la suite de notre histoire politique, sinon du magnifique spectacle de la France une et homogène, et, comme on l'a dit avec force, devenue une personne? Le spectacle non moins beau de la France littéraire au XVII° siècle doit de même nous donner le sens des époques antérieures. C'est seulement après avoir reconnu le point de perfection d'une littérature et l'époque de maturité d'une langue, qu'on peut décider si un ouvrage a ou n'a pas été un progrès de cette littérature, s'il marque ou non un pas de cette langue. Pour moi, qui, sur la foi de tant d'excellents esprits, reconnais au xviie siècle le point de maturité de la littérature et de la langue françaises, tout ouvrage qui a rapproché de ce point l'esprit de la nation me paraît être un ouvrage original et un progrès. Je ne veux pas reconnaître le triste signe de la décadence dans le premier monument de notre poésie où se révèle, par des vérités générales exprimées d'un style clair et piquant, l'instinct du grand art du xviie siècle.

Ce qui eût été une décadence, c'est que la poésie se fût bornée à ces chansons que les barons oisifs se faisaient fredonner par les trouvères; à ces fables de Charlemagne et d'Arthur; à ces contes graveleux de dames infidèles et de moines lubriques; à ces charmants fabliaux qui corrompaient les esprits en les amusant. Il n'y a que les idées générales qui enfantent les arts et qui fassent marcher les nations. Le progrès était donc d'intéresser les esprits à des idées générales. Le *Roman de la Rose* réalisa ce progrès. Sa confusion encyclopédique, sa prétention audacieuse et mal réglée à toucher à toutes les connaissances, ce grotesque étalage d'érudition, où se trahit le sentiment de l'unité de l'esprit humain ; toutes ces choses furent alors d'informes mais précieux rudiments de culture intellectuelle, et des germes féconds pour l'avenir. C'est un chaos sans doute, mais un chaos en travail : la poésie antérieure n'était qu'un sommeil.

L'érudition de Jean de Meung fit la fortune de son livre. L'érudition était l'originalité de son époque. Notre poëte dit des clercs que le savoir les rend plus nobles que les nobles. Il ne faisait qu'exprimer l'opinion commune. Quoique le savoir ne soit pas le génie, il y a des temps où le génie est le savoir. Cela est vrai, surtout du temps où vivait Jean de Meung. Pendant que les esprits médiocres restaient attachés à la poésie nationale, les forts et les inventeurs cherchaient la tradition de l'ancien monde. Le siècle sentait confusément qu'il n'avait pas assez de ses ressources propres. Il gardait le souvenir d'une grande lumière qui avait brillé sur l'antiquité, et qu'il savait renfermée dans ses livres. Il honorait et admirait ceux qui l'en tiraient pour la répandre. Ces avocats officieux qui, dans le procès criminel de Gerson, demandent que Jean de Meung soit acquitté en considération de son savoir, ce sont tous les hommes éclairés de cette époque.

Le savoir de Jean de Meung n'est pas dépourvu de critique : notre poëte juge et commente ce qu'il cite. On se souvient de ce qu'il a dit de la grâce et du sel d'Horace. Ailleurs il loue Virgile de la profonde connaissance qu'il a du cœur des femmes. N'est-ce pas être bien inspiré, au commencement du quatorzième siècle, que d'indiquer à la fois le plus beau don de Virgile et son plus beau titre, la tendre et passionnée Didon? Jean de Meung explique certaines choses de son temps par la sagesse des anciens ; il nourrit ses propres idées des leurs. A moins donc de prétendre que la Renaissance n'a été pour les modernes qu'une confiscation du génie national, et qu'il eût été plus glorieux que, séparée du passé, enfermée dans son territoire, chaque nation recommençât pour ainsi dire tout l'esprit humain, comment ne vouloir pas qu'un poëme qui rattachait par quelques fils, même grossiers, le génie français au génie antique, ait plus mérité de vivre que tant d'écrits oubliés par la France, pour n'avoir su que l'amuser?

C'est donc par son érudition même, où percent des lumières admirables, que le *Roman de la Rose* serait un poëme original, et c'est par où on le trouve décrépit qu'il me paraîtrait neuf. Est-il d'ailleurs si inférieur, par l'invention, à ces romans uniformes et interminables qu'on lui préfère, et les meilleurs offrent-ils quelque endroit qui vaille mieux que ses portraits si piquants, premières ébauches des grandes créations dramatiques? A quoi reconnaît-on l'invention dans un poëme? Est-ce à l'abondance et à la mêlée des événements? ou bien est-ce à certains personnages à la fois généraux et individuels, qui représentent quelque grande passion, et qui s'impriment à jamais dans l'imagination des hommes? Qu'on me cite donc, antérieurement au *Roman de la Rose*, une figure plus générale et plus individuelle, j'allais dire une figure plus épique que Faux-Semblant. Il en est plus d'une autre; par exemple, cette vieille qui scandalise si fort Gerson; j'y reconnais la Macette de Regnier, comme j'ai reconnu dans Faux-Semblant le Tartufe de Molière. Ces figures, si nettes et si expressives, communiquent leur vie et leur vérité à cette langue naissante, et déjà des formes mûres et des tours définitifs revêtent des idées qui ne cesseront pas d'être vraies.

Mais la grande nouveauté du *Roman de la Rose*, c'est qu'en aucun autre ouvrage en vers l'esprit français ne s'était montré plus librement et sous plus de faces. Là on le voit dans ce naturel qui se perfectionnera sans changer; ennemi des préjugés, et vivant bien avec eux; pénétrant les réalités derrière les apparences, et l'homme sous l'habit; obéissant aux puissances, à condition de n'en être pas dupe; narguant toute classe qui profite de la simplicité populaire; ami des innovations praticables, du progrès, et point de ce qui n'en a que l'air ; plus malin que méchant; « cette certaine gaieté d'esprit, dont parle Rabelais, conficte en mespris des choses fortuites. » Le bon sens français a chassé le merveilleux romanesque; la dissertation qui a pour objet d'établir quelques vérités pratiques, a remplacé les récits qui ne font qu'amuser. L'imagination, dans Jean de Meung, se met au service de la raison. La poésie ne veut plus être une profession ambulante et foraine, comme celle du joueur de luth; elle prétend exprimer les besoins, les passions et les intérêts du genre humain. Aussi l'écrivain est-il monté de la vassalité de trouvère à l'indépendance du poëte. Il fait la leçon aux rois; il la fait aux prêtres, au pape, à tous les pouvoirs ; il harcèle toutes les légitimités de ces doutes audacieux et sensés qui modèrent le pouvoir et honorent l'obéissance.

Par un hasard heureux, Guillaume de Lorris et Jean de Meung représentent les deux faces principales de l'esprit français : d'une part, cette bonne foi aimable qu'on a qualifiée de naïveté, et, d'autre part, cette philosophie hardie et positive qui ne s'étonne de rien et qui juge tout. Guillaume est le poëte candide et naïf; Jean, le poëte sans illusion. Mais, sous la candeur de Guillaume, perce beaucoup de la sagacité et de la philosophie de Jean ; de même Jean n'est pas tellement résolu à n'être dupe de rien et à douter de tout, qu'il n'ait quelquefois un peu de la candeur de Guillaume. Il y a longtemps que César a montré les Gaulois, nos pères, à la fois disputeurs, difficiles aux puissances, badauds curieux et crédules, se pressant sur la place de leur ville, autour de l'étranger qui apporte des nouvelles du pays voisin. Je retrouve le Gaulois badaud dans Guillaume de Lorris, et le disputeur dans Jean de Meung.

Ajoutez un dernier trait tout français à la part de Jean de Meung : c'est l'amour du mot propre. On se souvient de cet endroit où la Raison parle en termes si crus qu'elle se fait traiter par l'ami de *ribaude*. « Bel ami, lui dit la Raison,
« je puis bien appeler les choses par leur nom,
« sans pour cela me déshonorer; car je n'ai honte
« de rien, et ne crois pas faire de péché en nom-
« mant sans glose ni commentaire les *nobles choses*

« Que mes pères (Dieu mon pere) en paradis
« Fit de sa propre main jadis.

« Quand il créa le monde et tout ce qui existe,

« il voulut que je trouvasse les noms des choses à
« mon plaisir, et que je les nommasse

> Proprement et communement,
> Pour croistre notre entendement. »

Cette licence de Jean est, en effet, la raison en goguette, la raison ribaude, comme l'appelle l'amant : mais c'est toujours la raison. Au reste, il ne faut pas confondre ces égrillardises de la raison, emportée hors des bornes par le désir d'accroître notre entendement, avec ces impuretés artificielles de l'imagination, qui souillent tant de livres médiocres et dégoûtants. Le libertinage de Jean de Meung, c'est celui de Montaigne, de La Fontaine, de Molière. Je ne nomme pas Rabelais, parce que le libertinage factice de l'imagination y est trop souvent mêlé à celui de la raison. Charron lui-même, le sage Charron en a des pointes. Guillaume de Lorris, plus sage et plus discret que son continuateur, semble être de la noble famille des Racine et des Boileau, où la raison, loin d'être licencieuse, aurait plutôt peur d'être trop familière.

Les savants, les philosophes, les théologiens, les alchimistes, les physiciens, les légistes même, trouvèrent pendant deux siècles de quoi se plaire dans le *Roman de la Rose*. C'est pour les clercs que Jean de Meung s'aventurait ainsi, à la lueur des traditions antiques, dans le champ des idées générales. Quant aux seigneurs châtelains, aux femmes, aux écoliers, à tous ces esprits qui tournent à tous les vents du présent, il leur offrait, comme échantillons de tous les genres en faveur, chroniques guerrières, récits de féerie, fabliaux, jeux-partis, morceaux satiriques ou didactiques; car tout s'y trouve. Il contentait tous les goûts, soit sérieux, soit frivoles, sous une forme qui ne laissait à personne la liberté de s'y intéresser médiocrement. Nul n'y pouvait lire cent vers de suite sans y rencontrer, soit une vue hardie, soit un doute, soit une explication sur le point vif de ses opinions, soit simplement quelque détail conforme à son tour d'esprit. C'est ce qui fit le succès si universel de ce roman. Est-ce donc avec une pensée de décadence qu'on pénètre à une si grande profondeur dans les intelligences, et qu'on imprime un mouvement dont le contre-coup est si durable?

Ne voyons, si l'on veut, dans ce roman, qu'une prétention de notre poésie à se mêler de tout ce qui occupait les têtes pensantes d'alors, et que refroidissait tout à la fois et bornait au petit cercle des clercs l'idiome mort qui servait à l'exprimer. Mais cette prétention même n'est-elle pas glorieuse? N'est-il pas admirable de reconnaître, sous cet entassement de connaissances confuses et mal digérées, l'esprit français, déjà si sûr, si hardi et si vaste, à peu près comme on distingue, sous l'amas d'ornements dont les sculpteurs chargeaient l'enveloppe des cathédrales, les grandes et simples lignes de l'architecte? Cet esprit français, résumé pour la première fois, et présenté pour ainsi dire en bloc, va sentir sa force et trouver sa voie. Ce fardeau d'érudition ancienne qui semble l'écraser au quatorzième siècle, plus il marchera, plus il s'en allégera; et de quelle façon? En s'en assimilant, une à une, toutes les parties substantielles. Il ressemblera au voyageur qui porte sur ses épaules ses provisions de route, et qui s'en décharge en s'en nourrissant. L'époque où cette assimilation sera complète verra fleurir la plus belle littérature des temps modernes, ou plutôt la troisième forme de la littérature universelle. C'est parce qu'on en sent le premier travail dans le *Roman de la Rose*, que ce poëme méritera toujours d'ouvrir l'histoire de notre poésie, dont il présente le premier les véritables caractères.

§ V.

DE QUELQUES POETES DU XVe SIÈCLE.

Le quinzième siècle compte un grand nombre de poëtes. Les principaux sont cette même Christine de Pisan, dont on loue quelques vers gracieux qui sont restés en manuscrit; George Chastelain, beaucoup plus goûté de son temps pour ses poésies inintelligibles que pour ses chroniques; Martial d'Auvergne, auteur d'une sorte de poëme historique sur *la mort du roi Charles VII*, où sont exprimées en mauvaises rimes les sentiments de la nation pour la royauté malheureuse. Martial d'Auvergne était appelé *le poëte le plus spirituel de son temps.* C'est ainsi qu'on donnait le titre de *Père de l'éloquence française* à Alain Chartier, secrétaire de la maison de Charles VI et de Charles VII, poëte fade et prosateur barbare, malgré quelques vers expressifs sur le désastre d'Azincourt (1). Des épithètes du même genre ne manquèrent ni au *Champion des Dames* de Martin Franc, ni aux *Ballades* de Philippe le Bon, duc de Bourgogne, ni aux essais de comédie de Coquillart; c'est un trait de l'histoire de notre poésie que les grandes admirations n'ont pas attendu les grands talents.

Un seul poëte, dans ce siècle, marque un âge nouveau de la poésie française, et en laisse un monument durable : ce poëte, c'est Villon (1431-1438). Boileau lui a donné son rang :

Villon sut le premier, dans ces siècles grossiers,
Débrouiller l'art confus de nos vieux romanciers.

(1) Voyez son poëme des *Quatre Dames*.

Boileau prononce sommairement, mais non à la légère. La simplicité de la critique au xviie siècle le dispensait de donner des raisons historiques de ses jugements, outre que le caractère de son *Art poétique* ne les lui permettait pas. Cherchons ces raisons; cela est plus utile et porte moins malheur que d'accuser Boileau d'ignorance et de caprice.

§ VI.

CHARLES D'ORLÉANS.

Si j'en fais la remarque, c'est qu'une opinion a voulu déposséder Villon de la place qu'il tient de Boileau, et faire honneur de ce progrès de l'art d'écrire en vers à Charles d'Orléans, père de Louis XII (1301-1467).

Cette opinion date du xviiie siècle. On venait de retrouver les poésies de Charles d'Orléans (1). Le plaisir de la découverte, un peu de flatterie monarchique, un certain penchant à trouver Boileau en faute, en firent exagérer beaucoup le mérite. On trouva plus beau que le premier nom sur la liste de nos poëtes durables fût celui d'un prince du sang et non celui d'un enfant du peuple, et, il faut bien le dire, d'un échappé du

(1) Elles furent publiées par l'abbé Sallier.

gibet. C'est la même vanité qui avait blâmé Boileau d'avoir daté la poésie, non de Thibaut, comte de Champagne, ou de quelque autre poëte grand seigneur, mais de Villon, un homme de rien, comme l'appelait Pradon.

De nos jours, un critique illustre, qui ne peut être suspect ni de l'admiration bien pardonnable de l'abbé Sallier pour un poëte presque de son invention, ni des préjugés aristocratiques du grand seigneur Pradon contre Boileau, M. Villemain (1), a donné à cette opinion une autorité qui rend toute contradiction téméraire. Toutefois, j'oserai ne pas être de l'avis de M. Villemain.

D'abord Boileau n'est pas coupable, que je sache, de n'avoir pas connu les poésies de Charles d'Orléans. C'est le tort de ces poésies qui ne se sont pas fait jour d'elles-mêmes, ou des circonstances qui les ont étouffées. Elles n'ont été d'aucune influence ni d'aucune aide pour la poésie française. Elles ont été exhumées après le siècle des chefs-d'œuvre. Il n'y a donc pas eu injustice à les omettre dans cet admirable résumé de l'histoire de notre poésie, où Boileau ne compte que ceux qui ont servi l'art et qui lui ont fait faire des progrès.

Mais Boileau les eût-il connues, il n'eût pas donné la gloire d'avoir *débrouillé nos vieux ro-*

(1) *Cours de littérature française.*

manciers à un poëte qui les continue fidèlement, et qui ne hasarde, hors du cercle de leurs inventions, que quelques pièces imitées de la poésie italienne.

On retrouve dans Charles d'Orléans toute cette mythologie de l'amour chevaleresque, si uniformément employée par tous les poëtes depuis le *Roman de la Rose*. Seulement il y a mis une sorte de perfection, soit en complétant ce personnel d'êtres allégoriques, soit en y établissant une hiérarchie plus raisonnée. Je lui en fais un mérite particulier, parce qu'à chacun des nouveaux personnages qu'il introduit sur la scène, répond ou quelque sentiment vrai omis par ses prédécesseurs, ou quelque nuance mieux observée, ou une gradation plus exacte.

L'empire de l'Amour est au complet : Amour et Vénus en sont les souverains. Leur premier ministre est Beauté ; leur secrétaire, Bonne-Foi ; leur garde des sceaux, Loyauté. Bel-Accueil et Plaisance sont les intendants de leur palais. Bonne-Nouvelle et Loyal-Rapport sont leurs messagers ; les Plaisirs-Mondains, leurs courtisans. Leurs sujets, tous de mœurs et de caractères différents, sont Désir, Comfort, Bon-Conseil, Trahison, Désespoir, Détresse, Souci. C'est avec eux que l'Amour a subjugué le monde. Dans son empire sont l'Hermitage de Pensée, le Bois de Mélancolie, la Forêt de Tristesse, où se promènent ceux que l'Amour a blessés. Espoir est le médecin de ce vaste royaume; encore se plaît-il souvent à leurrer ses victimes de belles paroles.

Il n'y manque ni un gouvernement, ni des prisons, ni un parlement, ni des cours plénières, dont Charles d'Orléans rime la procédure. Enfin cet empire a sa religion, un paradis, un purgatoire, et des martyrs.

A toutes ces personnifications imitées du *Roman de la Rose*, Charles d'Orléans en a ajouté d'autres, plus froides encore. Ce sont toutes ses dispositions particulières et ses humeurs, tristes ou gaies, le plus souvent imitées de la poésie italienne et de Pétrarque en particulier, dont les sonnets avaient mis à la mode le raffinement dans l'amour. On se donnait à volonté ce tour d'esprit. Les mœurs galantes de l'époque y disposaient d'ailleurs, et l'amour-propre y trouvait son compte. Ainsi, Charles d'Orléans empruntait à Jean de Meung ses allégories, et à Pétrarque ses idées : voilà pourquoi il est si rare d'y trouver un accent vrai et une expression forte. Tout au plus peut-on dire qu'il imite agréablement, n'ayant pas la force d'imaginer.

Cependant un assez grand nombre de pièces sont l'expression directe et sans allégorie de ses sentiments. Mais ces sentiments sont plus délicats et polis, si je puis dire ainsi, que touchants et passionnés. Ce cœur que Charles d'Orléans garde dans le coffre de Souvenance, sous la clef de Bonne-Volonté, n'est guère qu'un esprit agréable occupé de galanterie. Cette suite de malheurs qui forment sa vie, un père assassiné, une mère charmante morte de douleur, une captivité de vingt-cinq ans dans les donjons de l'Angleterre, un double veuvage en neuf ans, par la mort de deux femmes qu'il aimait, tant de sujets de deuil n'ont pu tirer de son âme un couplet touchant. Aucun événement public, ni personnel, ne le fit descendre en lui-même jusqu'à la source des accents virils et des expressions de génie. On dirait qu'il a composé des vers pour se dérober à ses propres pensées, plutôt que pour les mieux voir en les écrivant.

Faut-il croire à cette maîtresse dont l'exil l'a séparé, à laquelle il a laissé son cœur, qu'il regrette et qu'il espère revoir, qui meurt enfin d'une mort inopinée? Je ne me défie pas moins de ces maîtresses *sans per* du xve siècle que des Iris *sans pareille* du xviie, dont Boileau fit si bonne justice. Depuis la Béatrix de Dante et la Laure de Pétrarque, il n'était poëte français qui n'eût une dame de ses pensées, et qui ne lui survécût. Si celle que pleure Charles d'Orléans,

> Qui estoit son comfort, sa vie,
> Son bien, son plaisir, sa richesse,

était sa première ou sa seconde femme, j'en trouverais plus touchante cette plainte, d'ailleurs médiocrement poétique, qu'il adresse à la Mort :

> Puisque tu as pris ma maistresse,
> Prends-moi aussi son serviteur ;
> Car j'aime mieux prochainement
> Mourir que languir en tourment,
> En peine, soussy et douleur.

Au reste, après la perte de cette maîtresse réelle ou imaginaire, Charles d'Orléans ne voulut plus aimer. Il s'était engagé selon le rit amoureux du *Roman de la Rose*. Jeunesse l'avait conduit dans l'empire de l'Amour, auquel il avait laissé son cœur en gage. Trente ans après, averti par un vieillard, Age, qui le gourmande au nom de Raison, il redemande ce cœur au dieu Amour, par une requête en son parlement. Le dieu, non sans s'être fait prier longtemps, le tire d'un écrin, et le lui rend. Il relève le poëte de son serment par quittance dûment octroyée, et lui délivre un certificat de fidélité selon les formes judiciaires, avec la date, qui donne de l'authenticité aux actes :

> Le jour de la feste des Morts,
> L'an mil quatre cent trente-sept,
> Au chastel de plaisant recept.

C'est en 1406, le jour de la Saint-Valentin, qu'il s'était enrôlé sous les ordres d'Amour. C'est en 1437, le 2 novembre, qu'il reçoit son congé. Son service avait duré trente et un ans.

Depuis lors, Charles d'Orléans, amant émérite, fit comme le vieillard de Boileau; il blâma dans les jeunes gens « les douceurs que lui refusait l'âge; » il se moqua des amoureux et de l'amour, où il ne trouvait plus que

Grand foison de faux-semblants;

il se désennuya en faisant bonne chère :

Bonne chere je fais quand je me deulx;

et il vanta le bon vin et les bons morceaux. Toutefois, il garda jusqu'à la fin les goûts délicats qu'il tenait de Valentine de Milan, sa mère, et ce tour d'esprit, plus léger que vif, qui le portait à rimer tous les incidents de sa vie. Il avait réuni autour de lui, à Blois, quelques poëtes qui formaient une académie de beaux esprits, à l'imitation des mœurs littéraires de l'Italie. Villon lui-même y fut admis; fort heureusement il ne s'y affadit pas. Une certaine élégance précoce, dans les pièces du poëte royal vieillissant, ne suffit pas pour marquer un âge de l'esprit français et un progrès de la langue.

Voici pourtant quelques vers de la *Ballade sur la paix*, dont le tour est agréable et franc :

« Priez pour paix, le vray tresor de joye.....
Priez, prelats, et gens de sainte vie,
Religieux, ne dormez en paresse ;
Priez, maistres, et tous suivant clergé,
Car par guerre faut que l'estude cesse ;
Priez, galants joyeux en compagnie,
Qui despendre (dépenser) desirez à largesse :
Guerre nous tient la bourse desgarnie.
Priez, amants, qui voulez en lyesse
Servir amour ; car guerre par rudesse
Vous destourbe (empêche) de vos dames hanter,
Qui maintes fois fait leur vouloir tourner :
Et quand tenez le bout de la courroye,
Ung estrangier si vous le vient oster.
Priez pour paix, le vray tresor de joye. »

D'autres passages du même caractère; quelques pièces plus connues, dont la plus goûtée,

Les fourriers d'esté sont venus,

est une description du printemps, où la grâce n'est pas sans recherche ; dans tout le recueil, une certaine délicatesse de pensées, qui trop souvent tourne à la subtilité ; des expressions plus claires que fortes ; des images abondantes, mais communes ; une pureté prématurée à une époque où la langue avait plus besoin de s'enrichir que de s'épurer ; bon nombre de vers agréables, qui prouvent plus de culture que d'invention, et où l'on reconnaît l'effet de l'éducation maternelle plutôt que le génie national : ces titres, que je suis bien loin de dédaigner, ne valent pas qu'on déposséde Villon de son rang, au profit d'un poëte, le dernier qui ait imité le *Roman de la Rose*, le premier qui ait imité la poésie italienne. Le vrai novateur, c'est Villon.

§ VII.

VILLON.

Villon innove dans les idées et dans la forme. Il n'imite pas le *Roman de la Rose* ; il laisse ces froides allégories et ce savoir indigeste; presque toutes ses pensées sortent de son fonds. Les vers de Villon lui sont inspirés par sa vie, par ses malheurs, ses amours, ses vices, il faut bien le dire ; par les châtiments auxquels il s'est exposé, par les dangers de mort qu'il a courus. Voilà non plus un poëte bel esprit, nourri des livres à la mode, mais un enfant du peuple, né poëte, qui lit dans son cœur, et qui tire ses images des fortes impressions qu'il reçoit de son temps ; voilà un amant qui ne poursuit pas des maîtresses imaginaires, qui n'a rien à démêler avec Dangier et Faux-Semblant, et qui sait faire ses affaires sans le secours de Bel-Accueil. Ses amours sont des amours d'échoppe et de coins de rue ; mais il trouve dans ces inspirations de bas lieu des accents de gaieté franche et des traits de mélancolie inconnus avant lui.

Novateur dans les idées, Villon ne l'est pas moins dans la forme : l'un emporte l'autre. On admire dans ce poëte des expressions vives, pittoresques, trouvées ; un style en apparence plus difficile à comprendre, à la première lecture, que celui de Charles d'Orléans, parce qu'il est plus vrai, plus senti, plus français. Charles d'Orléans écrit le français qui se parlait dans les cours, même dans le palais du roi anglais Henri V, où les courtisans affectaient de ne parler que français, par prétention de seigneurs et maîtres de la France. Villon écrit le français du peuple de Paris ; il tire sa langue du cœur même de la nation. Ne nous effarouchons pas de l'étrange berceau d'où sort notre poésie ; d'autres viendront qui feront de cette fille du peuple la muse charmante et sévère du dix-septième siècle.

Né de parents obscurs et pauvres, Villon eut tous les goûts du franc basochien. Le basochien, espiègle, tapageur, libertin, larron, hanteur de mauvais lieux, détroussant les petits marchands, poursuivi par les soldats du guet, heureux des troubles publics, enchanté de la guerre parce que la police y est plus relâchée : tel est Villon. Les

Repues franches, dont il n'est pas l'auteur, mais le héros, sont comme l'Iliade grotesque de sa vie de basochien. A l'âge de vingt-cinq ans, Villon avait été plus d'une fois enfermé au Châtelet pour des larcins de rôt et de pâtisserie. Des délits plus graves (je ne veux pas croire à un crime) le firent condamner à être pendu avec cinq de ses compagnons. Villon, à la veille d'aller à la potence, nargue la mort dans une ballade. Il se représente lavé de la pluie, desséché du soleil, poussé çà et là par le vent, et il rit de toutes ces marques de sa destruction prochaine. Mais ce rire n'est pas celui du criminel impudent qui, le carcan au cou, raille les spectateurs. Villon y mêle des pensées touchantes; et, si vous y regardez de près, une larme va paraître au bord de ses paupières, et mouillera ce visage souriant. Il prie *ses frères humains qui vivront après lui* d'être indulgents pour ses faiblesses. Tout le monde, dit-il, *n'a pas le sens rassis....* Il ne raille ni ne se plaint; il n'est pas assez coupable pour railler; il l'est trop pour se plaindre.

Mais s'il ne sollicite pas la pitié, il ne l'en obtient que mieux : on est tout prêt à rejeter sur son époque les désordres qui l'ont amené au pied de la potence.

Il y échappa pourtant. Quoique résigné à mourir, *comme le jeu ne lui plaisoit pas*, dit-il

11.

gaiement, il eut l'idée d'en appeler, contre l'usage, au parlement, de la sentence du Châtelet. La peine de mort fut commuée en celle du bannissement, et Villon se retira sur les Marches de Bretagne. De nouveaux larcins, dont il s'excuse sur la faim, qui « fit une si rude guerre à son corps, » le firent tomber de nouveau dans les mains de la justice. Il fut arrêté, et conduit à la prison de Meung-sur-Loire, par ordre de l'évêque d'Orléans (1).

Il s'en fallut de la clémence de Louis XI, qu'il

(1) Cet évêque s'appelait Thibault d'Aussigny. Villon n'eut pas à s'en louer. Voici toute la vengeance qu'il en a tirée :

Peû (nourri) m'a, d'une petite miche
Et de froide eau, tout ung esté....
Tel lui soit Dieu qu'il m'a esté.
Et s'aucun me vouloit reprendre
Et dire que je le mauldys,
Non fais, si bien le scet entendre,
Et rien de lui je ne mesdys.
Voilà tout le mal que j'en dys :
S'il m'a esté misericors,
Jesus, le roy de paradis,
Tel luy soit à l'ame et au corps.
S'il m'a esté dur et cruel,
Trop plus que cy ne le racompte,
Je veuil que le Dieu esternel
Luy soit doncq semblable à ce compte.
....
Si prieray pour lui de bon cœur,
Par l'ame du bon feu Cotard.
Mais quoi! ce sera donc par cœur,
Car de livre je suis faitard (paresseux)?

(*Grand Testament*), huitains 2, 3 et 4.

appelle *Loys le Bon*, que Villon ne réalisât l'effrayante peinture qu'il avait faite d'un pendu. Louis XI, dur aux nobles et aux grands, était *bon* au petit peuple; il ne haïssait pas le franc-parler des vilains, qui le louaient aux dépens des grands; outre que le prince qui introduisait l'imprimerie en France pouvait bien mettre quelque prix à la vie d'un poëte.

Ce qui fait goûter les pensées de Villon, c'est cette gaieté mélancolique, la plus pure source de poésie peut-être, parce qu'elle est la disposition d'esprit la plus naturelle à l'homme, qui n'a été fait ni pour les joies ni pour les douleurs sans mélange. Sa ballade sur *les Dames du temps jadis* en est un modèle charmant :

> Dictes-moy où, n'en quel pays,
> Est Flora, la belle Romaine?
> Archipiada, ne Thaïs,
> Qui fut sa cousine germaine?
> Echo parlant, quand bruit on mene
> Dessus riviere, ou sus estang,
> Qui beauté eut trop plus qu'humaine?
> Mais où sont les neiges d'antan?
>
> Où est la très-sage Heloys?
> . . . .
> Semblablement où est la reine
> Qui commanda que Buridan
> Fust jecté, en un sac, en Seine?
> Mais où sont les neiges d'antan?

> La reine blanche comme un lys,
> Berthe au grand pied, Biétris, Allys,
> Harembourges qui tint le Maine,
> Et Jehanne, la bonne Lorraine,
> Qu'Anglois bruslerent à Rouen?
> Où sont-ils, Vierge souveraine?
> Mais où sont les neiges d'antan?

La même idée était venue à Charles d'Orléans; il la laissa échapper :

> Au vieil temps, grand renom couroit
> De Chryseis, d'Iseult et d'Helene,
> Et maintes autres qu'on nommoit
> Parfaictes en beauté haultaine;
> Mais au derrain (enfin) en son domaine
> La mort les prit piteusement.
> Par quoi puis veoir clairement
> Ce monde n'est que chose vaine.

Entre la froide remarque que rime lourdement le poëte royal, et cette charmante évocation que fait l'enfant du peuple de tant de beautés célèbres, presque toutes françaises (n'oublions pas ce trait), il y a la différence d'un agréable bel esprit à un poëte.

De même, quelle élégance précoce de langage peut valoir l'accent et la nouveauté de ces couplets du *Grand Testament*, où Villon parle de la fuite rapide de sa jeunesse, de ses fautes, de la mort qui égale tout le monde :

> Je plaings le temps de ma jeunesse,
> Auquel j'ay plus qu'autre gallé (fait le libertin)
> Jusque à l'entrée de vieillesse :
> Car son partement (départ) m'a celé (échappé).
> Il ne s'en est à pied allé,
> N'a cheval, las et comment don ?
> Soudainement s'en est volé (s'est envolé),
> Et ne m'a laissé quelque don.

Je ne sache pas d'image plus charmante de cette fuite insensible du temps, qui emporte nos jours sans nous rien laisser de solide. Le poëte continue :

> Allé s'en est, et je demeure
> Pauvre de sens et de savoir.
> . . . .
> Hé Dieu ! si j'eusse estudié
> Au temps de ma jeunesse folle,
> Et à bonnes mœurs desdié,
> J'eusse maison et couche molle.
> Mais quoy ? je fuyois l'eschole
> Comme fait le mauvais enfant.
> En escrivant cette parolle,
> A peu que le cœur ne me fend.

Où sont les galants qu'il suivait dans sa jeunesse,

> Si bien chantans, si bien parlans ?

Plusieurs sont morts : quant à ceux qui restent, les uns sont devenus grands seigneurs et maîtres ;

> Les autres mendient tout nuds,
> Et pain ne voyent qu'aux fenestres.

Les autres se sont faits moines. Il n'y a rien à souhaiter aux premiers, ni rien à en dire :

> Mais aux pauvres qui n'ont de quoy,
> Comme moi, Dieu doint (donne) patience!

Pour les moines, que leur manque-t-il? *Bons vins, poissons, tartes, flans*, ils ont tout en abondance :

> Ils ne veulent nulz eschansons,
> Car de verser chacun se peine.

Il revient sur sa pauvreté, sur sa naissance, sur sa *pauvre petite extrace* : son père, son aïeul, étaient pauvres :

> Pauvreté tous nous suyt et trace.

Mais pourquoi se plaindre? S'il n'a pas les trésors de Jacques Cœur, mieux vaut, dit-il,

> Vivre soubz gros bureaux
> Pauvre, qu'avoir esté seigneur,
> Et pourrir sous riches tombeaux.

Et encore sait-on si Jacques Cœur a eu un tombeau? Pour lui, continue-t-il, il n'est pas fils d'ange. Son père est mort : Dieu ait son âme! Quant à sa mère, elle mourra :

> Et le sçait bien la pauvre femme,
> Et le fils pas ne demourra.

Pauvres et riches, sages et fous, nobles et vilains,

dames de la cour, « Mort saisit tout sans exception ; »

>Et meure Pâris ou Helene,
>Quiconques meurt, meurt à douleur.
>Celui qui perd vent et haleine,
>Son fiel se creve sur son cœur ;
>Puis sent, Dieu scait quelle sueur !
>Et n'est qui de ses maux l'allege ;
>Car enfans n'a, frere ne sœur,
>Qui lors voulsist estre son pleige (caution).
>
>La mort le fait fremir, pallir,
>Le nez courber, les veines tendre,
>Le col enfler, la chair mollir,
>Joinctes et nerfs croistre et estendre.
>Corps feminin, qui tant es tendre,
>Polli, souef, si precieux,
>Te faudra-t-il ces maux attendre ?
>Oui ; ou tout vif aller ès cieulx.

Voilà, si je ne me trompe, des beautés de toutes sortes ; traits de sentiment, peintures énergiques ou touchantes, contraste de la vie et de la mort : tout ce qui fait la grande poésie.

La pièce suivante dérobe pour ainsi dire, sous l'enjouement de la forme, cette douce mélancolie qui s'épanche librement dans les vers qu'on vient de lire. Le refrain en est comme la note sensible à laquelle tout revient :

>Je cognois bien mouches en laict ;
>Je cognois à la robe l'homme ;

Je cognois le beau temps du laid;
Je cognois au pommier la pomme;
Je cognois l'arbre à voir la gomme;
Je cognois quant tout est de mesmes;
Je cognois qui besogne ou chomme;
Je cognois tout, fors que moy-mesmes.

Je cognois pourpoinct au collet;
Je cognois le moine à la gonne (robe);
Je cognois le maistre au valet;
Je cognois au voile la nonne;
Je cognois quant pipeur jargonne;
Je cognois fous nourris de cresmes;
Je cognois le vin à la tonne;
Je cognois tout, fors que moy-mesmes.

ENVOI.

Prince, je cognois tout, en somme;
Je cognois colorés et blesmes;
Je cognois mort qui nous consomme;
Je cognois tout, fors que moy-mesmes.

Combien cette netteté de pensée, cette vivacité de tour, cette force d'expression, combien cette philosophie enjouée et profonde est supérieure à la facilité nonchalante de Charles d'Orléans! Quelles acquisitions pour l'esprit français et pour notre langue poétique!

Ainsi, malgré quelques vers agréables de Charles d'Orléans, il faut laisser désormais à Villon l'honneur d'avoir marqué le progrès le plus sensible de la poésie française depuis le *Roman de la Rose*. N'amendons pas le jugement de Boileau pour si peu. Le premier, Villon s'est affranchi de l'imitation des *vieux romanciers*; le premier, il a tiré sa poésie de son cœur; le premier, il a créé des expressions vives, originales, durables. Charles d'Orléans est le dernier poëte de la société féodale; Villon est le poëte de la vraie nation, laquelle commence sur les ruines de la féodalité qui finit.

Marot, qui ne paraît pas avoir connu Charles d'Orléans, avait déjà placé Villon au rang où l'a maintenu Boileau. Il s'ébahit, « vu que c'est le meilleur poëte parisien qui se trouve, comment les imprimeurs de Paris et les enfants de la ville n'en ont eu plus grand soin. » Il veut que les jeunes gens « cueillent ses sentences comme belles fleurs; qu'ils contemplent l'esprit qu'il avait; que de lui ils apprennent proprement à décrire. » Il l'estime « de tel artifice, tant plein de bonne doctrine, et tellement peinct de mille couleurs, » que très-souvent il lui en fait des emprunts, et qu'il se paye, en le copiant, du soin de l'avoir édité.

J'ai insisté sur Villon, parce que son recueil offre la première image nette et populaire de notre poésie. Il en a la qualité suprême, la mesure, le goût; il sait n'exprimer de ses sentiments que ceux qui lui sont communs avec tout le monde, et garder pour lui ce qui n'est propre qu'à lui.

Enfant du peuple, né dans la pauvreté, poussé au vice par le besoin, toujours dans quelque extrémité fâcheuse, il ne laisse voir dans sa vie que ce qui la rend intéressante pour tous. Sous les haillons de sa condition on voit toujours percer les ailes du poëte. Villon n'a pas su quelle destinée auraient ses vers ; mais il semble qu'il ait eu la pudeur de la gloire qui l'attendait.

CHAPITRE QUATRIÈME.

§ I. De ce qui a manqué à l'esprit français et à la langue, du XIIe au XVIe siècle. — Qu'entend-on par les idées générales ? — § II. Dans quelle mesure l'esprit français, au moyen âge, a-t-il eu des idées générales ? — Des philosophes et des théologiens. — De la scolastique. — § III. De ce que la théologie en particulier a fait pour la langue. — Sermons de saint Bernard traduits en français. — Fragment inédit d'un sermon de Gerson. — § IV. Si les clercs ont eu plus d'idées générales que les écrivains en langue vulgaire; pourquoi les uns et les autres en ont si peu; d'où ces idées doivent venir.

§ I.

DE CE QUI A MANQUÉ A L'ESPRIT FRANÇAIS ET A LA LANGUE, DU XIIe AU XVIe SIÈCLE. — QU'ENTEND-ON PAR LES IDÉES GÉNÉRALES?

Nous avons épuisé la liste des écrivains qui, dans cette période de l'histoire de l'esprit français et de notre langue, ont laissé des noms durables. Il convient d'apprécier d'une manière générale les progrès de cet esprit et de cette langue dans le long espace de temps qui s'est écoulé entre le XIIe et le XVIe siècle, c'est-à-dire entre l'époque où s'est formée la langue française et celle où elle va devenir la plus grande langue littéraire des temps modernes.

A quoi est-on arrivé à la fin du xve, après plus de trois cents ans de travail? A une première ébauche de l'esprit français ; à quelques poésies satiriques, inspirées par nos mœurs nationales ; à quelques récits clairs et intéressants des événements de notre histoire. Quant à la langue, elle suffit à tout ce que l'esprit français, enfermé dans ce cercle, lui demande d'exprimer. Et pourtant c'est cette langue chargée de diphthongues épaisses, de consonnances discordantes et de voyelles nasales, dont le maître du Dante, Brunetto Latini, trouvait la *parleure la plus delitable*. Un auteur vénitien qui écrivait en 1275, Martino Canale, traduisant en français une chronique vénitienne, disait « que langue françoise cort parmi le monde, et est la plus delitable à lire et à oïr que nulle autre. » Dante, qui créait une langue, et qui la portait tout à coup à son point de perfection, faisait l'éloge de la nôtre. On l'employait dans les cours étrangères à la rédaction des actes ; on la prenait pour la langue naturelle des hommes : si un sourd-muet, disait-on, recouvrait la parole, il parlerait le français de Paris. Ce qu'on disait de notre langue à son berceau, quand elle n'avait ni constitution, ni règles certaines, un grand homme allait le confirmer au commencement du xvie siècle. Elle avait fait à peine quelques pas au delà du point où nous sommes arrivés, que Charles-Quint la qualifiait de *langue d'État*. Certes, nous sommes bien ambitieux pour elle, puisque la gloire de ces commencements ne nous suffit pas, et que nous appelons quelque époque féconde qui mette en possession de sa vraie destinée cette langue à laquelle, du nord au midi, l'Europe rendait hommage. Qu'est-ce donc qui manque encore à l'esprit français et à notre langue? Il leur manque ce qui doit faire de l'un l'esprit humain, et rendre l'autre universelle. Ce sont les idées générales, c'est-à-dire les vérités de l'ordre philosophique et de l'ordre moral, dont l'expression, dans un langage définitif qu'elles seules peuvent inspirer, constitue la littérature ou l'art.

Une seule idée comprend toutes ces idées ou vérités. C'est l'idée même de l'humanité; c'est l'idée de l'homme, non pas borné à un pays ni à une époque, non d'hier ni d'aujourd'hui, mais occupant tout l'espace et tous les temps. C'est cet homme dont parle Pascal, qui était jeune au temps de l'antiquité, qui a pris des années depuis Pascal, qui se reconnaît dans les pensées d'un homme né trois mille ans avant lui, sous un autre ciel, dans une autre forme de société, avec d'autres dieux. Les autres idées générales ne sont que les développements de cette idée première, par la même raison que tous les hommes en particulier ne sont que des copies très-diverses du même original, de l'humanité. J'entends par ces idées tous les rapports de l'homme avec ses semblables et avec Dieu, selon l'état des sociétés et selon les religions. J'entends les vérités philosophiques sur les caractères et leurs contrastes, sur les passions et leurs combats, sur tout ce qui fait le fond de cette vie si énergiquement qualifiée par Buffon de *vie contentieuse*. J'entends tous les états de l'âme, et ce qu'il y a de général dans ces états. C'est la matière du beau vers de Térence, qui a été au cœur de toutes les nations :

Homo sum : humani nihil a me alienum puto.

J'entends enfin les vérités de l'ordre moral qui se déduisent des vérités philosophiques, la connaissance de l'homme tel qu'il est, pouvant seule nous apprendre ce qu'il doit être.

Mais quoi! l'histoire des sociétés humaines nous offre-t-elle donc des époques déshéritées où l'on vit sans idées générales, où celle qui les comprend toutes, l'idée de l'humanité, n'y est pas tout au moins une notion d'instinct?

Assurément non. Une nation, si petite qu'elle soit, que dis-je? une société quelconque d'hommes, réunis par le lien le plus grossier, ne peut pas être un seul jour sans avoir des idées générales, et sans que chacun reconnaisse confusément l'humanité dans ce qu'il voit en lui de commun avec tous. L'homme n'est pas un seul moment privé de la raison qui conçoit ces idées. Mais qu'il y a loin d'une notion d'instinct confuse et inactive à cette connaissance claire et pratique, qui fait qu'une nation se guide par toute la sagesse de l'humanité! Or l'histoire des sociétés humaines nous présente ce spectacle, dans la même nation, de générations qu'éclaire à peine la lueur de ce faible instinct, et de générations qui sont comme inondées de cette connaissance. Trop heureuses ces dernières, et trop favorisées, si toute la sagesse humaine accumulée n'était pleine d'erreurs, d'imperfections et de piéges!

A quelles conditions un peuple a-t-il des idées générales en assez grand nombre et assez clairement pour en faire le fond de sa littérature? A deux conditions qui d'ordinaire s'accomplissent dans le même temps, la connaissance du passé, et une expérience assez longue de la vie sociale pour appliquer au présent les enseignements du passé. Ce peuple aura une littérature le jour où il reconnaîtra en lui l'humanité elle-même par la comparaison du passé, du présent et de l'avenir.

Cette comparaison n'est pas possible dans une société qui se forme, chez un peuple qui cherche sa nationalité et ses frontières. Un tel peuple vit au jour le jour; il songe à se défendre, à exister; il est tout entier occupé de son établissement; il est trop au présent pour s'inquiéter de connaître le passé. Si quelques esprits le connaissent, c'est imparfaitement et par des traditions altérées. Ils n'y peuvent d'ailleurs initier la foule, qui seule fait les langues et les littératures, et ils communiquent entre eux dans une langue qui ne se parle plus. Tel est l'état intellectuel de la France du XIIe au XVIe siècle. Notre nation n'a pas été un jour sans idées générales et sans une certaine notion de l'humanité. Dans quelle mesure ces idées et l'idée qui les comprend toutes ont-elles été connues de l'esprit français, c'est ce que nous indiquent les écrits en langue latine qui ont paru dans cette période.

§ II.

DANS QUELLE MESURE L'ESPRIT FRANÇAIS, AU MOYEN AGE, A-T-IL EU DES IDÉES GÉNÉRALES? — DES PHILOSOPHES ET DES THÉOLOGIENS. — DE LA SCOLASTIQUE.

Il y a eu de grands noms dès le XIIe siècle, Abélard, saint Bernard; le XIIIe est rempli du nom de saint Thomas, presque plus Français qu'Italien, puisqu'il prit ses grades à Paris, et qu'il y passa plusieurs années dans la prédication et l'enseignement; au xv.ᵉ appartient Gerson. Pour le xivᵉ, il n'avait vu qu'une foule de disputeurs obscurs qui se partageaient entre saint Thomas, le *docteur séraphique*, et son contradicteur Duns Scot, le *docteur irréfragable*. Ces noms appartiennent à la philosophie et à la religion. C'est donc dans les écrits philosophiques et dans les écrits de religion qu'il faut chercher jusqu'à quel point les écrivains en langue latine ont eu des idées générales. Si l'idée de l'humanité a été conçue et exprimée clairement quelque part, ce doit être dans des livres dont l'homme en général a été l'unique sujet.

Les philosophes et les théologiens avaient d'ailleurs dans un certain degré la connaissance du passé. Au xiiᵉ siècle, saint Bernard et Abélard écrivent en latin, en hommes qui lisaient et pratiquaient Cicéron; mais ce savoir n'était ni très-profond, ni réglé par le goût. Saint Bernard, qui retrouve quelquefois la langue de Cicéron, n'échappe pas à la subtilité et aux pointes de Sénèque; Abélard cite l'*Art d'aimer* d'Ovide dans des discussions sur les textes sacré. Toutefois, cette connaissance même imparfaite du passé leur donnait un avantage immense sur les écrivains en langue vulgaire, et les mettait en quelque sorte sur la voie des vérités générales. Après eux et leur successeur immédiat, saint Thomas, cette

connaissance s'obscurcit ; on écrit aux XIVe et
XVe siècles dans un latin de plus en plus barbare.
La tradition antique, déjà si incertaine dans les
deux siècles précédents, se mêle de fables grossières qui font de Cicéron deux personnages, et
de Virgile un magicien.

Demandons d'abord à la philosophie comment
elle explique l'homme. On peut trouver dans
ses livres, soit quelques formes de raisonnement d'une application toujours efficace, soit
un certain nombre d'axiomes philosophiques
qui subsistent ; mais vainement prétendrait-on
nous y faire voir l'idée claire de l'humanité.
J'en rencontre quelquefois le mot, et il y a un
grand débat entre les réalistes et les nominaux,
pour savoir si l'humanité est une réalité ou un
nom, une abstraction réalisée ou une commodité
de la parole. J'y vois l'humanité opposée à la
socratité, à la *platonité*, et les individus consi-
dérés tour à tour comme existant seuls absolu-
ment, ou comme n'étant que les parties et comme
les membres du genre humain. L'humanité est la
matière de toute la dispute ; mais pendant qu'on
examine si c'est une réalité ou si ce n'est qu'un
jeu de langage, personne n'en étudie le fond. Ce
grand mot plane en quelque manière sur toute
l'époque, mais on ne pénètre pas dans la chose ;
et, parmi tant de philosophes, il n'en est pas un

qui soit tenté un jour de n'être qu'un moraliste.

La philosophie n'aperçoit pas la morale, et se hâte d'appliquer ses principes à la religion, dans laquelle elle se confond bientôt, ou contre laquelle elle va se briser. Il sort de tout cela une certaine science confuse, qu'on appelle la scolastique ; monstrueux amalgame de la philosophie qui veut imposer ses formules aux vérités de la foi, et de la religion qui veut prouver les vérités de la foi par l'unique procédé du raisonnement philosophique à cette époque, le syllogisme.

La scolastique n'est pas une science, car une science suppose un corps de vérités de l'ordre physique ou de l'ordre intellectuel qui subsistent ; or, quelles vérités nous sont demeurées de la scolastique ? Ce n'est pas non plus une méthode, car le propre d'une méthode est de réunir en un corps toutes les vérités du même ordre, et d'en faire une science : et qui pourrait dire que cette propriété appartienne à la scolastique ? C'est, si je puis ainsi parler, un expédient de l'esprit humain, né tout à la fois de l'ignorance qui lui est insupportable, et de cet éternel besoin de principes, certains et supérieurs, qui règlent la vie, et arrachent l'homme à la domination de ses appétits.

La seule autorité morale de cette époque de ténèbres, la foi, malgré les sourdes résistances de la raison, finissait toujours par rester la maîtresse. Les penseurs les plus hardis, après avoir cherché la certitude hors de son sein, venaient se réconcilier avec elle. Mais, dans les intervalles d'indépendance, ils essayaient de se faire une certitude qui fût plus l'œuvre de l'homme ; et ils la demandaient aux traditions de la philosophie ancienne, à ce qui restait de Platon et d'Aristote. Un certain nombre de généralités et d'abstractions, tirées de quelques traités de ce dernier, et rendues plus magnifiques par le temps, l'éloignement et l'ignorance de la langue grecque, satisfaisaient, en le trompant, ce besoin de principes, éternel honneur de l'esprit humain. Le maniement de ces axiomes flattait l'ambition des penseurs, en leur persuadant qu'ils étaient pénétrants quand ils n'étaient que subtils, et qu'ils marchaient en avant quand ils ne faisaient que tourner sur eux-mêmes. Pour se convaincre soi-même, ou se persuader qu'on avait convaincu les autres, il suffisait de réunir deux de ces axiomes sous forme de prémisses, et d'en faire sortir, à titre de conclusion, le principe qu'on voulait établir. La vaine satisfaction qu'on tirait de ces faciles victoires contribuait à augmenter l'ignorance ; et c'est ainsi que la scolastique, après avoir été un expédient pour quelques intelligences d'élite, devint pour le plus grand nombre un empêchement et un obstacle.

La scolastique, en réduisant toutes choses au syllogisme, avait d'ailleurs fait disparaître des écrits l'imagination, la sensibilité et la raison elle-même, qui n'était plus qu'un mécanisme. Elle appauvrissait l'homme : comment aurait-elle eu l'idée de l'humanité?

Nous trouverons sans doute cette idée dans les ouvrages de religion. Mais qu'y voit-on, sinon la seule théologie? Cette théologie est pure encore dans saint Bernard, lequel n'y mêle rien d'étranger. Plus tard, dans saint Thomas, elle emprunte à la philosophie ses formules, pour réduire en un corps, en une Somme, toutes les vérités de la religion, présentées sous la forme de questions résolues. Bientôt elle se rencontre avec la philosophie dans la scolastique; et de ce mélange naît un nombre infini de propositions scolastico-théologiques. Un évêque de Paris, Étienne Tempier, en condamna, comme hérétiques, jusqu'à deux cent vingt-deux. Dans Gerson, la théologie se dégage de la philosophie, et tend à reprendre son caractère. Mais a-t-elle pénétré plus avant dans l'homme? Non. Elle fait comme la philosophie, elle néglige la morale, qui tient le milieu entre l'une et l'autre, et dans laquelle seulement se trouve l'idée de l'humanité.

Dans la foule des écrits de théologie de cette période, au milieu de tant de détails de pure glose, ou de discipline ecclésiastique, ou d'exaltation mystique; dans cette confusion de la philosophie et de la religion, qu'on appelle la scolastique, c'est à peine si l'on rencontre quelques indications de vérités générales. L'homme n'est guère considéré que dans l'état théologique, pour ainsi dire; tour à tour au niveau de l'ange, quand on regarde de quel prix il a été racheté; ou au-dessous du néant, quand on le compare à celui qui l'a fait. Saint Bernard et les autres reçoivent de la tradition chrétienne l'homme tout connu et tout expliqué. Ce n'est plus pour eux une étude à faire : tout est convenu et réglé. C'est une sorte de synthèse de l'homme, acceptée par la foi; et l'humanité n'est qu'une formule de la théologie chrétienne.

Plus tard, aux jours où la religion aura remplacé la théologie, où le christianisme descendra des hauteurs du dogme dans l'analyse profonde et compatissante des misères de l'homme, l'humanité sera mieux comprise, et l'on verra naître la science de la morale chrétienne, qui en est, pour nos sociétés modernes, l'explication complète et définitive. Il en paraît sans doute quelque image dans les théologiens du moyen âge; mais cette morale n'y est qu'une discipline impérieuse. Elle n'analyse pas, elle ne pénètre pas dans les plis du cœur; d'un mot, elle règle toute une suite de mouvements qui naissent les uns des autres ; une même prescription s'étend à toutes les sortes d'infractions possibles. Cette théologie est sans compassion ; elle accable l'homme par la brièveté de ses jugements sommaires, à la différence de la religion, qui découvre d'une main maternelle toutes les plaies du cœur qu'elle va guérir, et qui montre, à côté des ravages du mal originel, les ressources de la nature rachetée. En lisant les sermons de saint Bernard, le plus grand parmi les théologiens de cette période, je l'admire moins sur cette cime élevée où il se tient, égalant quelquefois ses paroles aux paroles sacrées, que je ne m'étonne de le voir si indifférent au détail de la vie humaine, comme s'il l'ignorait, ou le trouvait au-dessous de ses extases. Jésus lui-même n'avait-il donc pas indiqué cette voie au christianisme, par tant de paroles à la fois pleines d'une connaissance infinie de l'homme et de compassion pour ses misères? La foi du théologien transporte saint Bernard si loin et si au-dessus de la vie, qu'il néglige ces indications si lumineuses ; et quand il se rencontre dans les livres saints quelques fortes peintures ou des récits attachants de la vie, il les tourne à la figure, comme pour mettre une ombre mystique entre la réalité et lui.

L'homme dans les philosophes, c'est un genre ;

seulement, pour les uns, ce genre n'est qu'un vain mot ; pour les autres, c'est une abstraction réalisée. Dans les théologiens, l'homme n'est que le néant, par rapport à Dieu, qui est l'être. Comment lient-ils ce néant à l'être? Par trois liens, dit saint Bernard : la corde, les clous de bois ou de fer, la glu. On est lié au Rédempteur par la corde, quand, sous le trouble d'une forte sensation, on ne cesse pas néanmoins d'avoir en vue son honneur et la mémoire de la promesse. On y est attaché par des clous, quand on n'a pas peur des hommes, mais des tourments de l'enfer. Enfin, on y est collé par la glu, quand par la charité on ne fait qu'un seul esprit avec lui (1). Ainsi, tout se réduit au redoutable mystère de cette inégalité infinie du Créateur et de la créature. De temps en temps, quelques paroles soutiennent contre le désespoir celui qui n'est que le néant par rapport à celui qui est l'être. Des explications prodigieuses font descendre Dieu de l'infinie hauteur à l'infinie bassesse, afin que le néant sente quelquefois qu'il n'est pas indifférent à l'être. Ou bien l'homme est comme le champ de combat entre Dieu et le diable ; autre mystère, non moins inaccessible, de cette autre inégalité de l'ange déchu, mais toujours puissant,

(1) Œuvres de saint Bernard, *sermo De diversis*, IV, p. 2314.

et de l'homme racheté, mais toujours corrompu.

Il n'est pas étonnant que cette foi mystique du théologien, placé entre l'homme et Dieu, ou entre l'homme et le diable, et qui n'est pas toujours insensible à l'orgueil de son rôle d'intermédiaire, n'ait pas eu une influence féconde sur l'esprit français et sur la langue. Il ne l'est pas non plus que la philosophie scolastique, parquée dans ces idées universelles et ces catégories qu'elle avait reçues sans les discuter, s'épuisant dans ce cercle à les faire s'entre-choquer pour en tirer de fausses lumières, n'ait produit qu'un empressement stérile, et la vaine curiosité qui s'attache au prestige de la parole. De tant d'écrits en langue latine, qui donnent l'illusion d'une fausse maturité, il n'est rien arrivé dans la langue vulgaire, et l'esprit français n'a fait de progrès que le jour où il a cherché la morale sous la théologie, et secoué la servitude de la scolastique. Notre goût pour la précision et la rigueur logique ne vient pas de là ; je n'en vois, dans les penseurs du moyen âge, que beaucoup d'applications mauvaises parmi un très-petit nombre de bonnes. La distance qui paraît si grande entre les clercs et les écrivains en langue vulgaire, ainsi qu'entre les deux publics distincts qui les suivaient, est moindre qu'il ne semble au premier abord. Je me méfie des penseurs qui n'ont pas attendu la langue de leur pays, et qui s'expriment dans une langue morte. Ils peuvent être grands par cette impatience et cette audace même, comme Abélard, ou quand ils y joignent les qualités du caractère et l'action, comme saint Bernard; mais, comme écrivains de choses durables, il faut beaucoup rabattre de l'opinion qu'on en a. Les grands hommes dans l'ordre des choses de l'esprit ne peuvent naître que dans une société qui a des idées générales, à l'expression desquelles la langue nationale suffit. Quand une société n'a pas encore d'idées générales, faute d'avoir passé par les épreuves qui en sont le prix, s'il y naît un homme supérieur, ou bien il se jette dans de folles spéculations d'esprit, ou bien il s'épuise en efforts ingénieux dans une méthode stérile et sans vie. C'est ainsi que les théologiens et les philosophes du moyen âge cherchèrent, dans la société ancienne et dans les traditions d'une langue générale, une matière à l'activité de leur esprit; et la fausse puissance que leur donnait sur quelques imaginations l'application violente qu'ils en faisaient au présent, leur fit négliger la seule puissance vraie, qui est celle du savoir et de la raison.

Heureux quand cette fausse puissance n'aveuglait pas les théologiens et les philosophes, jusqu'à l'infatuation de ce chanoine de Tournay qui s'écriait, après une démonstration syllogistique du mystère de la Trinité : « O petit Jésus, petit « Jésus, combien dans cette question n'ai-je pas « confirmé et exalté ta loi ! Et si j'eusse voulu, « par esprit de contradiction et de malice, com- « bien n'aurais-je pas trouvé de meilleures raisons « encore pour l'affaiblir et la rabaisser ! » A ces étranges paroles, raconte Mathieu Pâris (1), il perdit tout à coup la voix, et devint non-seulement muet, mais idiot. On peut douter du miracle : mais quoi de plus vraisemblable que certains de ces hommes qui croyaient avoir découvert le secret et le lien des choses, s'infatuassent jusqu'à la folie ?

§ III.

DE CE QUE LA THÉOLOGIE EN PARTICULIER A FAIT POUR LA LANGUE. — SERMONS DE SAINT BERNARD TRADUITS EN FRANÇAIS. — FRAGMENT INÉDIT D'UN SERMON DE GERSON.

Il est facile d'apprécier, par les traductions françaises de quelques sermons de saint Bernard au XIIe et au XIIIe siècle, combien la langue vulgaire a tiré peu de ressources de la théologie (2). Elle résiste à exprimer cette glose, quoique

(1) Grandes Chroniques de Mathieu Pâris.
(2) Voir les sermons de saint Bernard, publiés par M. Leroux de Lincy, dans la *Collection des documents inédits relatifs à l'histoire de France.*

le latin en soit quelquefois bon, et le ton animé. Et même, à certains endroits où saint Bernard subtilise, le traducteur se contente, faute de comprendre le sens, de transporter les mots latins tout entiers dans la traduction, après en avoir légèrement francisé l'orthographe. Ce qu'il en reproduit le plus heureusement, c'est le tour, par lequel on sent surtout que saint Bernard est un Français qui pense avec le tour d'esprit de son pays, et qui s'exprime dans une langue étrangère.

Mais cette langue de la traduction, si rebelle à tout ce que l'esprit français ne doit pas s'assimiler, semble naître, ou plutôt mûrir tout à coup, pour exprimer tout ce qui ne cessera pas d'être vrai. Ainsi quand saint Bernard dit, *Non est talis tristitia hypocritarum; non in corde, sed in facie est;* la langue française traduit : « Teile ne n'est mies li tristèce des ypocrites; car elle ne n'est mies el cuer, mais en la fazon. » Et plus loin, où le latin dit, *Hypocrita ungit potius semetipsum, ut propriæ fragrantiam opinionis respergat;* le français, à l'orthographe près qui changera, ne reste guère au-dessous de cette vérité, rendue si vive par l'image : « Li ypocrite oynt ainzois ley-mesmes, por espardre l'odor de sa propre noméie. » La langue est déjà constituée, puisque voilà le tour qui marque le mouvement de la pensée, et le terme propre qui en est le signe définitif. Il ne reste plus qu'un certain travail d'orthographe, qui changera *espardre* en répandre, et *noméie* en renommée. Je pourrais citer d'autres exemples, non en grand nombre toutefois; car saint Bernard ne touche que rarement à la vie, à l'homme non théologique. Il dogmatise, il n'analyse pas.

Ainsi, et c'est une preuve de plus que les idées générales font seules faire des progrès aux langues, toutes les fois que saint Bernard exprime ou seulement fait voir à demi une vérité de philosophie morale, la langue de la traduction s'enrichit d'une création nouvelle. On dirait que l'esprit français a été touché, et qu'il répond.

Je sais qu'on le remarquerait de même dans la traduction inédite des lettres d'Abélard à Héloïse, par Jean de Meung. Tous les passages de dialectique qui sont médiocrement clairs dans le latin, s'obscurcissent encore dans la traduction; mais une langue vive naît tout aussitôt pour exprimer tout ce qui sort de sentiments vrais et durables de ce cœur désabusé.

Ce que l'on connaît des sermons inédits de Gerson montre, à côté d'obscurités impénétrables dans ce que Gerson adresse aux *grands clercs*, une langue nette, expressive, dans ce qu'il

dit aux *simples gens*. Ainsi, dans un sermon sur la Passion, il intéresse toutes les mères au redoutable mystère, en représentant les adieux de Marie à Jésus, prêt à faire « son dernier voyage
« en Jherusalem, le voyage en sa douloureuse
« mort. Adieu, mon filz, lui fait dire Gerson,
« adieu ma seulle joye, mon seul confort! Et
« ne vous verré-je jamès icy? — En disant ainssi,
« ou par adventure en sillence ou en soub-gé-
« missements, en soupirs et en plainctes langou-
« reuses, pour ce que la douleur empeschoit de
« parler, vous, mere piteuse, comme je puis re-
« ligieusement pencer, embrassiéz vostre filz, le
« plus bel de tous aultres. Le doux aignel inno-
« cent et sans amertume s'en alloit à occision,
« combien qu'il fust celui qui est Dieu benoist
« en trinité. Vous l'embrassiez tendrement, et
« encliniez vostre face espleurée sur ses espaules
« ou sur son chaste visaige; puis repreniez vi-
« gueur, et commanciez à dire : Adieu, beau filz!
« adieu, hélas! mon filz. Mes, mon pere, mon
« seigneur et mon Dieu, toutes choses sont en
« vostre puissance. Je suis vostre mere desollée,
« vostre petite ancelle, laquelle vous avez tant
« digné aimer et honorer de vostre seule grace,
« sans mes merites. Je vous supplie, ayez mercy
« de celle mere, et demourez pour ceste feste
« avecques nous icy en Bethanie, pour eschever

« (éviter) la fureur des traictres Juifs qui vous
« quierent livrer à mort, et desja vous ont voullu
« lapider au temple. Vous le savez; je vis les
« pierres. Las! et quelle paour! Ils les venoient
« ja pour vous lapider et jecter, si vostre divine
« puissance ne vous en eust delivré. Pareillement
« vous pouvez vous eschaper à present. Toute-
« fois, sire, soit faict non pas ainssi que je veulx,
« mais ainssi que vous voullez. Soit faict tout à
« vostre ordonnance et plaisir. » Gerson a raison
d'ajouter : « Devotes gens, s'il y a icy cueurs
« piteulx, et qui seust oncques que c'est d'ay-
« mer, par especial de mere un filz, pance à
« ceste douleur de la doulce mere de Jesus (1)! »
Il a su en effet toucher les cœurs, sans affaiblir
le dogme; il a fait la part de la religion et celle
de la théologie.

§ IV.

SI LES CLERCS ONT EU PLUS D'IDÉES GÉNÉRALES QUE LES ÉCRIVAINS EN LANGUE VULGAIRE ; POURQUOI LES UNS ET LES AUTRES EN ONT EU SI PEU ? D'OÙ CES IDÉES DOIVENT VENIR ?

On chercherait donc vainement dans les grands clercs du moyen âge des idées générales nées de la connaissance profonde du passé et de la comparaison du passé avec le présent. Les matières dont ils s'occupent sont générales; mais une mau-

(1) Sermons inédits de Gerson, à la Bibliothèque impériale

vaise méthode n'en tire que des jeux d'esprit aussi particuliers que les humeurs des écrivains. Ce sont des souvenirs du passé, presque toujours plus forts que les esprits qui s'en inspirent ou s'en autorisent. Je n'en parle ainsi qu'au point de vue littéraire. Que la philosophie moderne ait constaté, dans les écrits des scolastiques, des notions ou des traditions fécondes, et que la théologie proprement dite se reconnaisse dans les écrits des théologiens, je ne suis guère moins incompétent pour le nier que pour l'assurer. Mais pour les idées générales de l'ordre littéraire, pour celles qui seules développent les langues, je crois que les grands clercs de cette époque en ont fort peu fourni. Comparés même aux écrivains en langue vulgaire, ils ont ce désavantage que, ne connaissant guère mieux le passé, ils observent le présent de moins près que ces naïfs ignorants, lesquels se faisaient battre pour n'avoir pas su leurs *lissons*, comme Jehan Froissart ou comme Villon fuyaient l'école.

Mais ceux-ci n'ont pas plus d'idées générales que les clercs. Nous en avons toutefois reconnu de naïves ébauches dans les premiers monuments de notre langue. Villehardouin en trace quelques-unes d'une main ferme dans ses Mémoires, qu'on dirait écrits avec la pointe d'une épée. Il en échappe un plus grand nombre, qui ont l'air de naïvetés, à la vieillesse expérimentée et à l'esprit plus cultivé de Joinville. Froissart en mêle trop rarement à ses charmants récits; mais la composition est elle-même une idée générale d'un ordre supérieur. Elles ont, dans quelques pages de Comines, l'autorité de maximes de politique et de convictions morales. Dans les ouvrages en vers, les seules choses qui paraissent vivantes sont des idées générales. C'est le Faux-Semblant du *Roman de la Rose*, qui n'a fait que changer de nom. Ce sont quelques sentiments délicats dans Charles d'Orléans, quelques traits de mélancolie aimable ou de vive satire dans Villon.

La principale source des idées générales a manqué à tous ces écrivains. Ils ne connaissent point le passé, ou ils le connaissent encore plus mal que les clercs; ils pensent dans un lieu et dans un temps, avec une raison qui n'a pas de traditions, qui ne sait pas qu'elle est la raison universelle. Tous ces écrivains, poëtes et prosateurs, sont tout entiers au présent. Et quel est ce présent? Est-ce du moins une certaine période d'années dans une nation assise, et assurée du lendemain? Non; c'est le présent le plus étroit, c'est la vie au jour le jour dans un pays partagé entre cinq ou six peuples qui luttent dans d'interminables guerres contre la force des choses qui veut en faire un seul peuple. Nul repos, nulle sécurité; aucune connaissance claire et familière des exemples des grandes nations, qui apprenne à la France à se connaître elle-même et à rendre le présent meilleur. Je ne vois dans toute cette période que deux sortes d'écrivains : les uns attaquent par la satire ou la raillerie les puissants et tous ceux qui paraissent avoir leurs commodités dans ce présent si laborieux; les autres les regardent avec admiration, et les chantent sur le luth. Ceux-ci font le tableau, ceux-là font la satire du présent.

On l'a vu plus haut pour les chroniqueurs : les événements contemporains sont l'unique matière de leurs récits. Leur imagination se repaît des choses présentes; leur raison ne pénètre pas au delà, et ne voit que les effets dans leur suite et leur ordre matériel. Tel est le caractère commun des chroniqueurs, à quelques lumières près qui ont apparu aux mieux doués. Mais les mieux doués eux-mêmes ressemblent à des enfants auxquels il échappe de dire au hasard des choses au-dessus de leur âge. Ceux qui se sont laissé tenter naïvement par la gloire des anciens historiens, s'embarrassent et se débattent dans ce vain travail d'imitation. C'est le trait particulier des chroniqueurs du quinzième siècle. Ils ont succombé sous cette ambition. Quand ils se guindent ainsi à réfléchir sur les événements, et à regarder dans le passé et dans l'avenir, ils semblent comme pris de vertige. Il en a été du premier effet des idées générales au moyen âge, comme du premier effet des pièces d'artillerie du même temps : elles ont tué les premiers qui s'en sont servis.

Les mœurs du présent sont la matière des poëtes, comme les événements sont celle des prosateurs. Les mœurs locales défrayent tous les genres, depuis les romans qui en mêlent la peinture satirique à leurs fictions, jusqu'aux petits poëmes qui ne sont que des anecdotes de la vie contemporaine. Les farces et sotties du seizième siècle, ces origines du théâtre, sont des satires du présent dialoguées. Le mélange de l'esprit satirique et du romanesque marque toutes les poésies du moyen âge. C'est le signe de la jeunesse d'une société. Tout entiers occupés d'eux-mêmes et du moment présent, les jeunes peuples, comme les jeunes gens, sont railleurs et enthousiastes. Du reste, plus le moyen âge s'avance vers sa fin, plus le romanesque s'affaiblit, et plus l'esprit satirique devient général. Ce progrès n'a pas été particulier à la France, mais il y a été plus rapide et plus sensible.

La critique et la raillerie, qui ruinent les sociétés parvenues à leur maturité, stimulent et fortifient les sociétés naissantes. Nos anciens poëtes ont bien mérité de la nation comme peintres de mœurs et comme écrivains satiriques. En la rendant impatiente du présent, ils l'ont rendue curieuse du passé; or c'est par l'effet de ce double esprit qu'elle est devenue capable de concevoir à son tour et d'inspirer à ses écrivains des idées générales.

Jusqu'à l'avénement de ces idées, l'esprit français n'est que l'esprit particulier d'une nation admirablement douée, mais qui ne peut pas recommencer à elle seule tout le travail de l'intelligence humaine. Il est vif, naturel; il saisit finement un assez grand nombre de rapports et de vérités subalternes; mais il manque d'élévation et de profondeur. Dans le plus perfectionné des prosateurs, Comines, il veut s'élever et approfondir; mais le premier effort le mène à la foi, au sein de laquelle il abdique. Dans le plus expressif des poëtes, Villon, il ne fait qu'indiquer à quelle source il faut aller chercher la poésie, et il en tire les premiers accents du cœur, éclairé par la raison.

La langue, dans tous ces écrits, est claire, et les tours en sont vifs; on sent qu'elle raconte et qu'elle raille; mais elle manque de variété et de couleur. La langue poétique, sauf dans quelques morceaux de Villon, est inférieure à la prose, en proportion de ce que la poésie a plus besoin d'idées générales, de types, d'idéal, que la prose. Si d'ailleurs les progrès sont si lents, c'est que la nation elle-même est lente à se former. Elle est ravagée par deux siècles de guerres effroyables, tantôt avec l'Angleterre, qui lui arrache un moment sa nationalité et lui donne pour roi un régent anglais; tantôt avec son ancienne organisation féodale : elle ne produit point d'homme de génie dans les lettres. Le génie à cette époque se montre là où la France en a le plus besoin : il est dans la politique et dans la guerre. Du Guesclin, Charles V, Jeanne d'Arc, Louis XI, quelle distance de ces noms à ceux de nos chroniqueurs et de nos poëtes!

Que penser maintenant de la chimère d'une littérature exclusivement nationale? Fallait-il donc que l'esprit français continuât de tourner dans ce cercle du récit et de la satire, et se réduisît à la peinture et à la critique de la société française? La civilisation n'est-elle pas le travail d'un peuple particulier pour réaliser un certain idéal de la vie sociale, qui serve d'exemple et de type aux autres peuples, de même que la littérature n'est que l'effort suprême de l'esprit particulier de cette nation pour devenir l'esprit humain? J'aime l'esprit français, dans l'image naïve que nous en ont donnée nos écrivains du xiie au xvie siècle; mais combien l'aimerai-je mieux au xvie, alors que la Renaissance en aura fait l'esprit humain!

Vienne donc cette époque désirée, où la connaissance du passé doit ajouter aux forces naturelles de l'esprit français une force qui le tirera pour ainsi dire hors de lui-même, et qui le transformera en ce sens supérieur de l'*humain*, de l'universel, image de la raison elle-même!

Qui nous donnera cette connaissance du passé? L'étude des monuments des deux antiquités profane et chrétienne, rendue facile et populaire par l'imprimerie. Le jour où l'esprit ancien et l'esprit français, mis en contact par les livres, se seront reconnus, ce jour-là commencera l'histoire de la littérature française; et, malgré la lenteur des progrès, il sera glorieux pour l'esprit français de s'être trouvé prêt pour cette reconnaissance, et d'avoir eu le regard assez ferme pour n'être pas ébloui de tant de lumières.

LIVRE DEUXIÈME.

CHAPITRE PREMIER.

§ I. De la Renaissance et de la Réforme, et de leur première influence sur l'esprit français. — § II. Quels auteurs en ont été touchés les premiers. — § III. Marguerite de Valois. L'*Heptaméron*, ou *Histoire des amants fortunés*. — § IV. Clément Marot.

§ I.

DE LA RENAISSANCE ET DE LA RÉFORME, ET DE LEUR PREMIÈRE INFLUENCE SUR L'ESPRIT FRANÇAIS.

L'époque dite de la Renaissance se caractérise assez par son nom. Ce nom est plus qu'une définition; il exprime un sentiment. N'y substituons pas une dénomination nouvelle. Nous sommes trop heureux que la postérité ait pris soin elle-même de distinguer par un mot si expressif cette époque des précédentes. Pour moi, de même que je m'en tiens religieusement aux noms des écrivains qui subsistent, bornant mon étude à en peser la valeur consacrée, de même j'accepte les termes généraux qui ont servi à caractériser certaines époques, et je me contente de me rendre compte de leur signification.

La Renaissance a donc paru à nos pères une sorte de résurrection de l'esprit français. La reconnaissance a imaginé ce mot; c'est pour cela qu'il est à la fois si respectable et quelque peu exagéré. En effet, il n'y a pas eu proprement résurrection. L'esprit français n'était pas resté inactif; il prenait tous les jours de l'étendue et de la vigueur; il avait déjà des pensées égales à celles que contiennent les monuments du passé, une langue assez formée pour exprimer celles qui étaient le plus à sa portée. Mais ses progrès avaient été si contrariés et si lents, sa marche si incertaine, que le jour où il lui vint comme un guide pour le prendre par la main et le pousser en avant, telle fut sa gratitude, qu'il ne songea plus à distinguer sa part dans l'immense progrès qui se fit tout à coup. Il en rapporta tout l'honneur à son guide, et déclara qu'il n'avait pas vécu jusque-là; qu'il renaissait à la véritable vie. L'esprit français s'attachant ainsi à l'esprit ancien, c'est Dante conduit par Virgile, son *doux maître*, dans les cercles mystérieux de la *Divine Comédie*.

Pendant un certain temps, toute l'ardeur propre à l'esprit français se tourna vers l'étude des langues anciennes. Toute sa force créatrice fut employée à apprendre. Les hommes supérieurs de ce temps-là sont des grammairiens et des érudits. Ils étaient si enfoncés dans l'étude du passé, qu'ils pensaient, sentaient, aimaient, haïssaient, dans des langues mortes. Des hommes qui s'étaient fait une célébrité dans le cercle des idées et des connaissances propres à leur époque, recommençaient leurs études sur la fin de leur vie, et allaient en cheveux blancs aux écoles où l'on enseignait la langue d'Homère et celle de Cicéron. Les vieillards faisaient mentir l'admirable portrait du vieillard d'Horace, qui ne trouve chose à louer que dans le temps où il a été jeune. Ceux-là préféraient le temps qui allait leur échapper à celui qui les avait vus pleins d'espérance, ou en possession de tous les avantages de la vie; et tandis que d'ordinaire les plus attachés au présent sont les jeunes gens, c'étaient alors les vieillards qui donnaient l'exemple de l'ardeur pour les nouveautés. Quelques esprits supérieurs, pour rendre plus prompte et plus générale la possession des chefs-d'œuvre du passé, dirigeaient eux-mêmes les imprimeries qui en multipliaient les exemplaires. Érasme et notre Guillaume Budé écrivaient d'une main et imprimaient de l'autre.

Dans la société civile et politique, le même

enthousiasme se manifestait par l'imitation des choses antiques. François Ier songeait à faire renaître la légion romaine. Déjà les piques formidables de la phalange macédonienne avaient joué un rôle dans les batailles. On s'habillait à la mode des Grecs et des Romains, on leur empruntait les usages de la vie; et, chose plus étonnante, on les imitait jusque dans l'acte le plus naturel et le plus involontaire, jusque dans la mort. Des érudits de trente ans, comme La Boëtie, mouraient à la façon des héros de Plutarque, en prononçant de graves discours, qu'ils semblaient réciter de mémoire, comme une leçon apprise aux écoles.

L'impulsion première vint de l'Italie. Nos guerres dans ce pays nous apportèrent, avec le mal de l'imitation, les livres grecs et latins qui devaient nous en guérir. Les Italiens nous méprisaient, et ne songeaient guère à nous faire participer à ces biens de l'esprit dont ils jouissaient tout seuls, ni à nous passer ce flambeau de la vie, dont parle Lucrèce. Il fallut aller dans leur pays le leur arracher des mains. C'est ce que firent nos rois, en ne croyant que conquérir des héritages douteux et reculer les frontières de la France. Toutes ces brillantes chevauchées de Charles VIII, de Louis XII et de François Ier ne nous valurent pas un pouce de terre ; mais elles nous mirent à notre tour en possession de ce trésor des lettres antiques, au partage duquel nous allions bientôt appeler toute l'Europe occidentale dans la langue la plus communicative du monde moderne.

La Réforme vint ensuite ; et, de même que la Renaissance nous rendait l'antiquité païenne, les luttes de la Réforme allaient nous rendre l'intelligence de l'antiquité chrétienne. Deux causes nous en dérobaient depuis longtemps la vue : l'ignorance qui avait perdu le sens de ses monuments, et la scolastique, qui obstruait de sa fausse science la source même de la vraie science, c'est-à-dire les livres où elle est consignée. La Réforme dissipa l'ignorance, dégagea la religion de la philosophie, chassa la scolastique née de leur confusion, et l'antiquité chrétienne apparut dans toute sa beauté (1).

(1) Cette destruction de la scolastique par la Réforme n'a pas échappé à Marot. Dans une histoire allégorique de la Réforme, voici ce qu'il dit de la scolastique, et des théologiens qui la pratiquaient :

> Ils nourrissoient leurs grands troupeaux de songes
> D'ergo, d'utrum, de quare, de mensonges....
> ....
> Ils ont laissé le pain qui ne perist,
> Pour cestuy-là qui à l'instant pourrist ;
> Ils ont laissé la vraye olive et franche,
> Pour s'appuyer sur une morte branche;

La Réforme a donc eu, avant la philosophie, l'honneur de ruiner la scolastique; Calvin l'avait bannie de la théologie avant que Descartes la fît disparaître de la philosophie. Outre ce double résultat de ramener aux sources de la religion et d'émanciper la théologie, elle rendit le catholicisme capable de vaincre le protestantisme, et de demeurer en France la religion du plus grand nombre. En attaquant le clergé catholique par la science, elle le força de devenir savant; en attaquant ses mœurs, elle les épura. Ce fut même une preuve glorieuse de l'excellence de l'esprit catholique, de sa conformité avec l'esprit français, que ce généreux effort du clergé pour redevenir digne de sa croyance, et ce triomphe qu'il remporta sur sa paresse et sur ses vices. Pareils à ces Juifs dont parle Pascal, qui gardaient d'autant plus fidèlement le dépôt des divines promesses, qu'ils en comprenaient moins le sens, les catholiques, du fond de leur ignorance, avaient défendu la tradition sans la comprendre, par les vaines arguties de la scolastique et par la violence. La Réforme, en leur prou-

> Ils ont receu vaine philosophie,
> Qui tellement les hommes magnifie,
> Que tout l'honneur de Dieu est obscurcy....
> En mesprisant celle qui, tout en somme,
> Donne louange à Dieu, et non à l'homme.
> (*Sermon du bon Pasteur et du mauvais.*)

vant qu'elle savait mieux lire qu'eux-mêmes dans leurs propres livres, les força d'y regarder; et la science s'ajoutant à l'autorité de la possession et à l'habitude, ils furent désormais invincibles.

Cette union des deux antiquités a donné l'impulsion à tout le XVIe siècle, et a formé au XVIIe la perfection de l'esprit français. La Renaissance et la Réforme ne furent d'abord qu'une seule et même cause, ayant pour ennemis tous ceux qu'offusquait cette double lumière. Deux noms, au commencement du XVIe siècle, personnifient les deux partis : Érasme représente la Renaissance unie à la Réforme; Béda, le vieil esprit de paresse vicieuse et d'ignorance, qui fait la guerre à ces grandes nouveautés. Par l'inégalité dernière de ces deux noms, presque aussi retentissants l'un que l'autre à cette époque, mesurez la justice des deux causes. De combien l'une est-elle meilleure que l'autre? De la distance qu'il y a d'Érasme à Béda.

Sous cette influence féconde des deux antiquités, les idées générales entrent à flots dans l'esprit français, et en étendent tout à coup les limites. Toute la matière de la pensée est renouvelée. Les hommes de génie naissent à propos, pour exploiter toutes les parties de ce domaine conquis sur la barbarie. Même les hommes secondaires ont leur part dans cette création universelle. Et de même que, dans un voyage de découvertes, parmi les premiers qui frayent le chemin, le plus obscur a son prix; de même, dans ce grand travail de défrichement du xvie siècle, le moindre écrivain ajoute aux conquêtes de l'esprit et de la langue. Les traducteurs y sont des hommes de génie, parce qu'ils égalent la langue française aux conceptions exprimées dans les langues anciennes. C'est l'ère de la littérature française, parce que c'est l'époque où un grand nombre de vérités générales sont exprimées dans un langage définitif.

§ II.

QUELS AUTEURS ONT SENTI LES PREMIERS L'INFLUENCE DE LA RENAISSANCE ET DE LA RÉFORME.

Ce grand renouvellement ne s'opéra pas en un jour, et la Réforme et la Renaissance ne se répandirent pas tout à coup et à la fois dans la littérature française. Ce fut d'abord comme une infiltration insensible. On commença par recevoir les idées antiques de seconde main, et par des intermédiaires. L'antiquité païenne s'introduisit par les auteurs italiens; l'antiquité chrétienne, par les écrits d'Érasme. Le premier effet s'en fit voir dans un certain adoucissement des mœurs, et un certain degré de politesse dans les écrits. Les premières idées qui furent modifiées par cette influence se rapportent à la vie ordinaire, à l'esprit de société, plutôt qu'à la haute spéculation.

Deux auteurs charmants ont été touchés par ce premier effet de la Renaissance et de la Réforme, et en ont reçu un caractère qui a fait durer leurs écrits ; c'est Marguerite de Valois et Marot. Marguerite et Marot ne sont pas des écrivains de génie ; ils perfectionnent l'esprit français dans le cercle un peu étroit où il est resté enfermé pendant le moyen âge, plutôt qu'ils n'ajoutent à ses idées et n'agrandissent son horizon. Ils ne pénètrent pas dans la vie humaine au delà de ce que peut atteindre une vue ordinaire; les vérités qu'ils expriment sont le plus souvent de celles que l'art néglige, tant elles nous sont familières et présentes. Un grand nombre, à notre insu, nous plaît par l'époque de la langue et par l'idée qu'elles ont été des nouveautés pour nos pères. Mais ce progrès de l'esprit français, débarrassé enfin de la rouille du moyen âge, et cet état même de la langue, assurent à Marguerite de Valois et à Marot une place durable dans ce XVIe siècle si fécond, dont l'aurore s'annonce en quelque sorte par l'éclat doux et aimable de leurs écrits.

§ III.

MARGUERITE DE VALOIS. — L'HEPTAMÉRON, OU L'HISTOIRE DES AMANTS FORTUNÉS.

Marguerite de Valois était sœur de François Ier, et son aînée de quelques années. Mariée d'abord au duc d'Alençon à l'âge de 17 ans, puis, en secondes noces, à Henri d'Albret, roi de Navarre, après une vie tout entière subordonnée à celle de son royal frère, elle mourut à 58 ans, dans un commencement de vieillesse pieuse et triste. Elle lisait Érasme dans l'original ; elle savait assez de grec pour lire Sophocle, et elle prenait des leçons d'hébreu de Paul Paradis, surnommé le Canosse, qu'elle fit nommer professeur au Collége de France, fondé par François Ier. Quand Marguerite apprenait le grec, cet axiome, *Græcum est, non legitur*, avait cours dans les écoles. Les moines disaient dans leurs sermons : « On a trouvé depuis peu une nouvelle langue qu'on appelle grecque. Il faut s'en garder avec soin : cette langue enfante toutes les hérésies. » Un évêque de Mayence interdisait, sous peine d'amende, toute traduction en langue vulgaire d'une partie quelconque des livres sacrés.

Telle était l'ardeur de Marguerite pour la science, qu'en 1524 l'évêque de Meaux, Briçonnet, lui écrivait : « Madame, s'il y avoit au bout du royaume ung docteur qui, par un seul verbe abregé, peust apprendre toute la grammaire autant qu'il est possible d'en sçavoir, et ung aultre de la rhetorique, et ung aultre de la philosophie, et aussy des sept arts liberaux, chacun d'eux par un verbe abregé, vous y courriez comme au feu. » Elle voulait tout savoir, et savoir vite.

Aussi tous les lettrés de l'époque furent-ils ses amis. La Renaissance trouva toujours faveur auprès d'elle ; la Réforme y trouva souvent un abri. Quoique Marguerite s'en soit tenue au catholicisme réformé d'Érasme, le lettré couvrit toujours à ses yeux le partisan de la Réforme. Mais cette protection ne sentit jamais l'opposition : Marguerite put jouer le noble rôle de protectrice des lettres, sans donner d'ombrage à son frère, n'excitant pas la résistance, mais aidant ou consolant la fuite. Elle trouva dans sa bonté ingénieuse et éclairée le moyen de rester le plus fidèle sujet de François Ier, tout en favorisant ce qu'il suspectait, et en protégeant ce qu'il opprimait (1).

Marguerite a été comme le bon génie de son royal frère, et François Ier lui doit peut-être les

---

(1) Marguerite se chargeait d'interpréter et d'excuser les hardiesses des écrivains : elle était leur médiatrice entre

plus solides de ses titres. Grâce à l'amitié qu'il garda constamment à sa sœur, on lui fit honneur des actions les plus personnelles de Marguerite, et on put croire qu'il approuvait tout ce qu'il ne désavouait pas. La postérité a conservé cette illusion ; il en faut laisser le bénéfice à François Ier ; c'est du respect bien entendu pour la mémoire de Marguerite. Mais il est très-vrai que ce prince avait assez peu de lumières, malgré le vernis d'une éducation tardive, et quelques vers heureux qui rappellent ceux de son aïeul, Charles d'Orléans. Il aimait mieux les arts que les lettres, et, comme on disait au XVIIe siècle, les bâtiments que les écrits. S'il faisait venir d'Italie le Primatice, et s'il visitait Léonard de Vinci mourant, il laissait mourir en exil Marot.

Tout ce que la protection royale peut avoir de plus efficace et de plus fécond vint donc de Marguerite. Les lettres ne furent pas ingrates. Marguerite est le nom d'une fleur ; les poëtes firent de la marguerite la reine des fleurs, et ce qui serait le plus souvent une fadeur de la flatterie

François Ier et les censeurs de la Sorbonne. C'est, dit Marot, épître II,

> La dame de cueur
> Mieulx excusant les esprits et le sens
> Des escribvains, tant soient-ils innocents,
> Et qui plustost leurs miseres dehonte.

était alors une image de sentiment. Le doux esprit de cette princesse, ce parfum de délicatesse et de bonté dans des écrits plus aimables qu'éclatants, ces couleurs agréablement mélangées plutôt que vives, ces charmantes perfections dans un second rang, n'est-ce pas le genre de beauté de la marguerite? Les plus savants se souvinrent aussi de l'origine latine de ce nom, et firent une *perle* de celle dont les poëtes faisaient une *fleur*. L'image ne sied pas moins à Marguerite de Valois : c'est encore la douceur et la pureté sans vifs reflets.

Pour ne rien exagérer, ce fut bien plus une influence bienfaisante qu'un écrivain supérieur. Mais ne fût-il demeuré de Marguerite de Valois que le souvenir de cette influence, elle aurait droit à une place dans l'histoire de la littérature française. Sa protection eut tous les effets d'un commerce actif dans lequel les lettrés trouvaient à la fois appui et exemple. Elle les réunissait autour d'elle, et, soit pour l'érudition solide dans l'antiquité sacrée ou profane, soit pour le tour d'esprit du temps, à la fois sensé, galant et enjoué, il est douteux qu'elle reçût d'eux plus qu'elle ne leur donnait. Dans l'art d'écrire le français de la société polie au commencement du xvie siècle, l'auteur de l'*Heptaméron* n'avait rien à apprendre de personne.

C'est là un titre charmant et durable. Les poésies de Marguerite sont médiocres; la théologie y domine, et, pour le tour et l'expression, Marguerite n'est pas la première de son temps. Des pensées plus avancées que poétiques sur la tolérance religieuse lui attirèrent les censures de la Sorbonne, et le fameux Béda y déféra son *Miroir de l'âme pécheresse*. La seule chose qu'on y pût censurer, c'était un trop grand nombre de vers embarrassés et obscurs, et de la théologie en stylem arotique. Guillaume Petit, évêque de Senlis, eut le bon goût de plaider pour le petit livre, qui fut acquitté.

Il faut donc chercher les qualités de Marguerite dans l'*Heptaméron*, ou l'histoire des *Amants fortunés*. Le titre et l'idée de cet ouvrage sont imités du *Décaméron* de Boccace; mais l'exécution en a fait un ouvrage original.

Ce n'était pas, d'ailleurs, le premier emprunt que nos Français eussent fait aux conteurs italiens, lesquels avaient eux-mêmes puisé dans nos fabliaux. Déjà, vers le milieu du xve siècle, à la petite cour de Genappe, en Flandre, où le duc de Bourgogne avait recueilli le Dauphin de France, depuis Louis XI, en guerre avec son père, des seigneurs de son commerce le plus familier et des domestiques du duc de Bourgogne avaient égayé l'exil du Dauphin par des récits imités de Boccace ou du Pogge. Un auteur ou rédacteur inconnu les a recueillis sous le titre des *Cent Nouvelles nouvelles du roi Louis XI.* Les sujets en sont ou empruntés à ces deux auteurs, et particulièrement à Boccace, auxquels nous ne faisons que reprendre notre bien, ou fournis par des anecdotes de mœurs contemporaines. Le tour en est vif, les détails piquants, la langue facile et claire; c'est toujours ce don du récit, qui, dans les lettres, est tout le génie de nos pères. Mais il manque à ce recueil ce qui fait le principal mérite des récits qui touchent au licencieux, je veux dire la grâce et la délicatesse qui en déguisent les traits les plus grossiers, et permettent de s'en amuser sans embarras. Quant à la force de l'expression, il ne s'y trouve rien qui n'ait été poussé plus loin par les deux meilleurs écrivains du même temps, Comines et Villon.

La grâce et la délicatesse sont, au contraire, le trait original et le charme de l'*Heptaméron.* Quelques seigneurs, venus aux Pyrénées pour y prendre les eaux, s'y voient retenus par le débordement du gave béarnais. Ils se réfugient au monastère de Notre-Dame de Servance, « persuadés, dit Marguerite, — qui ne laisse pas échapper l'occasion d'une épigramme contre les moines, — que s'il y a moyen de se sauver d'un danger, les moines doivent le trouver. » Pour prendre patience, en attendant que les chemins soient redevenus libres, on convient de s'assembler tous les après-midi dans un pré du couvent, sous le feuillage d'un ormeau, à l'abri du soleil de septembre, et de raconter à tour de rôle quelque historiette de galanterie. Chaque personnage paye son tribut. Les récits sont suivis d'entretiens auxquels toute la compagnie prend part. Les uns approuvent la conduite du héros ou de l'héroïne de l'historiette ; les autres la blâment. Il y a des opinions tranchées ; il y en a d'intermédiaires, qui hésitent entre le blâme et l'éloge, et qui atténuent toutes choses. Une veuve d'expérience, dame Oysille, est l'âme de la réunion. Elle règle l'ordre des récits, elle discute les points délicats, elle décide les difficultés d'amour et de morale ; sa gravité, sa réputation de vertu, donnent beaucoup de poids à ses avis. De là une quantité d'idées délicates, d'observations fines, exprimées avec grâce, et beaucoup de créations charmantes dans la langue des sentiments du cœur et de la politesse. On sent que l'esprit de société, le goût des plaisirs de l'intelligence, ont pénétré dans les hautes classes en France, qu'on y réfléchit plus, qu'on se regarde et s'analyse davantage. La langue, jusque-là un peu monotone et lourde, se mouvant tout d'une pièce, comme un chevalier sous son armure, se dégage, s'articule, devient libre et variée, comme une conversation entre personnes d'humeurs très-diverses, mais qui toutes se ressemblent par le don d'exprimer leurs pensées avec esprit.

Pour le fond des récits, comme pour l'arrangement, Marguerite cherche visiblement à ressembler à Boccace. Elle y réussit en plus d'un endroit, et cette ressemblance même avec un des plus grands écrivains de l'Italie n'est pas un médiocre mérite. Mais j'aime mieux ce que Marguerite ne doit qu'à elle-même, et qui est une grâce de l'esprit français. C'est ce fonds de philosophie aimable et douce dans une personne qui ne s'émeut des choses qu'avec discrétion, et selon ce qu'elles valent. Marguerite, dit son premier éditeur, Claude Gruget, *se joue sur les actes de la vie humaine.* C'est caractériser avec exactitude ce charmant recueil. Boccace semble plus sérieux, et plus persuadé de la vérité de ce qu'il raconte. Marguerite ne veut ni se tromper, ni tromper son lecteur; ses impressions ne sont jamais plus fortes que sa raison. La moralité des aventures, le jugement qu'il en faut porter, sont indiqués par le ton même dont Marguerite les raconte : on sait ce qu'il en faut penser, avant même que les interlocuteurs en aient donné leur sentiment, et que dame Oysille ait prononcé. Quand notre aimable veuve ne prêche pas, ce qui lui arrive trop souvent, et qu'elle ne fait que tirer de ces récits des leçons de conduite mondaine, rien de plus neuf dans les lettres françaises que ces premières applications de la morale universelle au jugement des caractères et des actions. Rien de si délicat, de si nuancé n'avait été écrit sur la fragilité de notre vertu, sur les illusions de nos passions, sur l'ardeur inconsidérée de la jeunesse, sur l'imprudence des parents, sur les effets des bons et des mauvais sentiments.

Ces tours si vifs et si heureux, cette élégance peu ornée, parce que l'ornement gâterait le sens, ces proverbes populaires semés dans l'entretien à l'appui des réflexions, ce sont les vraies traditions de la comédie, et de tous ces ouvrages de formes diverses, dont la vie sociale est la matière. Par là surtout Marguerite a mérité la louange que lui donne Claude Gruget, « d'avoir passé « Boccace en beaulx discours qu'elle a faits sur « chacun de ses contes. »

On avait eu des raisons de craindre, d'après les usages de cette époque, que l'éditeur de l'*Heptaméron* n'y eût fait de grands changements. La première édition de cet ouvrage ne fut publiée que plusieurs années après la mort de Marguerite, en un temps où les retouches étaient regardées comme des actes de piété envers la mémoire des auteurs. Il paraissait donc vraisemblable que le texte original avait dû être fort altéré. Cette crainte, qui dépouillait Marguerite au profit de son éditeur, n'est point fondée. La publication récente des lettres de Marguerite ne permet guère de douter que le style des contes ne soit de la même main que la correspondance (1). Les lettres de Marguerite, presque toutes écrites à son frère, quoique d'un tour moins vif que ses contes, à cause des formes de respect qu'elle observe à l'égard du roi jusque dans les expressions du plus tendre attachement pour le frère, sont pleines de cette douceur, de cette adresse, de cette insinuation qu'on admire dans les discours de dame Oysille. C'est la même langue, abondante, facile, sans expressions fortes, sans hardiesses, sauf dans quelques passages sur Dieu, où Marguerite, tantôt par la foi, tantôt par le sentiment, s'élève à ces pensées qui ne se rendent que par des expressions créées. Le plus

(1) Les lettres doivent à M. Génin cette publication, qui a paru dans la collection de la *Société de l'Histoire de France* en un volume, avec supplément. M. Génin y a mis cette exactitude et ce soin ingénieux des éditeurs qui sont bons écrivains. La notice sur la vie de Marguerite, et la préface du supplément, sont pleines de détails intéressants.

ordinairement Marguerite n'a que le talent d'écrire d'un esprit bien doué, préparé par beaucoup de culture, mais auquel le génie a manqué. Il faut me faire violence pour refuser à Marguerite ce don supérieur; mais c'est trop peu pour mériter le titre d'écrivain de génie, de n'avoir eu que tout l'esprit et toute la politesse de son temps. L'écrivain de génie est supérieur à son temps et à tous les temps, et le titre n'en convient qu'à celui qui ajoute en quelque manière aux facultés de sa nation.

La Renaissance avait formé cet esprit charmant sans le rendre pédantesque. Sa condition même y avait servi. L'habitude des grandes affaires, auxquelles elle ne se mêla d'ailleurs qu'avec la réserve d'une femme soumise à son mari, ou d'une sœur qui aima dans François Ier le roi, le frère, et peut-être l'homme, la préserva des superstitions du savoir et de l'imitation servile de l'antiquité. La Réforme, qui la trouva et la laissa catholique, lui inspira l'esprit de tolérance, né de l'esprit d'examen, et perfectionna ses sentiments religieux, au prix toutefois d'un peu de jargon théologique dans ses écrits. Elle lui suggéra l'idée de certains contes qui ne sont pas les moins piquants de l'*Heptaméron*, où elle poursuit de traits perçants la débauche des moines, leur orgueil, leurs vices, sans oublier leurs faux miracles. Par un tour d'esprit charmant, que rend d'autant plus malin beaucoup de bonté au fond, dame Oysille, après un récit où figure deux cordeliers libertins, s'écrie : « Mon Dieu, ne serons-nous jamais hors de ces contes de moines (1)? » Ce qui n'empêche pas les contes de moines de revenir plus souvent qu'à leur tour, surtout de moines appartenant à l'ordre des cordeliers. C'est là une de ces grâces où l'esprit français se reconnaît sans pouvoir les définir.

L'*Heptaméron* est le premier ouvrage en prose qu'on puisse lire sans l'aide d'un vocabulaire. Les tours et les expressions durables y sont déjà le cours du style; les choses surannées y sont l'exception. Après trois siècles, notre langue n'aurait pas d'autres mots pour les mêmes pensées, et, sauf quelques passages indifférents, nous entendons l'aimable auteur comme l'entendaient ses contemporains. L'*Heptaméron* nous introduit dans l'histoire la prose littéraire.

§ IV.

CLÉMENT MAROT.

Vers la fin de l'année 1518, François Ier donnait pour valet de chambre à Marguerite, alors duchesse d'Alençon, Clément Marot. Marguerite

(1) Nouvelle X, livre VIII.

avait alors vingt-six ans, et Marot vingt-huit. Il ne quitta le service de cette princesse que sur la fin de 1534. Le poëte fut présenté à Marguerite, de la part du roi, par le seigneur du Pothon. Voulant faire ses affaires lui-même, il remit à la princesse une requête en vers.

>Ainsi je suis poursuy et poursuyvant
>D'estre le moindre et plus petit servant
>De vostre hostel, magnanime princesse,
>Ayant espoir que la vostre noblesse
>Me recepvra, non pour aulcune chose
>Qui soit en moy pour vous servir enclose;
>Non pour pryer, requeste ou rhetoricque,
>Mais pour l'amour de vostre frere unique,
>Roy des François, qui, à l'heure presente,
>Vers vous m'envoye et à vous me presente
>De par Pothon, gentilhomme honorable..... (1)

Entre le poëte et la docte princesse il dut y avoir un commerce poétique très-actif. De là cette fable d'une liaison d'amour entre Marot et la duchesse d'Alençon. Que Marguerite ait souffert quelques vers de galanterie de Marot, on peut le croire sans faire injure à sa vertu. Parler d'amour, même aux dames du plus haut rang, de si bas qu'on le fît, c'était le droit de tout poëte, et un reste des mœurs chevaleresques. Ni Marot ni Marguerite ne s'en cachaient, et on ne dit pas

(1) *Le Despourveu*, épître II.

que le duc d'Alençon, ou le roi de Navarre, son second mari, s'en soient offensés.

Dans les quelques pièces de Marot, d'où l'on a tiré le roman de ses amours avec Marguerite, celle-ci serait désignée sous le nom d'Anne. Le pseudonyme n'est pas transparent. En tout cas, cette Anne n'a inspiré à Marot que des vers chastes et respectueux. Et quant au retour dont il aurait été payé, une épigramme de 1527 nous apprend que le poëte en fut pour ses avances :

>Je pense en vous, et au fallacieux
>Enfant Amour, qui par trop sottement
>A fait mon cueur aimer si haultement,
>Si haultement, hélas, que de ma peine
>N'ose esperer un brin d'allegement,
>Quelque doulceur de quoi vous soyez pleine.

Aimer si haultement indiquerait en effet un amour inégal, et le dernier trait,

>Quelque doulceur de quoi vous soyez pleine,

siérait bien à Marguerite. Mais qu'y a-t-il là qui lui fasse tort, ou qui sorte des formules de la galanterie du temps?

Au reste, la seule chose certaine est aussi la seule qui nous importe. C'est le commerce d'esprit entre Marot et Marguerite, et la part que dut avoir l'aimable princesse dans le tour poli et délicat des pensées du poëte.

Marot avait fait la guerre avec le duc d'Alençon en homme qui ne restait pas parmi les bagages. On sait qu'il fut blessé au bras à la bataille de Pavie, et fait prisonnier.

> Là fut percé tout oultre rudement
> Le bras de cil dont il a de coustume
> De manier ou la lance ou la plume.
> . . . .
> Finablement, avec le roy mon maistre,
> De là les monts prisonnier se veit estre
> Mon triste corps, navré en grant souffrance (1).

Revenu en France, il donna dans les nouveautés de la Réforme. Comment n'eût-il pas été de ce parti? C'était celui des gens d'esprit et des dames. Il lui en arriva malheur. Une vengeance féminine le fit accuser d'hérésie, et enfermer dans les prisons de Chartres.

> Un jour j'escrivis à ma mie
> Son inconstance seulement;
> Mais elle ne fut endormie
> A me le rendre chauldement;
> Car dès l'heure tint parlement
> A je ne sais quel papelard,

(1) Élégie 1.

Et lui a dit tout bellement :
Prenez-le, il a mangé le lard (1).

Cette *mie*, qu'il nomme Isabeau, serait, selon des commentateurs, Diane de Poitiers. Pourquoi plus qu'Anne n'est la reine de Navarre ?

Sorti de prison en 1526, il y fut jeté de nouveau en 1530. Son crime était d'avoir voulu arracher un homme des mains des archers. François Ier écrivit à la cour des aides, qui le relâcha; mais, à peine libre, la persécution générale l'atteignit de nouveau; il craignit que François Ier ne se lassât de le protéger, et se réfugia d'abord à Blois, auprès de Marguerite, puis à Ferrare, auprès de Renée de France, laquelle avait fort à souffrir du duc son mari, allié de Charles-Quint. De son exil il adresse à la reine de Navarre, en réponse à quelque envoi de vers, cette pièce touchante que lui inspirent les chagrins domestiques de Renée de France :

> Car en mon cueur, si secours on luy nie,
> Veu la façon comment on la manye,
> Diray qu'elle est de la France bannye
>   Autant que moy,
> Qui suis icy en angoisseux esmoy,
> En attendant secours promis de toy
> Par tes beaulx vers, que je me ramentoy
>   Avecques gloire;

(1) Ballade VI.

> Et bien soulvent à part moy ne puis croire
> Que ta main noble ait eu de moy memoire,
> Jusqu'à daigner m'estre consolatoire
> Par tes escriptz.

Cette lettre de Marguerite, il la lit ou la chante, tantôt haut, tantôt à voix basse ; de cette façon, dit-il, je me console.

> Tant que mon cueur de grant liesse vole,
> Rememorant la royale parolle
> Qui me promet de m'effacer du rosle
> Des enchasséz (exilés).
> Or sont de là les plus gros feux passés ;
> Rien n'ay mesfaict ; au roy doulceur abonde ;
> Tu es sa sœur ; ces choses sont assez
> Pour rappeler les plus pervers du monde (1).

Moyennant une promesse d'abjuration, on le rappela en France. Il abjura à Lyon en 1536, et pour gage de sa pénitence il traduisit les Psaumes. François Ier accepta la dédicace, et encouragea la publication des trente premiers : mais, sur les remontrances de la faculté de théologie, il en défendit la continuation. Marot y vit avec raison une menace contre sa personne, et il alla achever sa traduction à Genève. Ces Psaumes, chantés d'abord par les protestants et les catholiques, devinrent bientôt, grâce à Calvin, le chant de guerre des protestants.

(1) Chant xx.

Après quelque séjour dans cette ville, où le crédit de Calvin le sauva de la peine capitale, qu'il s'était attirée, dit-on, par de graves désordres de conduite, Marot se retira à Turin. Il y mourut en 1544, à l'âge de soixante ans, l'année même de la bataille de Cérisoles, *extorris et rerum egenus,* dit son biographe Sainte-Marthe, mais toujours poëte et galant, malgré le conseil d'Ovide, qu'il avait dû lire dans le texte même : *Turpe senilis amor.*

Il y a beaucoup de traits communs dans la vie de Marot et celle de Villon. Marot chante, comme Villon, ses amours, sa prison ; mais ses amours sont plus délicats, et sa prison plus honorable. Au lieu de la *gente saulcissiere du coin,* ce sont des dames de la cour, sinon la sœur ou la maîtresse du roi, comme l'ont voulu ses admirateurs. De même sa prison n'est plus celle de Villon, ramassé par les gens du guet et enfermé au Châtelet pour quelque escroquerie. Marot est emprisonné, une première fois, pour suspicion d'hérésie ; une seconde, pour une imprudence généreuse. Aussi, du fond de sa prison, fait-il des vers contre ses juges, le front levé, et du ton d'un honnête homme opprimé par les dévots.

Ces différences de caractère et de condition, dans des circonstances analogues, tourneront au profit de notre poésie. Le langage de l'amour dans Marot sera plus délicat, sauf aux rares endroits où Marot sent le Villon. Si la prison ne l'inspire pas mieux que ce rude et naïf génie des carrefours, elle lui inspire des beautés nouvelles. Villon faisant son testament à la veille d'être pendu, léguant à un ivrogne son muid, certainement vide, à un vicaire sa maîtresse, à un ami trop gras deux procès; narguant la mort et s'amusant à décrire son squelette; puis se félicitant d'avoir sauvé sa *pel* par une requête en grâce faite à propos, montre beaucoup de verve et d'originalité. Marot parlant fièrement à ses juges, raillant la lenteur calculée de leurs procédures, les piéges de leurs interrogatoires, leur soif de coupables, montre, avec la même verve, une originalité de plus noble sorte. Au lieu d'un homme qui échappe à ses juges, je vois un homme qui a le droit de les braver.

Marot, c'est Villon arraché à la pauvreté, où, comme dit le *Grand Testament*,

Ne loge pas grant' loyauté;

c'est Villon à la cour, valet de chambre d'une reine et page d'un roi. Villon et Marot sont deux poëtes sortis du peuple; le caprice de la fortune a laissé l'aîné dans la bassesse de sa naissance, et a élevé le cadet jusqu'à la domesticité de la cour. Mais ni la bassesse où s'est dégradé le premier, ni le service de cour où s'est policé le second, n'ont altéré le cachet de naïveté et de poésie dont tous les deux ont été marqués. Le naturel a résisté à la condition.

Marot commença par imiter les allégories du *Roman de la Rose*, et ces tours d'adresse malheureux du xve siècle, rimes *fraternisées, brisées, équivoquées, couronnées, battelées* (vrais tours de bateleurs), vers *rétrogrades* ou à *double face*, où excellait Guillaume Crétin,

    Le bon Cretin, aux vers equivoqués.

La Renaissance venant en aide à son heureux naturel, l'arracha bientôt à ces misérables jeux d'esprit. Dès 1510, il avait traduit la première églogue de Virgile. Plus tard, et déjà dans l'âge viril, il rapprit le latin. Il commença, en 1520, une traduction des Métamorphoses d'Ovide. « Jugeant, dit-il (1), ses inventions trop basses pour un prince de *hault esprit*, il les a laissées reposer, et a jeté l'œil sur les livres latins, dont la gravité des sentences, ajoute-t-il, et le plaisir de la lecture (si peu que je y comprins) m'ont espris mes esprits, mené ma main, et amusé ma muse. » Marot, comme on le voit, n'est pas guéri du goût des pointes ; mais il indique du doigt le

(1) Préface au Roi.

genre de beauté que notre littérature allait puiser au trésor des littératures anciennes ; à savoir, cette *gravité des sentences* que nous appelons les vérités générales.

Il dit plus loin qu' « en suivant et en contrefaisant la veine du noble poëte Ovide, il a voulu faire sçavoir à ceux qui n'ont la langue latine, de quelle sorte Ovide escrivoit, et quelle difference peut estre entre les anciens et les modernes. » Où il ne croyait faire voir que des différences, sa traduction trahit l'infériorité des modernes à cette époque. La langue du meilleur poëte d'alors tâche vainement de s'élever jusqu'à la haute poésie : tout lui manque, tour, expression, noblesse. Qui reconnaîtrait le beau passage, *Os homini sublime dedit*, etc., dans cette version :

> Et neanmoins que tout aultre animal
> Jecte toujours son regard principal
> Encore bas, Dieu à l'homme a donné
> La face haulte, et luy a ordonné
> De regarder l'excellence des cieux,
> Et d'eslever aux estoiles ses yeux.

Outre les Métamorphoses, Marot avait lu et probablement très-bien compris l'Art d'aimer :

> Si l'Art d'aymer tu as leu de bien près.

Il connaissait Martial, qu'il a quelquefois égalé dans l'épigramme. La jeunesse même et la naïveté de la langue ajoutent au sel du genre. En général, il choisit parmi les modèles mis en lumière par la Renaissance ceux qui conviennent le mieux à son tour d'esprit, et de préférence les poésies érotiques, qui sont les sources les plus fréquentées à cette époque.

Marot ne fut pas si bien inspiré par la Réforme; elle agita sa vie et le gâta comme poëte. C'est à Blois, où tous les novateurs étaient attirés par la bonté de Marguerite de Navarre et par son goût pour les doctes, qu'il se laissa engager dans les querelles de religion.

> Tant chemina la belle (1) qu'elle vint
> Au fleuve Loire, ou des fois plus de vingt
> Jecta son œil dessuz-moi la première;
> Car mes beaulx yeux n'avoient propre lumiere
> Pour regarder les siens premierement.

Les grandes matières n'allaient ni à son caractère, ni à son tour d'esprit. Aussi, à l'exception de quelques vers d'un style élevé, perdus dans des pièces bizarres, partout où il s'inspire de la Réforme, il est sec et prosaïque. Dans la pièce

(1) Cette belle, c'est Christine la Bergerette, la primitive Église, dont Marot fait l'histoire allégorique dans une ballade; opuscule ix.

d'où sont tirés les vers qui précèdent, Christine la Bergerette, c'est la primitive Église; Simonne, c'est l'Église romaine. Christine la Bergerette était opprimée depuis mille ans par Simonne; son troupeau avait été décimé. Enfin

> Apollo de sa grace
> Transperça l'air qui estoit plein de crace,
> Si qu'on veit bien la lumiere approcher.
> Or se mussoit Christine en un rocher
> Des Saxonnois, duquel saillit adonques
> Aussy entiere et belle que fut oncques.
> Les jours, les mois, les mille ans que je dy
> N'avoient en rien son visaige enlaidy,
> Courbé son corps, ne sa voix empyrée.

Voilà la Réforme et Luther. Tous les schismes, à partir du vi^e siècle, sont des efforts de Christine pour se délivrer de Simonne. Christine ne fait d'ailleurs aucune difficulté de recevoir des secours d'Apollon, et, dans les discours qu'elle tient au poëte, elle s'autorise de l'*Art d'aimer* d'Ovide.

Il faut chercher le génie de Marot dans les poésies antérieures à son exil, quand il n'était que touché par l'approche de la Renaissance et de la Réforme, et avant que la mode en eût fait en 1530 un érudit, et un théologien en 1540.

C'est de ces poésies-là, heureusement les plus nombreuses, que La Bruyère a pu dire : « Entre-

Marot et nous, il n'y a guère que la différence de quelques mots. » Ce qui était vrai au temps de La Bruyère n'a pas cessé de l'être pour nous, qui sommes plus loin de Marot de plus d'un siècle et demi; tant le tour d'esprit et la langue en sont conformes au génie de notre pays. C'est un art borné, mais parfait.

Il est une qualité que tout le monde se flatte d'avoir, dans une bonne mesure; qu'on donne et refuse aux gens un peu au hasard : le nom en est dans toutes les bouches; la chose est encore et sera toujours à définir : c'est l'esprit. L'esprit n'est pas une faculté distincte comme la sensibilité, l'imagination et la raison, auxquelles correspondent des modes différents de notre pensée, qui forment comme le domaine séparé de chacune. Mais ne serait-ce point le don de sentir, d'imaginer et d'exprimer dans une mesure moindre que le génie, et dans un ordre de pensées qui ne demande ni la sensibilité la plus profonde, ni la plus grande vivacité de l'imagination, ni la raison la plus relevée? Les rapports qu'il saisit et qu'il exprime, à la différence de ceux que perçoit le génie et dont l'homme en général est l'objet, ne sont-ils pas plus propres à un pays particulier, à une certaine forme de société, à des mœurs locales? Quoi qu'il en soit, par quoi sommes-nous si près de Marot, dont trois siècles nous séparent, sinon par ce don charmant, le plus beau après le génie, par l'esprit?

C'est cet esprit, formé d'une sensibilité plus douce que profonde, d'une imagination plus enjouée que forte, d'une raison sûre, quoique bornée, qui fait vivre les poésies de Marot. De quel autre nom caractériser tant de traits si justes et si enjoués, dont elles sont semées : sentiments délicats dans l'élégie ; aimable gaieté dans la chanson ; flatteries nobles et ingénieuses dans les épîtres aux grands personnages ; railleries fines dans l'épigramme et la satire?

La tristesse de Marot est sans pleurs, sa raillerie sans aigreur, sa gaieté sans ivresse ; rien ne dépasse une certaine mesure, qui est déjà le goût. C'est ce tempéré qui plaît tant à notre pays, parce qu'il y est comme l'humeur du plus grand nombre.

Nous nous reconnaissons dans Marot à d'autres traits encore. Ainsi rien de plus national en France que ce tour de galanterie qu'il donne à l'expression de l'amour. Les grandes passions, soit romanesques et rêveuses, comme dans le Nord, soit furieuses et sensuelles, comme dans le Midi, sont rares parmi nous : la galanterie, c'est-à-dire beaucoup d'esprit avec un peu d'amour, est la mesure du plus grand nombre.

De même, cette satire aimable et fine de Marot nous plaira toujours par son ton tempéré, et parce que les travers dont elle se joue sont les nôtres. J'en dirai autant de cet art de la flatterie qui s'attache au solide, qui loue les personnes des qualités qu'elles devraient avoir, et qui ne ménage pas moins la pudeur du panégyriste que celle du héros. Les épîtres de Marot à François Ier sont des modèles de cette flatterie, la forme la plus noble et la plus agréable que puissent prendre dans notre pays la dépendance et l'inégalité, éternelles comme les sociétés humaines.

Cependant, on ne lit pas longtemps Marot sans reconnaître la justesse de ce mot d'un contemporain célèbre (1) : « L'esprit sert à tout, mais ne suffit à rien. » Cet esprit marotique tourne dans un cercle étroit. La langue, proportionnée aux idées, et toujours juste, n'est ni forte, ni colorée; et, comme langue poétique, elle ne diffère encore de la prose familière que par la rime et la mesure. Nous avons même à nous contraindre un peu pour la goûter; et si nous admirons Marot, c'est plutôt par comparaison que par l'effet d'une conformité profonde et immédiate. Sans doute l'esprit français a fait un progrès, mais on sent que la première éducation lui

---

(1) Le prince de Talleyrand.

manque. Il ressemble à quelques égards à Marot, se mettant après trente ans aux études latines. Cette éducation tardive l'a policé à la surface, sans développer son fonds. Il est temps que ce cercle s'étende, et qu'après avoir aimé dans Marguerite de Valois et Marot l'image même de l'esprit, nous adorions enfin, dans des écrivains plus rares et plus excellents, l'image du génie. Nous touchons à ce moment. Les deux grandes sources qui doivent renouveler l'esprit français vont s'épandre à grands flots. La Renaissance nous donnera Rabelais ; la Réforme nous donnera Calvin.

CHAPITRE DEUXIÈME.

§ I. Détails sur Rabelais. Histoire de Gargantua et de Pantagruel. — § II. Part de la Réforme et de la Renaissance dans l'ouvrage de Rabelais, et part de création. — § III. Des progrès que Rabelais a fait faire à la langue littéraire. — § IV. Quel rang doit occuper Rabelais parmi les hommes de génie de notre pays.

§ I.

DÉTAILS SUR RABELAIS. HISTOIRE DU GARGANTUA ET DU PANTAGRUEL.

Au commencement du seizième siècle, deux jeunes moines d'un couvent du bas Poitou étudiaient avec ardeur les langues anciennes, et particulièrement le grec, la langue défendue en ce temps-là, et qui n'en était que plus cultivée. Ces études, et le soupçon d'hérésie qui s'y attachait, les dénoncèrent au chapitre du couvent. Une visite fut faite dans leur cellule, et les livres grecs furent confisqués.

De ces deux moines, l'un, Pierre Amy, n'a pas laissé de nom dans les lettres. C'était un de ces bons esprits, en très-grand nombre, qui furent comme les ouvriers chargés des tâches secondaires dans le grand travail de la Renaissance. Il correspondait en grec avec le savant Budé, l'ami d'Érasme, le protecteur des lettrés auprès des rois Louis XII et François Ier, un des hommes qui ont rendu le plus de services aux lettres, sans pourtant laisser aucun écrit durable.

Le second était François Rabelais. Né à Chinon en 1483, d'un père qui y tenait une hôtellerie, après avoir fait ses premières études dans l'abbaye des Bénédictins de Seuillé, ou plutôt, comme il le dit, après avoir passé quelques années de sa jeunesse, comme les petits enfants du pays, « à boire, manger et dormir, à manger, dormir et boire, à dormir, boire et manger, » il était venu faire son noviciat au couvent de Fontenay-le-Comte. Il y passa successivement par tous les degrés du sacerdoce, et y reçut la prêtrise en 1511.

Le frère mineur Rabelais partageait avec Pierre Amy l'honneur de correspondre avec Budé, qui dans une de ses lettres (1) le qualifie de *gentil et ingénieux*. Écrivant à Rabelais lui-même, Budé le loue de son habileté dans les langues grecque et latine, et lui demande pardon d'imiter le ton enjoué dans lequel Rabelais lui a écrit. Cet en-

---

(1) Elle est adressée à Pierre Amy, au sujet des vexations dont tous venaient d'être l'objet.

jouement était dans le caractère du jeune Rabelais, et son humeur joviale ne lui avait guère moins fait d'amis, dès ce temps-là, que sa réputation de savoir et une mémoire immense, capable de recevoir et de garder tout ce que pouvait apprendre homme vivant.

Quelque temps après cette confiscation de leurs livres, les deux amis se brouillèrent. Rabelais eut-il à se plaindre de Pierre Amy, ou les torts furent-ils de son côté? Budé, dans une lettre au sujet de cette brouillerie, lui reproche de s'être défié de son compagnon d'études; il déplore ce manque de charité des moines entre eux; il parle de conventions qui n'auraient pas été tenues. De quelle part? Budé ne l'indique pas; mais, dans le fond, la plus grosse part de blâme paraît être pour Rabelais.

Y a-t-il quelque relation entre cette brouille et la condamnation de Rabelais à une prison perpétuelle dans les souterrains du couvent? Quel avait été son crime? Selon les uns, il aurait commis des actes de friponnerie; selon d'autres, il aurait mêlé au vin des moines des substances aphrodisiaques; d'autres disent que dans une fête de village, où il s'était enivré, il avait prêché le libertinage; d'autres, qu'il s'était mis à la place de la statue de saint François, qu'il y avait reçu les adorations des paysans, et que du fond de sa niche il avait fait comme Gargantua du haut des tours de Notre-Dame. Il faut faire attention à la diversité et à l'obscurité de ces anecdotes, et à cette biographie en quelque sorte légendaire qu'on a faite à Rabelais. Elle nous éclairera peut-être sur certains caractères de ses écrits.

Le crédit de ses amis le tira des prisons de Fontenay-le-Comte, et lui obtint un indult du pape Clément VII, qui lui permettait de passer dans l'ordre de Saint-Benoît, et d'entrer dans l'abbaye de Maillezais, en Poitou. Rabelais ne profita que de la permission de quitter l'habit franciscain ; mais il ne paraît pas qu'il ait pris celui de bénédictin, ni qu'il soit entré au couvent de Maillezais. Nous le trouvons, en 1524, sous le costume de prêtre séculier, attaché comme secrétaire à l'évêque de cette ville Geoffroy d'Estissac, autrefois son camarade d'études,

> Prelat devot de bonne conscience,
> Et fort savant en divine science,
> En canonicque et en humanité,

dit Jean Bouchet, procureur à Poitiers, un des plus célèbres poëtes du temps. Geoffroy d'Estissac réunissait dans son château de Légugé des personnes instruites et des seigneurs amis des lettres, et, selon l'usage de l'époque, y présidait à des entretiens sur toutes sortes d'études. C'est du château de Légugé que Rabelais adresse à ce même Jean Bouchet, probablement au nom de l'évêque, une épître en vers, pour lui rappeler sa promesse de revenir, dans sept jours, se joindre à la docte compagnie.

>...Quant pourras bonnement delaisser
> Ta tant aymée et cultivée estude,
> Et differer cette sollicitude
> De litiger et de patrociner,
> Sans plus tarder et sans plus cachinner,
> Apreste-toi promptement, et procure
> Les talonniers de ton patron Mercure,
> Et sur les vents te metz alegre et gent;
> Car Eolus ne sera negligent
> De t'envoyer le doux et bon Zephire,
> Pour te porter où plus on te desire,
> Qui est ceans, je m'en puis bien vanter.

Depuis le départ de Bouchet, les jours et les nuits ont paru longs aux hôtes de Légugé.

> Non pas qu'au vray nous croyions que les astres,
> Qui sont reglés, permanans en leurs âtres,
> Ayent devoyé de leur vrai mouvement,
> Et que les jours tels soient asseurement,
> Que cil quant print Josué Gabaon,
> Car ung tel jour depuy n'arriva on;
> Ou que les nuyctz croyions estre semblables
> A celle-là que racontent les fables,
> Quant Jupiter de la belle Alcmena
> Feit Hercules, qui tant se pourmena.

Passage piquant, où déjà le sceptique se montre à côté de l'érudit (1).

Rabelais, outre la poésie, où il passait pour exceller, s'occupait aussi de théologie, mais, à ce qu'on peut croire, sans vocation particulière, et seulement comme d'une des branches de la science universelle.

Calvin était alors dans le Poitou, et Rabelais dut probablement l'y rencontrer, attiré plus par l'helléniste que par le futur sectaire. Calvin avait fondé de grandes espérances, pour l'avancement de la Réforme, sur ce vaste savoir et sur ce trésor de raillerie et de satire. Ce qui le prouve, c'est la vivacité de son désappointement quand Rabelais tourna le dos à la Réforme, et en vint, comme dit Henri Estienne, jusqu'à jeter des pierres dans le jardin des réformés. Au commencement, il ne fit que l'éluder : il ne se trouvait pas assez savant, et il voulait ajouter à ses connaissances. On le vit, en

(1) Jean Bouchet lui répond en vers moins agréables, et qui sentent plus le procureur que le poëte. Il félicite l'évêque de Maillezais d'avoir pris Rabelais à son service.

> . . . . Il ayme gens lettrés
> En grec, latin, et françois bien estrez
> A deviser d'histoire ou theologie,
> Dont tu es l'ung, car en toute clergie
> Tu es expert......

1530, à l'âge de quarante-deux ans, aller à Montpellier étudier la médecine. Cette année-là, Louis Berquin était brûlé en place de Grève. Nouvelle cause de tiédeur dans Rabelais pour des nouveautés qui menaient au bûcher. Berquin mourait le 17 avril 1530 ; le 6 septembre, Rabelais inscrivait son nom sur les registres de la faculté de médecine de Montpellier.

Est-il vrai que le jour même de son arrivée, ayant suivi la foule qui allait assister à une thèse sur la botanique médicale, son mécontentement de la médiocrité des tenants se manifesta par des mouvements si expressifs et si étranges, qu'il fut invité par le doyen à entrer dans l'enceinte et à donner son avis, et que prenant la parole, après s'être excusé de son audace, il traita de la matière avec tant d'esprit et de savoir, qu'il fut dispensé des épreuves du baccalauréat?

Est-il vrai qu'il ait institué pour la réception des bacheliers le cérémonial observé par les étudiants de Montpellier jusqu'à la fin du xviiie siècle, lequel consistait à faire passer le récipiendaire entre deux haies de camarades, qui lui distribuaient des coups de poing, comme un joyeux adieu de jeunesse à un camarade devenu leur maître?

Que croire encore de l'anecdote de son entrevue à Paris avec le chancelier Duprat, auprès duquel il aurait été envoyé par la faculté de Montpellier, pour quelques difficultés de privilége? N'en pouvant obtenir d'audience, est-il vrai qu'il aurait imaginé, pour attirer son attention, de se promener sous ses fenêtres dans un costume grotesque; qu'alors le chancelier lui ayant dépêché un page pour savoir qui il était, Rabelais lui aurait répondu en latin; qu'à un autre page il aurait parlé en grec; à un autre, en espagnol; à d'autres successivement, en allemand, en anglais, en italien, en hébreu; et que la rencontre si plaisante de Pantagruel et de Panurge (1) ne soit que le récit, sous d'autres noms, de cette anecdote de sa vie?

J'enregistre ces faits, sinon comme avérés, du moins comme très-vraisemblables, et surtout comme faisant partie de la légende de Rabelais, de cette sorte de vie fantastique qu'on lui a faite, impression dernière de ses écrits.

Ce qui est moins douteux, c'est que pendant son séjour à Montpellier il étudia profondément son art. Ainsi, dans le cours que les nouveaux bacheliers étaient tenus de faire pendant trois mois à titre d'épreuve, on le voit expliquer les *Aphorismes* d'Hippocrate et l'*Ars parva* de Galien, d'après des manuscrits qui lui appartenaient. En

---

(1) Livre II, chap. IX.

même temps, mêlant le plaisant au sévère jusque dans la science, il faisait des recherches sur la fameuse saumure du garum, si vantée par Horace et Martial, et il en donnait la recette dans une épigramme latine. Enfin, il composait des *moralités*, et y jouait un rôle.

En 1532, Rabelais, attiré à Lyon par Étienne Dolet, y donnait ses soins à des éditions d'ouvrages de médecine ancienne et moderne (1).

Il enseignait l'anatomie sur le cadavre. Dolet en fit le sujet d'une petite pièce de vers latins, dans laquelle un pendu se félicite d'être disséqué par le célèbre médecin Rabelais.

Quelle circonstance fit de ce médecin l'auteur de Gargantua? Son éditeur lui avait demandé, dit-on, quelque ouvrage qui le dédommageât du peu de débit des livres savants. Rabelais fit la *Chronique Gargantuine*, dont il dit au prologue de Pantagruel, « qu'il s'en est plus vendu en deux

---

(1) Dans une lettre latine à Geoffroy d'Estissac, il raconte qu'ayant comparé ses traductions d'Hippocrate et de Galien, qu'il avait expliqués à Montpellier devant un nombreux auditoire (*frequenti auditorio*), avec un manuscrit grec fort ancien et très-élégamment écrit en lettres ioniques, il y a trouvé beaucoup d'omissions et d'inexactitudes; et il qualifie ces fautes de crimes, le plus petit mot ajouté ou retranché, dit-il, le moindre accent devant ou derrière, dans des livres de médecine, pouvant faire mourir des milliers d'hommes.

« mois qu'il ne se vendra de Bibles en dix ans. »
L'anecdote est vraisemblable de tous points ;
elle l'est de l'éditeur, qui se plaint de ne pas trouver son compte aux livres sérieux; elle l'est du
public, qui en achète fort peu en tout temps;
elle l'est de Rabelais, qui, au milieu des plus
graves sujets d'étude, s'interrompait pour composer une bouffonnerie.

Une pensée satirique inspira la *Chronique Gargantuine*. Le caractère chevaleresque de François Ier, ses galanteries, avaient rendu de la faveur
aux romans de chevalerie, et attiré d'Espagne et
d'Italie les Amadis, les Florestans, les Philocopes.
C'est cette mode que Rabelais attaquait dans sa
Chronique Gargantuine, le germe de cette œuvre
étrange qui a fait sa gloire, qu'on ne peut pas
estimer, et qu'on n'ose pas ne point admirer.

Le second livre (1) fut publié avant le premier.
Il y en eut trois éditions en une année. Jean Du
Bellay, évêque de Paris, envoyé en ambassade à
Rome par François Ier, voulut avoir auprès de
lui un savant si joyeux et un bouffon d'un esprit si solide. Il emmena Rabelais à Rome en
qualité de secrétaire. Les anecdotes de son séjour dans cette ville; cette plaisanterie sur la
mule du pape; la demande qu'il fait à Clé-

---

(1) Pantagruel.

ment VII d'être excommunié, parce que les fagots excommuniés ne brûlent pas; puis, à son retour à Paris, ces prétendus poisons pour le roi et la reine qu'il laisse saisir sur lui afin de faire sans frais la route de Lyon à Paris, tout cela fait partie de ce que j'ai appelé la légende de Rabelais; et il faut lui faire honneur de ce qu'il y a d'ingénieux dans les inventions dont il est le sujet.

De retour à Lyon, il y reprit ses travaux de philologie et de médecine, et devint médecin du grand hôpital (1535). Il publia des almanachs, réimprima Pantagruel, et donna, pour la première fois, le Gargantua, dans lequel il ne conservait de la Chronique Gargantuine que les noms et quelques traits principaux. Le succès du nouveau Gargantua égala celui de Pantagruel. On commença par toute la France, dit un des biographes de Rabelais (1), à chercher le sens caché de ces livres de « haute graisse, légers au « pourchas et hardis à la rencontre, » que Rabelais compare à de petites boîtes « peintes au- « dessus de figures joyeuses et frivoles, et ren- « fermant les fines drogues, pierreries et autres « choses précieuses. » Ce fut à qui romprait

(1) M. Paul Lacroix. Voir l'excellente notice biographique qui précède l'édition de Rabelais, publiée par le libraire Charpentier, 1840.

« l'os medullaire, » pour y trouver « doctrine
« absconse, laquelle, » disait Rabelais, « vous
« revelera de très-hauts sacrements et mysteres
« horrifiques, tant en ce qui concerne nostre re-
« ligion qu'aussi l'estat politique et vie œcono-
« mique (1). »

Cette recherche mécontenta les catholiques ; Rabelais ne leur avait rien épargné de ce qui pouvait se dire, jusques au feu exclusivement ; elle désappointa les partisans des idées nouvelles, que Rabelais n'attaquait pas, mais qu'il défendait encore moins. Il n'y eut de satisfaits que les esprits restés libres dans la querelle religieuse, et les princes qui trouvaient leur compte à ce que la satire de Rabelais affaiblît les catholiques sans fortifier les protestants. C'est pour ces esprits libres, et avec l'agrément tacite des princes, que Gargantua fait bâtir l'abbaye de Thélème, dont la devise est : *Fais ce que voudras*.

Rabelais en interdit l'entrée aux hypocrites et aux bigots ; il y en avait dans les deux camps. Il y invite ceux qui annoncent le *saint Évangile*, et qui veulent la *foi profonde*. C'étaient les catholiques philosophes, les Érasme, les Du Bellay. Pour les sectaires des deux camps, ils ne se trouvaient pas assez formellement invités, ni leurs

(1) Prologue.

adversaires assez nommément exclus. Du reste, dans la fondation de son abbaye, Gargantua n'oublie qu'une chose : c'est l'église. Il n'y veut pas de cloches : c'est contre les catholiques ; il y oublie l'église : c'est à la fois contre les catholiques et les protestants (1).

Rabelais ne se refusa aucune raillerie contre le clergé catholique, auquel il gardait rancune des persécutions du couvent de Fontenay-le-Comte. Mais ses traits ne touchaient qu'aux abus et n'allaient point jusqu'au dogme. Son ouvrage étant la critique de tout, il y avait compris l'Église, mais sans aller au delà de ces traits que tous les hommes éclairés, même certains princes de l'Église, se permettaient contre l'ignorance et les mœurs des ordres ecclésiastiques ; c'était l'esprit et non la théologie de la Réforme.

La manière habile dont Rabelais sut se mettre

(1) Cette abbaye, flanquée aux quatre angles de quatre grosses tours, bâtie en forme de forteresse, avec chambres surbaissées, comme dans les donjons, qu'il fait habiter par des gens de goût et de savoir, qu'il orne d'une bibliothèque, de galeries de peintures, où il établit des lices à l'antique, un hippodrome, un théâtre, des jeux de paume et de grosse balle, c'est une naïve image du temps où vivait Rabelais. L'ancien et le nouveau, qui, à cette époque, n'est que l'antiquité païenne, y sont juxtaposés grossièrement. Ils se mêleront plus tard, et leur union fera la perfection même de l'esprit français.

en règle avec la Sorbonne justifierait la comparaison qu'on a faite de ses bouffonneries si prudentes avec la feinte folie de Brutus. Rien n'y ressemble plus que cette mesure avec laquelle il sut railler tout ce qui pouvait être raillé impunément, ne point toucher à ce qui n'avait que le tort de lui être indifférent, garder la réserve sur les choses importantes, jusque dans l'entraînement en apparence irrésistible de son humeur; outre l'habit ecclésiastique dont il couvrait tout, même certains passages qui sentent fort le matérialisme, moins dangereux d'ailleurs, à cette époque, que l'hérésie.

En 1536, à la suite de cette tragique affaire des placards qui coûta la vie à six malheureux suppliciés sur la place de l'Estrapade, Marot s'enfuyait à Ferrare auprès de Renée de France, et Étienne Dolet était jeté dans les prisons de Lyon. Rabelais, alors à Paris, n'en trouva pas le séjour assez sûr; et partit pour l'Italie, où il reprit auprès du cardinal Du Bellay ses fonctions de secrétaire et de médecin. Le hardi épicurien s'abritait prudemment sous le manteau d'un cardinal; mais les zélés du parlement et de la Sorbonne pouvaient venir encore l'y inquiéter, et lui aliéner par des dénonciations la faveur du prélat. Il songea donc à s'assurer une protection plus haute, et il se mit à couvert derrière la chaire même de Saint-Pierre. L'irrégularité de sa vie comme ecclésiastique, sa fuite de l'église de Maillezais, où il avait été attaché comme bénédictin par le pape Clément VII, l'habit de prêtre régulier échangé contre celui de prêtre séculier, l'exercice public de la médecine, qu'il professait et pratiquait dans le même temps qu'il disait la messe, tout ce désordre l'exposait à l'accusation d'apostasie, et aux peines de censure et d'excommunication qui en étaient la suite. Il importait donc, pour sa sûreté, d'obtenir l'absolution du pape. Il l'obtint par l'appui de deux prélats italiens, probablement engagés en secret dans la règle de Thélème, et, ce qui était plus difficile, il l'obtint gratuitement. Cette absolution le relevait de toutes ses fautes; elle lui permettait de rentrer dans le monastère de Maillezais, et d'exercer, avec la permission de son supérieur, et sans rémunération, l'art de la médecine « jusqu'à l'incision et la brûlure exclusivement. » Les termes mêmes de la bulle, qui louaient son zèle pour la religion et les lettres, sa probité et ses bonnes mœurs, rendaient vaines toutes les accusations contre sa vie passée.

Il lui restait à se mettre en sûreté du côté du roi. Il y réussit par le crédit de quelques-uns de ses bons confrères en pantagruélisme, lesquels avaient l'oreille de François Ier. Le troisième livre parut en 1546, avec privilége du roi, conférant à l'auteur le droit de réimprimer les deux premiers, « corrompus et pervertis en plusieurs endroits, y est-il dit, au grand desplaisir et detriment du suppliant. » Ainsi Rabelais trouvait moyen de se faire connaître impunément pour l'auteur des deux premiers livres de Gargantua, par le même acte qui désavouait d'avance, comme ajouté et interpolé, tout ce qui pouvait ultérieurement paraître malsonnant aux censeurs de la Sorbonne.

Cette précaution, outre qu'elle l'assurait contre toute poursuite, était d'ailleurs justifiée par certaines interpolations dont la cupidité ou la passion religieuse des éditeurs avaient chargé les premières éditions.

On ne s'était pas borné à renchérir sur les bouffonneries : là où Rabelais s'était enveloppé de ténèbres ou de facéties, soit pour dérouter, soit pour désarmer par le rire ceux même qui pouvaient s'y croire désignés, on avait glissé des allusions grossières ou des injures nominales. Il est remarquable que Rabelais a le plus ordinairement tourné autour de la Sorbonne sans la nommer ; s'il la nomme, c'est dans quelque passage inoffensif, ou de manière à pouvoir en rejeter la faute sur les imprimeurs. Ainsi, au livre II, chap. 33, les médecins qui font une

descente dans l'estomac de Pantagruel, pénètrent, dit l'auteur, dans un gouffre « plus hor-
« rible que Mephitis, ni la palus camarine, ni
« le *punays lac de Sorbonne*, duquel escrit
« Strabo. » Qui lui eût cherché querelle sur ce
point, Rabelais l'eût renvoyé aux imprimeurs,
lesquels auraient écrit *Sorbonne* pour *Serbonne*,
nom d'un lac que cite en effet Strabon. C'est
ainsi qu'en un passage du livre III, où au lieu
du mot âme on lisait *âne*, il s'excusait sur la
maladresse de son éditeur, qui avait mis une
lettre pour une autre.

Cette prudence ne contentait pas le plus notable de ses éditeurs, Étienne Dolet, homme ardent qui avait soif de la triste fin qui l'attendait.
Dans le premier livre (1), Rabelais se raille, par
la bouche de Thaumaste, de la *vaniloquence* de
ceux qui disputent par contention, et de la *badaulderie* des assistants qui les applaudissent.
« C'est chose trop vile, dit Thaumaste, et je le
« laisse à ces moraulx sophistes, lesquels en
« leurs disputations ne cherchent verité, mais
« contradiction et desbat. » A quels sophistes
Rabelais fait-il allusion? Évidemment à ceux de
toutes les opinions. Ce n'était pas le compte de
Dolet, fougueux protestant. Par l'addition de

---

(1) Chap. XVIII.

quelques mots, il avait fait d'un portrait commun aux disputeurs des deux partis, une caricature grossière des théologiens catholiques. On lisait à la suite des *moraulx sophistes* de Rabelais, les mots de *sorbonisans, sorbonagres, sorbonigènes, sorbonicoles*. Ainsi Dolet gâtait non-seulement la phrase de Rabelais, mais toute la pensée de son livre, en substituant à une critique générale des injures de parti. Rabelais avait évité même le nom de Sorbonne; Dolet l'interpolait là même où ce nom devait faire un contre-sens. L'auteur avait écrit (1) : « Les premiers jours je te ferai « passer *docteur en gaye science;* » Dolet y substitue : « *docteur en Sorbonne;* » comme si la gaie science n'eût pas été à un pôle, et la Sorbonne à l'autre.

Rabelais ne se hâta pas d'user du droit que lui donnait le privilége de réimprimer les deux premiers livres. C'était assez des embarras que pouvait lui causer la publication du dernier. En effet, la Sorbonne était parvenue à donner au roi des scrupules sur l'approbation qui protégeait ce livre; mais les mêmes amis qui l'avaient aidé à l'obtenir réussirent à la faire confirmer. Dans ce troisième livre, d'ailleurs, la critique était de plus en plus générale et enveloppée. Toutes les

---

(1) Liv. I, chap. XIII.

professions sociales, tout ce que Rabelais appelle *la vie œconomique* en avait sa part. Il n'y avait d'épargnés que ceux qui l'épargnaient, et qui professaient, à son exemple, cette « gaieté d'es-
« prit confite en mespris des choses fortuites. »
C'est pour eux qu'était le beau rôle dans ce monde, où tout avait été créé pour leur amusement. Ils s'en montrèrent reconnaissants. Ils firent présent à Rabelais d'un large flacon d'argent; Rabelais les en remercia par quelques plaisanteries contre ses calomniateurs.

Le désappointement des protestants était devenu de la colère. Dans son traité *de Scandalis*, Calvin nommait Rabelais parmi quelques autres que Dieu avait comme désignés du doigt en exemple aux évangélistes, pour les faire persévérer dans la droite voie. Il s'emportait contre ces hommes « qui, d'abord pleins de goût pour
« la vérité, frappés ensuite d'aveuglement,
« avaient profané de leur rire audacieux et sa-
« crilége le gage sacré de la vie éternelle. » Rabelais s'en souvint en écrivant son quatrième livre. Au portrait qu'il y trace de Physis (1), qui, en sa première portée, enfanta Beaulté et Harmonie, il oppose Antiphysis, qui engendra les matagotz, les cagotz et papelars, les *demo-*

(1) Nature.

niacles Calvins, imposteurs de Genève; double injure pour Calvin, par l'accusation d'imposture et par la compagnie où il le plaçait. Quelle chance avait la Sorbonne de faire supprimer un livre que protégeaient la faveur du roi et l'indignation de Calvin?

Cependant elle essaya de faire déférer au parlement ce livre IV. Sa tentative échoua devant le privilége royal qu'avait renouvelé le successeur de François Ier, Henri II. Elle réussit pourtant à en faire suspendre la vente, autorisée peu après par le crédit d'un cardinal, Odet de Châtillon, depuis réformé, et qui se maria dans ses habits de cardinal.

Telle fut la conduite de Rabelais dans les querelles de religion. Il n'y eut de trompés que ceux qui avaient disposé de lui en espérance, et qui s'étaient imaginé que l'esprit le plus libre qui fût au monde s'enrôlerait sous le drapeau d'un parti. Il ne tut rien de ce qui pouvait être utile à dire à cette époque, et rester vrai après la querelle; il laissa aux hommes passionnés ces affirmations hardies qui allaient être soutenues et repoussées par le fer et le feu. Dans un temps où tout le monde se hâtait de confisquer au profit de la théologie cette raison à peine renouvelée et agrandie par la Renaissance, Rabelais la tint comme suspendue et voltigeante au-dessus de tous les débats. Il la gardait pour son noble frère en fait de mépris des choses fortuites, Michel Montaigne. Le curé de Meudon tendait aussi la main, par-dessus quarante années de guerre civile, aux auteurs de la Ménippée, lesquels trouvaient, entre l'Église des papimanes et celle des papefigues, l'Église anglicane. Non que je veuille dire que Rabelais ait été gallican ; mais il a préparé le terrain du gallicanisme en rendant également ridicules ceux qui ne voulaient que le pape, comme ceux qui n'en voulaient pas du tout.

Il serait plus téméraire d'affirmer qu'il n'a point été touché des lumières de la religion naturelle. L'athéisme, en France, n'a pas d'homme de génie dans sa tradition. Seulement le Dieu de Rabelais n'est pas celui de la théologie : « C'est celluy « grand bon piteux Dieu, lequel crea les sa- « lades, harans, merlans, etc., etc., item les « bons vins (1). » C'est aussi le Dieu de Platon, « le grand plasmateur (2) ; » c'est enfin le Dieu de l'Évangile, « qu'il convient servir, aimer et « craindre, et dont la parole demeure éternelle- « ment (1). » Pourquoi ne serait-ce pas surtout ce dernier ? Je répugne à croire que tout ce

---

(1) Lettre à Antoine Nullet, bailli d'Orléans.
(2) Lettre de Gargantua à son fils Pantagruel, livre Ier.
(3) *Ibidem*, à la fin.

que Rabelais a donné durant sa vie aux devoirs de sa profession religieuse ait été de pure comédie, et que le bon curé de Meudon, qui, dans sa vieillesse bienfaisante, dit-on, et honorée, apprenait le plain-chant aux enfants de sa paroisse et la lecture aux pauvres gens, n'ait été qu'un incrédule enseignant une superstition. Laissons-lui du moins l'honneur du doute, lequel ne serait qu'un malheur dans une profession où l'incrédulité serait coupable. Pourquoi, d'ailleurs, ferait-on faire à Rabelais, en chose quelconque, une profession de foi qu'il a toujours éludée?

Il mourut au mois d'avril 1553, en sceptique, selon quelques anecdotes; en athée, selon d'autres: mais qui en a eu le secret? Les deux partis qu'irritait son indifférence railleuse avaient un égal intérêt à le faire mal mourir. Pour ses amis, la plupart poussés à l'incrédulité par haine pour les sectaires, une mort à la façon des épicuriens était la plus belle. Sa vieillesse avait été sans infirmité, sauf l'excès d'embonpoint, dont le railla Du Bellay dans l'épitaphe latine qu'il fit du médecin Gramphage, qui n'est autre que Rabelais (1). Ronsard, qui ne l'aimait pas, à cause de ses traits contre les superstitieux d'antiquité,

---

(1) . . . . Vultu cui mole gravato
Pro tumulo venter sesquipedalis erat.

lui en fit une en vers français, dont les derniers sont piquants.

> O toi, quiconque sois, qui passes,
> Sur la fosse repands des tasses,
> Repands du bril et des flacons,
> Des cervelas et des jambons;
> Car si encor dessous la lame
> Quelque sentiment a son ame,
> Il les ayme mieux que des lys,
> Tant soient-ils fraischement cueillis.

§ II.

DE LA PART DE LA RÉFORME ET DE LA RENAISSANCE DANS L'OUVRAGE DE RABELAIS, ET DE LA PART DE CRÉATION.

La Réforme, considérée comme la renaissance de l'antiquité chrétienne, eut peu d'influence sur l'esprit de Rabelais. Ce fut plutôt manque de penchant que de savoir; car, sans parler des études de théologie qu'il dut faire au couvent de Fontenay-le-Comte pour y recevoir la prêtrise, il n'est pas douteux que Rabelais ne sût l'hébreu, et qu'il n'eût lu les livres sacrés dans l'original. Dans le plan d'études que Gargantua propose à son fils Pantagruel, il lui recommande « la langue « hebraïque, pour les sainctes lettres. » Plus loin, il lui conseille de commencer les heures du jour « par visiter les sainctes lettres : premièrement, le « Nouveau Testament en grec; puis, en hebreu, le

Vieux Testament. » A Thélème, il y a une bibliothèque hébraïque : il est vrai que Rabelais la met, ainsi que la grecque, au rez-de-chaussée, pour qu'on n'ait pas à chercher très-haut les livres sérieux. L'espagnol et l'italien sont aux étages supérieurs ; ce sont les langues à la mode : qui donc regarderait à monter quelques marches, pour lire les romans d'Amadis et s'amuser des pointes italiennes? Ainsi Rabelais fut loin de méconnaître le caractère primitif de la Réforme, et je ne sais si quelqu'un s'était servi avant lui de cette belle expression, *les sainctes lettres*. Mais, sauf sa part de la curiosité générale pour les monuments de la tradition chrétienne, il n'a rien dû à la Réforme de ce qu'il a fait de plus excellent. Il lui a dû peut-être l'acte le plus original de sa vie : c'est cette prudence qu'il sut garder jusque dans la furie bachique de son style, ne se liant avec les protestants que par la science, et n'attaquant dans les catholiques que les abus.

La Renaissance, c'est-à-dire l'antiquité profane, voilà la source où s'est inspiré Rabelais. La vérité philosophique, la vérité de tous les temps et de tous les lieux, celle à laquelle toutes les sociétés humaines se reconnaissent, cette vérité qui n'a de sanction que dans l'expérience, voilà la nourriture habituelle de Rabelais. C'est la Renaissance qui lui fait dire que l'imprimerie

a été inventée de son temps « par inspiration di-
« vine ; » que les lettres « sont une manne celeste
« de bonne doctrine (1). » C'est la Renaissance qui
lui fait écrire au savant Tiraqueau (2) : « Com-
« ment se fait-il qu'au milieu de la lumière qui
« brille dans notre siècle, et lorsque par un bien-
« fait spécial des dieux » (il est plus près d'être
païen que théologien) « nous voyons renaître
« les connaissances les plus utiles et les plus
« précieuses, il se trouve encore çà et là des
« gens qui ne veulent ou ne peuvent ôter leurs
« yeux de ce brouillard gothique et plus que
« cimmérien dont nous étions enveloppés, au lieu
« de les élever à la brillante clarté du soleil? »
C'est la Renaissance qui dicte à Rabelais, encore tout ému de la lecture de Platon, ces belles
paroles qu'il prête à Gargantua écrivant à son
fils (3), les premières peut-être qui aient été exprimées dans le grand style français, les premières beautés universelles de notre littérature :
« Non doncques sans juste et equitable cause je
« rendz graces à Dieu, mon conservateur, de ce
« qu'il m'ha donné pouvoir veoir mon anticquité
« chenue refleurir en ta jeunesse. Car quand,
« par le plaisir de luy, qui tout regit et modere,

(1) Lettre de Gargantua à Pantagruel.
(2) Lettre latine.
(3) Livre II.

« mon ame laissera cette habitation humaine, je
« ne me reputerai totalement mourir, ains passer
« d'un lieu en un aultre, attendu que en toy et
« par toy je demeure en mon image, visible en
« ce monde, vivant, voyant, et conversant entre
« gens d'honneur et mes amys, comme je sou-
« loys... (*solebam*)... Par quoy, ainsi comme
« en toi demeure l'image de mon corps, si pa-
« reillement ne reluysoient les mœurs de l'ame,
« l'on ne te jugeroit estre guarde et thresor de
« l'immortalité de nostre nom; et le plaisir que
« prendroys ce voyant seroit petit, considerant
« que la moindre partie de moy, qui est le
« corps, demeureroit, et la meilleure, qui est
« l'ame, et par laquelle demeure nostre nom en
« benediction entre les hommes, seroit degene-
« rante et abastardie. »

Cette lumière dont Rabelais parle à Tiraqueau, ce soleil qu'il oppose aux brouillards *plus que cimmeriens* du moyen âge, il prit plaisir à s'en éblouir. Le mot étudier est trop faible pour peindre cette ardeur de curiosité avec laquelle il se jeta sur tout ce qui avait été retrouvé de l'antiquité, philosophie, morale, médecine, anatomie, astronomie, marine, guerre, jeux, gymnastique, tout, jusqu'à ces raretés de bibliographie qui ont été le produit de quelques cerveaux malades. Il se fit de tout cela des notions claires, déchiffrant lui-même les textes pour la première fois, et joignant l'érudition la plus patiente à l'imagination la plus fougueuse.

Quoiqu'il parût aimer tout de l'antiquité, il en préféra cependant la partie scientifique, et, entre le latin et le grec, il eut plus de goût pour le grec, « sans lequel, dit Gargantua à son fils, c'est « honte qu'une personne se dise savant. » Ses préférences scientifiques s'expliquent-elles par sa profession de médecin, ou n'est-ce pas plutôt son goût pour les choses positives qui lui avait donné l'idée de se faire médecin? Quant à sa prédilection pour le grec, un double attrait l'y portait. Le grec était la langue défendue : c'était une grâce de plus pour un esprit curieux et libre. Ensuite, la variété du génie grec, son enjouement dans les matières sérieuses, sa hardiesse spéculative, sa netteté et sa précision dans les sciences, s'ajustaient mieux à l'esprit de Rabelais que la sévérité du latin, outre que le latin était la langue de la discipline et des interdictions.

Quatre écrivains grecs paraissent avoir été pour Rabelais l'objet d'une sorte de fréquentation quotidienne qui se fait sentir presque à chaque page de son ouvrage : ce sont Platon, Lucien, Hippocrate, et Galien. Les deux premiers lui faisaient connaître l'homme moral; les deux seconds, l'homme sous le rapport physique et matériel.

Il goûtait dans Lucien cette raillerie qui ne trouve rien de respectable ni de haïssable dans les opinions humaines, et qui va tirer la barbe d'or de Jupiter. Platon lui faisait aimer les belles pensées, la grâce et la variété de ces peintures de la vie, qu'il excelle à mêler aux plus hautes spéculations de l'esprit. Hippocrate et Galien l'intéressaient à la matière, et lui persuadaient peut-être qu'il n'y a rien au delà. Mais ni l'impiété de Lucien, ni le spiritualisme de Platon, dont la science commence où finit celle d'Hippocrate et de Galien, ni le matérialisme de ce dernier, ne le rendaient indifférent aux systèmes opposés, et à mille autres connaissances de tout ordre qui prenaient place dans cette vaste mémoire, pour en sortir quelque jour pêle-mêle, ou en leur lieu, sous les formes les plus capricieuses. Rabelais aimait la pensée pour la pensée.

Tant de savoir dans des ordres d'idées si divers, tant de langues mêlées ensemble, tout cet amalgame de l'ancien et du moderne, de la matière et de l'esprit, de l'universel et du particulier, produisit dans cette tête vaste et active une sorte de fermentation, d'où naquit cet ouvrage extraordinaire, dans lequel l'érudition est une ivresse, et le génie une débauche d'esprit.

Essayer d'analyser cet ouvrage, ou de l'expliquer, ne serait ni possible ni utile. Il est sans doute intéressant de chercher quel a été le but d'un auteur, et par quelle diversité de chemins il y est arrivé ; mais si l'on s'opiniâtrait à demander à Rabelais le sens général de son livre, on risquerait de ne pas apercevoir le sens des détails, dont chacun a été tour à tour l'unique objet et le seul plan de l'auteur. Ce livre est le fruit de son humeur, et non l'œuvre fortement conçue de son jugement. A-t-il même pris soin de conserver à ses personnages les traits et les proportions qu'il leur a donnés d'abord? Voyez Pantagruel. Le lendemain de sa naissance, il hume à chacun de ses repas le lait de quatre mille six cents vaches; on lui donne sa bouillie dans une auge, qu'il rompt de ses premières dents : devenu grand, ce géant immense entre par les mêmes portes que son compagnon Panurge, qui est de petite taille.

Certains critiques, en voulant trouver le sens historique de l'ouvrage de Rabelais et expliquer toutes ses énigmes, ont ajouté à ses obscurités celles de leurs propres contradictions. Gargantua, dit l'un, c'est François Ier. C'est Henri d'Albret, dit l'autre. L'un veut que Grandgousier, père de Gargantua, représente Louis XII; l'autre, Jean d'Albret. Selon quelques-uns, Pantagruel, ce serait Antoine de Bourbon; selon d'autres, ce serait Henri II, qui n'avait que dix ans quand le premier livre parut. Panurge, c'est tour à tour le cardinal d'Amboise, le cardinal de Lorraine, et Jean de Montluc, évêque de Valence. Picrochole, le roi de Lerné, qui fait la guerre à Grandgousier, c'est, suivant les uns, le duc de Savoie; suivant les autres, Ferdinand d'Aragon; c'est ou Charles-Quint, ou François I*er*. Rabelais s'est moqué d'avance de ceux qui ont cru avoir la clef de *ces choses absconses.* Il parle quelque part des gens qui, de son temps, notaient des offenses à Dieu et au roi dans ses *follastries joyeuses*, et qui « interpretent, dit-il, ce que, à poine (sous « peine) de mille foys mourir, si autant possible « estoyt, ne vouldroys avoir pensé : comme qui « pain interprete pierre; poisson, serpent; œuf, « scorpion. »

Nul doute que Rabelais n'ait eu en vue les hommes et les abus de son temps, et que, s'il a songé à son amusement, ses contemporains n'en aient fait les frais : mais qu'il y a loin de là à faire la *guerre à outrance* à son siècle, comme l'a dit je ne sais lequel de ses OEdipe! Rabelais se moque des ridicules; il les exagère par l'imagination; mais il n'est pas si malavisé que d'en avoir de l'humeur. Hugues Salel, un poëte du temps qui l'avait connu, le qualifie de Démocrite,

Riant les faitz de nostre vie humaine (1).

(1) Dans un dizain en tête du livre II.

C'est là Rabelais; et quant à son livre, Hugues Salel ne le juge pas moins bien, quand il en loue l'utilité, *sous plaisant fondement.*

C'est cette part de l'utile et du plaisant, là où le plaisant n'est que l'assaisonnement de l'utile, qui fait la beauté durable de l'ouvrage de Rabelais. Non qu'il n'y ait dans la partie bouffonne un certain sel qui pique même les esprits sérieux : mais, pour la bien goûter, il y faut apporter une disposition d'esprit analogue ; au lieu que, pour cette part de l'utile, tout esprit cultivé y est toujours assez préparé. Or, c'est proprement la part de la Renaissance dans l'ouvrage de Rabelais : ce sont toutes ces vérités générales sur l'homme, sur la société, et, comme dit Rabelais, sur l'état politique et sur la vie économique ; ce sont mille traits de lumière sur notre nature, qui jaillissent du milieu de cette ivresse, comme ce bon sens de hasard qui échappe aux gens pris de vin ; ce sont mille perles semées dans ce fumier, et dont trois siècles n'ont pas encore terni l'éclat. L'insouciance même avec laquelle Rabelais les prodigue en relève le prix. On dirait ces oracles que le peuple, en certains pays, croit voir sortir de la bouche des fous.

Là sont les premières traditions et la première image de l'esprit français, depuis que, dans ce commerce si fécond avec l'antiquité, il est devenu l'esprit humain. Ces grandes pensées sur l'éducation, sur la paix et la guerre, sur la justice, sur les lois, sur les devoirs des princes; ces vues si justes et si élevées sur les rapports qui lient les hommes dans une société bien réglée, sont autant de nouveautés dans la littérature française. Rabelais, regardant les hommes de son temps, a pénétré jusqu'à l'homme de tous les temps, et le plus souvent les contemporains ne sont que l'occasion ou l'assaisonnement de leçons faites au genre humain. Les vérités générales sont enfin émancipées, et, si je puis ainsi parler, sécularisées. La raison d'où elles tirent leur origine les reprenait à la philosophie qui n'en avait rien su faire, et à la théologie qui les avait confondues toutes en une seule, la vérité selon la foi. Le premier langage qu'elles parlent est magnifique; on sent bien, à la beauté des formes, à la généralité des expressions, que notre langue est devenue celle de l'esprit humain.

Cette gloire est belle, et pourtant il serait injuste d'y réduire Rabelais; et s'il n'a rien de plus excellent que ce qu'il a tiré de la Renaissance, une certaine part des créations de son esprit n'est pas moins durable. Voilà trois siècles que nous voyons au milieu de nous bon nombre des personnages qu'il a créés, et que nous nous reconnaissons dans les deux principaux, Pantagruel et Panurge : l'un le type du bon relatif, plutôt que de la perfection romanesque ; l'autre le type du médiocre, plutôt que du mal, et à cause de cela pas plus haïssable que l'autre n'est admirable. Pantagruel et Panurge ne représentent pas seulement le caractère général de l'homme, mais celui qu'il reçoit des deux conditions sociales les plus universelles, la grandeur et la petitesse, la richesse et la pauvreté. Pantagruel est l'homme né, le riche; il a des qualités dont il pourrait se passer. Panurge est l'homme du peuple ; il a besoin de toutes ses ressources pour se défendre et subsister, et si ses qualités n'y suffisent pas, il est tenté, pour se tirer d'affaire plutôt que par perversité, de faire le contraire du bien.

Il n'y a pas moins de vie dans certains types d'hommes qui recevaient leurs formes, soit d'institutions florissantes alors, soit de professions sociales qui subsistent encore, quoique modifiées par le temps et le progrès de la société. Pantagruel et Panurge n'ont-ils pas un digne compagnon, par exemple, dans frère Jean des Entomeures ? Où connaît-on une image plus vigoureuse et plus expressive du moine du moyen âge, ignorant, grossier, livré, par l'excès de santé et d'oisiveté, à toute la violence de ses appétits, hardi sans vergogne, croyant tout au plus à l'Église qui le nourrit, et toutefois, sous cette ignorance, laissant percer un esprit avisé, de même que, jusque dans ses vices, il garde une certaine franchise d'humeur qui ôte toute envie de lui en vouloir? C'est moins un homme pervers qu'un homme capable d'être bon, et que les mœurs de son institution ont gâté. Voilà même ce qui fâchait si fort les protestants contre Rabelais. Ils voulaient qu'il fît haïr les moines ; Rabelais se contentait de s'en amuser. Pour lui, il n'y a ni chose ni personne tout à fait haïssable, parce qu'il n'y a ni chose ni personne tout à fait admirable. Le *Nil admirari*, dans la philosophie rabelaisienne, implique le *Nil odisse*.

Qu'est-ce autre chose que cet esprit français déjà antique, dont nous avons vu les traits dans Jean de Meung, dans les Fabliaux, dans Villon, et, au commencement de ce siècle, dans Marot; esprit vivace comme le sol, qui recevra la forte éducation de l'antiquité sans perdre de son naturel et de son air gaulois, et qui se perfectionnera avec les mœurs, son objet et sa matière? Le mépris, c'est-à-dire la non-admiration des *choses fortuites* (et combien de choses ne sont pas *fortuites?*), est le fond de cet esprit plus juste qu'élevé, qui ne regarde pas au delà de la vie commune, et qui n'a pas la prétention de la réformer : car de quoi s'amuserait-il? Rabelais en avait reçu le dépôt de Jean de Meung et de Villon ; il le rendra à La Fontaine, qui le fera voir dans sa perfection.

§ III.

DES PROGRÈS QUE RABELAIS A FAIT FAIRE A LA LANGUE LITTÉRAIRE.

A toutes ces nouveautés dans tous les ordres d'idées, répondent des développements et des progrès corrélatifs dans la langue. La langue de Rabelais est une langue de génie. Le premier de nos grands écrivains, il représente en l'étendant l'esprit de son pays, et il enrichit la langue nationale des beautés de la sienne.

Une des qualités de cette langue, parmi tant d'autres qui méritent d'être étudiées (1), c'est cette souplesse dont il donnait le premier exemple, et qui consiste à passer du noble au familier, sans gêne et sans disparate. Il en avait sans doute appris l'art dans les écrits des Grecs, où cette variété des pensées et des tours qui les expriment, ce mélange d'expressions de tous les ordres, est une des grâces inimitables du gé-

(1) On a remarqué que Rabelais est le premier qui ait observé dans la prose des règles invariables, et qui en ait arrêté la syntaxe, tout en lui laissant ses idiotismes, qui en sont comme la physionomie.

nie grec. Platon n'a jamais plus de séduction qu'alors qu'il descend des hauteurs de la spéculation la plus sublime à des peintures familières de la vie, ou qu'il mêle un sourire aimable ou railleur aux plus graves entretiens, faisant couler l'âme, pour ainsi dire, d'un ton à un autre, par un mouvement si insensible et si naturel, qu'elle ne s'aperçoit pas du passage. Ainsi fait Rabelais, si ce n'est qu'il s'élève rarement au sublime, et que fort souvent il descend au-dessous du familier, jusqu'au grotesque et au bas. Mais, dans cette gamme plus grossière, j'admire la même harmonie. Cette langue merveilleuse ne se guinde pas pour exprimer de hautes pensées ; et, de même qu'elle ne s'étonne point quand elle devient éloquente, elle ne croit pas déroger quand elle exprime des idées familières.

Si je la regarde dans les parties de ce livre qui ont été inspirées par la Renaissance, que de nouveautés dans ces expressions si profondes et si générales, qui ouvrent comme des horizons infinis à l'esprit du lecteur ! quelle exactitude tout ensemble et quel éclat ! Quelle noblesse et quelle liberté ! Les mots s'élèvent au niveau des choses : on ne sent, dans le discours, ni l'effort pour orner ce qui ne doit pas être orné, ni l'embarras d'une langue rustique qui exprimerait gauchement des pensées polies.

Si je la regarde ensuite, soit dans les caractères que Rabelais a créés, soit dans tout ce qu'il conserve et perfectionne de ce don charmant du récit, aussi antique que notre France, je ne la trouve pas moins admirable. Telle en est la richesse, que, par une illusion très-facile à expliquer, nous croyons avoir dégénéré, sous ce rapport, de ceux que Pasquier appelle les *pères de notre idiome* (1). Il est vrai qu'il y a telles pensées populaires, telles vérités proverbiales, qui, exprimées en perfection dès la première fois, ne peuvent pas être remaniées et remises pour ainsi dire au creuset. Les tours et les mots n'en sont pas perdus, si ce n'est pour les ignorants, dont la langue date toujours de la veille. Seulement ils sont hors de la circulation, et ils forment dans les langues comme une portion consacrée, qui ne peut ni être transformée, ni périr.

§ IV.

QUEL RANG DOIT OCCUPER RABELAIS PARMI LES HOMMES DE GÉNIE DE NOTRE PAYS.

Rabelais est-il au rang des hommes de génie? Oui, s'il est vrai qu'il ait eu, dans les lettres, le don du génie, qui est d'exprimer des vérités générales dans un langage définitif; oui, si l'on ne

(1) Calvin et Rabelais.

veut voir dans son ouvrage que ces créations qui sont des vérités générales sous la forme de personnages qui vivent, et qui ont un nom immortel parmi les hommes.

Mais s'il y a des rangs divers pour les hommes de génie, Rabelais ne doit pas être mis au premier.

De grands défauts l'en écartent aux yeux de quiconque ne sépare pas la supériorité intellectuelle de la supériorité morale, et ne veut pas reconnaître le beau là où il ne se montre pas toujours sous les traits de l'honnête.

C'est en premier lieu cette partie immonde de ses œuvres, que ne justifie même pas ce qui restait de grossièreté dans les mœurs de ce temps-là. Rabelais n'a pas la dignité du génie, ni cette délicatesse, non du prédicateur, mais du philosophe qui ne va pas au delà de la nudité toujours sévère de la vérité philosophique. Il ne se borne pas à ce qui est, il imagine et il crée dans la saleté. Rabelais tire la Vérité de son puits, et la prostitue aux yeux des passants.

En second lieu, il n'est pas bienfaisant; il se joue de nos misères, et n'y propose jamais de remède. Ce rire éternel de Démocrite est insensé. Rabelais ne s'attache pas aux vérités qu'il rencontre, comme s'il n'en sentait pas le prix, et qu'elles fussent plutôt l'effet du hasard qui les a jetées sous sa plume, que le fruit de ses réflexions. On regrette qu'il n'ait jamais, soit la volonté, soit la force de suivre une idée sérieuse. C'était le vœu de ses amis les réformés, tant qu'ils furent ses amis. Un écrivain du temps, Antoine Leroy, traduisait ainsi un distique de Théodore de Bèze, où celui-ci tâchait d'allécher Rabelais par la gloire des écrits sérieux :

> Qui les serieux passe en ses discours joyeux,
> Dis-moi quel il sera, devenant serieux (1).

Rabelais désappointa les protestants sur ce point comme sur d'autres. Il n'est guère de sujet dans lequel il n'ait vu ou indiqué la vérité qui était à dire ; mais comme si ce peu de sagesse le fatiguait, à peine sa raison commence-t-elle à s'intéresser à son objet, qu'il l'en détourne brusquement ; et, soit par une malice délibérée, soit par cet emportement qui lui est propre, il étouffe cette lueur sous un amas de folles imaginations. Un torrent de mots, souvent inintelligibles, s'échappe de sa mémoire surchargée, qui semble se répandre tout entière sur le papier, sans l'intervention de sa volonté. Que reste-t-il ? La vérité ne périt pas ; on la retire de dessous cet en-

---

(1) Qui sic nugatur, tractantem ut seria vincat,
    Seria cum faciet, dic mihi, quantus erit.

tassement de paroles vaines, mais on n'en a pas grande reconnaissance à Rabelais.

Était-ce chez lui une folie feinte? Peut-il y avoir tant d'emportement dans une composition calculée? Était-il besoin de tout brouiller pour tout cacher? Je croirais à ce calcul, s'il n'y avait d'embrouillés et de confus que les endroits où la vérité pouvait être périlleuse à dire. Mais il est une explication plus naturelle, et par conséquent plus vraie. La raison de Rabelais a été admirable, mais son humeur a été plus forte que sa raison.

On a remarqué de tous les grands écrivains comiques, qu'ils ont eu l'humeur sérieuse, triste et mélancolique. Cela était vrai de l'Arioste, contemporain de Rabelais, si gai dans son poëme, si plaisant dans ses satires. Le trait le plus touchant du caractère de Molière, c'est le contraste du sérieux de son humeur et de la gaieté si franche de son esprit. Rabelais ne ressemble pas à ces grands hommes. Il était naturellement gai et bouffon; il écrit comme il agit. On se souvient du joyeux frère novice de Fontenay-le-Comte. Que prouvent toutes ces anecdotes, douteuses comme faits, sinon comme impressions populaires : la niche de saint François, l'usage des coups de poing donnés aux bacheliers nouvellement reçus, la promenade sous les fenêtres du chancelier Duprat, les poisons pour le roi et pour la reine, les trois ou quatre manières bouffonnes dont on le fait mourir? que prouve cette renommée de mystificateur, sinon que l'humeur joyeuse qui déborde dans l'écrivain a été le caractère même de l'homme, et que Rabelais n'a guère moins ri lui-même qu'il n'a fait rire de ses écrits? Ajoutez à cela le goût des ouvrages curieux et rares, et des monstruosités intellectuelles; peut-être un grain de folie; pourquoi n'oserais-je pas le dire? peut-être une ivresse d'esprit qui n'a été quelquefois que l'ivresse du vin.

En effet, à la différence d'Horace, qui buvait peu et à petits coups, et qui, tout en chantant le vin, fut souvent forcé de s'en tenir à l'eau, les éloges que Rabelais fait du *Piot* et de la *Dive Bouteille* sont d'un buveur effectif, et de l'homme qui déclarait mieux aimer boire frais que d'être papimane ou papefigue. « Je suys, dit-il « au prologue du livre IV, moyennant un peu de « pentagruelisme, sain et desgourt (dégourdi), « prest à boire, si voulez. » Et au prologue du premier livre : « A la composition de ce livre « seigneurial, je ne perdis ni employai onc ni « plus aultre temps que celui qui estoit establi à « prendre ma refection corporelle, sçavoir, en *bu-* « *vant* et *mangeant*. » Il n'écrivait pas seulement après boire, mais pendant boire; et, dans sa réfection corporelle, boire vient avant manger. Ronsard le prit au mot, dans cette épitaphe que j'ai rapportée :

> Puis ivre, chantoit la louange
> De son ami, le bon Bacchus.

Rien, en effet, ne ressemble plus à l'abondance intarissable d'un homme aviné, que certains passages, en trop grand nombre, où Rabelais roule une multitude de mots forgés, parmi lesquels il balbutie quelques paroles d'or, d'une langue qui semble épaissie par le vin.

Quoi qu'il en soit, l'influence d'un tel esprit dut être grande sur les contemporains et sur les deux siècles qui ont suivi. Rabelais fit deux écoles. Les partisans de sa bouffonnerie, de sa verve burlesque, c'est-à-dire de ce qui n'est propre qu'à lui, se sont perdus en voulant l'imiter. Les partisans de son *mépris des choses fortuites*, c'est-à-dire de ce qui lui est commun avec le vieil esprit français, forment une suite de libres penseurs qui commence à Montaigne, et qu'a continuée de notre temps Paul-Louis Courier.

Peu d'écrivains ont plus fait pour notre langue que Rabelais. Il y a versé une foule d'expressions et de tours qui sont demeurés. Mais l'autorité de son exemple n'a pu y maintenir un trop grand nombre de grécismes ou de latinismes qu'il y importa, soit qu'il eût été atteint de la pédanterie des érudits dont il s'est moqué, soit qu'il eût besoin de trois langues à la fois pour l'incroyable richesse de ses idées, folles ou sensées, qui débordaient notre idiome. Pourquoi Montaigne le range-t-il parmi les auteurs simplement plaisants? A-t-il voulu dissimuler, sous ce jugement dédaigneux, tout ce qu'il a emprunté à Rabelais?

CHAPITRE TROISIÈME.

§ I. De la philosophie chrétienne, et comment Calvin en exprime pour la première fois les vérités dans la langue vulgaire. — § II. Détails biographiques. Calvin fonde l'Église et le gouvernement de Genève. — § III. Des caractères généraux du calvinisme. La prédestination. — § IV. Lutte entre Calvin et le parti des libertins. Mort de Calvin. — § V. *L'Institution chrétienne*. Beaux côtés du génie de Calvin. — § VI. Mauvais côtés et défauts, et comment l'esprit du calvinisme est un schisme dans la littérature française.

§ I.

DE LA PHILOSOPHIE CHRÉTIENNE, ET COMMENT CALVIN EN EXPRIME POUR LA PREMIÈRE FOIS LES VÉRITÉS DANS LA LANGUE VULGAIRE.

Les vérités apportées au monde par la Renaissance appartiennent à l'ordre des vérités simples ou philosophiques, qui n'expriment que ce qui se fait. Encore l'antiquité païenne en a-t-elle ignoré un assez grand nombre. L'homme y étant à l'image de l'État, elle n'a parfaitement connu que l'homme dans ses relations avec l'État.

Quant aux vérités morales ou de devoir, lesquelles expriment ce qui doit se faire, il serait téméraire de dire que l'antiquité ait ignoré les principales. Mais de même que, parmi les vérités simples et philosophiques, bon nombre lui ont été inconnues, dont la forme des sociétés ne lui fournissait même pas la matière; de même, dans l'ordre des vérités de devoir, elle a été bornée à cette sagesse d'instinct qui dirige les actions de l'homme pour le pays et pour le temps où il vit, et qui satisfait, par la même conduite, à la justice des dieux et à celle des hommes.

Le paganisme, dans son plus haut point de perfection morale, a produit le stoïcisme, espèce d'innocence orgueilleuse et stérile. Le stoïcisme a pourtant entrevu les devoirs de l'homme envers son semblable, dans la douceur de ses doctrines sur l'esclavage, au principe duquel il ne songea pas d'ailleurs à toucher. Mais cette sorte de devoirs n'a tout son prix que là où la religion a égalé tous les hommes. Car où le stoïcisme faisait voir un maître et un esclave rapprochés par une sorte de condescendance volontaire du premier pour le second, le christianisme a montré deux êtres de la même valeur aux yeux de Dieu, dont le plus grand selon le monde doit effacer par la charité la distance qui le sépare du plus petit.

Outre donc ce qui manquait à l'ordre des vérités philosophiques transmises par l'antiquité au monde moderne, tout un ordre nouveau de vérités morales devait venir du christianisme par la voix de la Réforme, c'est-à-dire de la renaissance de l'antiquité chrétienne.

L'homme, dans l'antiquité païenne, offre une double lacune : il y a en lui, pour ainsi dire, des terres incultes et en friche, et il ne connaît pas tout son prix.

Le christianisme, par les deux dogmes sur lesquels il est fondé, la chute et la rédemption, lui donna la connaissance de sa nature tout entière. Par le dogme de la chute, il amena l'homme à se regarder hors de sa condition extérieure, hors du temps et du lieu où il vit; il lui découvrit tous les mystères de son intérieur, et tout ce fonds de malaise qui couve en lui, sous quelque forme de société qu'il vive, irréparable contre-coup d'une première chute. Le dogme de la rédemption le releva des misères de la chute par la considération du prix dont il en a été racheté. De là, une science nouvelle de l'homme, qui devait découvrir et mettre en culture toutes ces terres inconnues de l'antiquité païenne, quoique peut-être soupçonnées de ses sages, agrandir notre nature ou plutôt lui restituer sa grandeur, en un mot, compléter l'ordre des vérités philosophiques, et fonder tout un ordre nouveau de vérités morales.

N'est-ce pas là cette science qu'Érasme a si admirablement définie la *philosophie chrétienne*, associant ainsi un mot païen à un mot chrétien, et confondant ensemble les deux Renaissances dont l'union seule a fait la beauté de l'esprit moderne?

Au seizième siècle, la philosophie chrétienne n'est encore que la science de la religion restaurée ; le christianisme en fournit le fond et la matière ; le paganisme en fournit la méthode. Plus tard et principalement au xviie siècle, il faudra l'entendre de cette profondeur particulière que l'esprit chrétien donne à tous les écrits supérieurs sans exception, même à ceux qu'on pourrait appeler profanes, et qui ont tant profité de ces lumières dont la philosophie chrétienne a éclairé l'intérieur de l'homme. La beauté suprême des lettres françaises, dans Molière comme dans Bossuet, qu'est-ce autre chose que l'expression parfaite des vérités de la philosophie chrétienne?

La Réforme ne fut donc pas moins utile à l'esprit français que la Renaissance, puisque la philosophie chrétienne en devait être le résultat ; résultat d'une si grande valeur, que je ne m'étonne point de voir les catholiques tâcher d'en enlever l'honneur à la Réforme. C'est un débat qui n'est pas de mon sujet ; mais s'il est vrai que les catholiques du seizième siècle, secoués par le mouvement général des esprits, et réveillés par cette renaissance des lettres et des arts qui rendit bientôt toute ignorance ignominieuse, se seraient enfin arrachés d'eux-mêmes aux puérilités de la scolastique et aux langueurs de l'autorité; s'il est vrai qu'ils auraient enfin retrouvé par la science la philosophie chrétienne; il ne l'est pas moins, et avec l'avantage d'un fait accompli sur un fait probable, que la Réforme seule a provoqué et consommé cette restauration.

Enfin, il est également vrai que le premier qui ait popularisé en France, non dans la langue des savants, comme Érasme, mais dans la langue de tous, les premières vérités de la philosophie chrétienne, c'est Calvin.

§ II.

DÉTAILS BIOGRAPHIQUES. CALVIN FONDE L'ÉGLISE ET LE GOUVERNEMENT DE GENÈVE.

Calvin naquit à Noyon en 1509; son père le fit élever avec soin. Il termina ses premières études à Paris, sous Mathurin Cordier, habile et savant professeur. Dès l'âge de dix-neuf ans, et n'étant que tonsuré, on le pourvut d'une cure. Il en voulut depuis à l'Église romaine d'un abus dont il avait profité; et quand il revint à Noyon pour prêcher, il avait déjà le doute dans le cœur.

Le célèbre jurisconsulte André Alciat lui enseigna le droit à l'université de Bourges, et n'eut pas d'élève plus ardent et plus capable. A Orléans, il apprit le grec sous Wolmar, luthérien, qui forma des espérances sur ce qu'il appelait la *courbure* (1) de l'esprit de Calvin. Courbure au sens propre, est-ce malice au sens figuré ? Je ne le pense pas. Quoique Calvin pût laisser voir, dès ce temps-là, par quelques marques, la dureté qu'on devait lui reprocher un jour, les éloges que firent tous ses maîtres successivement, de son assiduité au travail et de sa docilité, ne permettent pas de douter que Wolmar ne l'entendît d'une certaine souplesse d'esprit, qui ne regarde pas le moral. Le maître décida son élève à se livrer tout entier à la théologie. Ces doutes qui l'avaient touché à son retour à Noyon étaient devenus douloureux ; ils cessèrent, dit-il, dès qu'il eut cessé d'appartenir au catholicisme.

Son abjuration fut consommée en 1532. Il était alors à Paris, où il travaillait au progrès des idées nouvelles. Il prêcha ouvertement, tant qu'il le put, et toujours devant un nombreux auditoire ; secrètement, quand les recherches rendirent périlleuse la prédication publique. Il écrivait des lettres et des exhortations aux réformés qu'on emprisonnait. Pasquier parle de sa

---

(1) Στρεβλότην.

nature remuante pour l'avancement de sa religion. Le prodigieux travail de sa jeunesse lui avait donné la facilité de la parole et de la plume, une conception nette et rapide à laquelle l'expression ne manquait jamais; outre une mémoire incroyable qui lui permettait de reprendre une dictée longtemps interrompue à l'endroit même où il l'avait laissée, et une sobriété pour le sommeil, qui doublait la longueur de sa vie. « C'est « ainsi, dit Pasquier, qu'il gagna pied à pied une « partie de nostre France. »

Il se fit connaître des savants par un traité en latin sur la *clémence*, imité de celui de Sénèque, et dont la pensée secrète était de protester contre le brûlement de quelques réformés; mais on n'y remarqua d'abord que le savoir de l'auteur et l'abondance de ses citations.

En 1534, Calvin avait engagé dans la Réforme Nicolas Cop, recteur de l'Université. Il lui suggera de prêcher ouvertement la justification par la seule foi au Christ. C'était la grande nouveauté de Luther. Les propositions de Nicolas Cop furent dénoncées; il se défendit, et maintint sa doctrine; mais la Sorbonne était la plus forte, et Cop dut pourvoir à son salut par la fuite. Quant à Calvin, il s'échappa de Paris sous l'habit d'un vigneron, et se réfugia auprès de la reine de Navarre. Il parcourut la Saintonge et quelques provinces de l'ouest et du midi de la France, prêchant secrètement, mais avec peu de résultat. Érasme, qui le vit quelque temps après à Strasbourg, écrivit à son sujet ces paroles prophétiques : « Je vois naître dans l'Église un « grand fléau pour l'Église (1). »

Calvin préparait alors les matériaux de *l'Institution chrétienne*. Les fragments qu'il en avait lus à ses amis, transcrits et répandus à la cour de Marguerite de Navarre, avaient excité une grande attente. C'est à Bâle qu'il publia ce livre, sans le signer de son nom, « si peu, dit-il, je me « proposois de me mettre en reputation par ce « moyen. » *L'Institution chrétienne* égala ce qu'on en avait attendu.

De retour d'un voyage à Ferrare auprès de Renée de France, la guerre lui fermant le chemin de Strasbourg, il passa par Genève. Là, les conseils du ministre Farel, une inspiration d'en haut, selon ses disciples, le décidèrent à s'arrêter, et à accepter les fonctions de professeur de théologie. Calvin avait alors vingt-sept ans. Il venait de trouver sa vraie patrie, car il avait trouvé où régner.

La confession qu'il dressa pour l'église de Genève, et la violence de ses attaques contre les

(1) Video magnam pestem oriri in Ecclesia contra Ecclesiam.

mœurs de cette ville, si longtemps ville d'Église, la divisèrent en deux partis. Il y eut le parti de Calvin, lequel souscrivit à la confession qu'il dressa, et le parti des anciennes mœurs, ou des *libertins*, comme on les appelait, qui n'en voulut pas même entendre la lecture. Calvin eut d'abord le dessous. Ayant annoncé du haut de la chaire le refus de donner la cène, à moins que Genève ne se séparât du synode de Lausanne, qui avait retenu de l'ancienne discipline les cérémonies, comme indifférentes, il fut exilé avec Farel, par sentence de bannissement, le 23 avril 1538. Il se retira à Strasbourg, et s'y maria. Mais, l'œil toujours fixé sur Genève, il y surveillait tous les mouvements de l'opinion populaire. Le célèbre Sadolet, croyant le moment favorable pour ramener cette ville à l'orthodoxie, l'y avait exhortée par une lettre pleine d'onction chrétienne et d'imitations de l'antiquité classique. Calvin, par la réponse qu'il y fit, prouva que s'il avait dû céder, il n'avait pas abdiqué. De Strasbourg et de Ratisbonne, où sa réputation l'avait fait appeler par la diète, il épiait le moment de rentrer à Genève.

La chute de ses adversaires lui en rouvrit les portes avec éclat. Les libertins avaient abusé de leur succès. Ce parti s'appuyait sur Berne, où l'on n'avait adopté qu'une réforme très-mitigée.

Non content de faire reculer Genève jusqu'à la réforme de Berne, il avait sacrifié les intérêts de la république à ceux de son allié. C'est ce qui fit retourner au parti de Calvin le peuple de Genève. Le 1er mars 1541, la sentence de bannissement fut révoquée, et Calvin rentra, non sans avoir fait ses conditions, qui ne furent pas même discutées. Il y organisa et régla toutes choses : le gouvernement, en concourant à la constitution politique de Genève; la religion, par sa confession de foi et son enseignement; la famille, les mœurs, par ses lois somptuaires qui déterminaient jusqu'à la forme des habits et fixaient les dépenses de table. En peu de temps, Genève fut faite à l'image de cet homme, dont la vie ne devait être désormais qu'un jeûne et une insomnie, dur aux autres comme il l'était à lui-même, et qui travailla plus qu'homme vivant, même dans ce siècle des travaux prodigieux et des vies consumées par la fièvre du savoir.

§ III.

CARACTÈRES GÉNÉRAUX DU CALVINISME. LA PRÉDESTINATION.

Calvin a donné son nom à sa religion. Le calvinisme n'est pourtant pas une invention qui lui soit propre. Calvin n'imagina rien. Il se contenta de tirer les conséquences des principes posés par Luther. Le système de Luther était à beaucoup d'égards une transaction; le système de Calvin fut un changement radical.

Tout l'esprit du protestantisme avait été dans son premier acte : la guerre contre les œuvres. Son cri de ralliement fut cette parole de saint Paul : *La foi justifie sans les œuvres.* C'est par ce cri que Luther répondit au scandale des indulgences, qui n'étaient que l'extrême abus de la doctrine catholique sur le mérite des œuvres (1). Le protestantisme, dans le principe, fut une simple substitution du christianisme de la foi au christianisme des pratiques. Tout ce qui suivit cette première déclaration de Luther n'en devait être que la conséquence. Les exagérations de la lutte religieuse, l'intervention des princes, les complications de la politique, y mêlèrent beaucoup de choses auxquelles Luther n'avait point pensé tout d'abord. Mais ce premier principe demeure comme le fond de la réforme religieuse; et quand on y regarde de près, on reconnaît dans toutes les institutions de détail du protestantisme cette mise en suspicion des œuvres. On opposait aux œuvres une sorte de christianisme intérieur qui s'entretenait et se renouve-

---

(1) La foi, c'est la croyance à la rédemption, par Jésus-Christ; et la justification, c'est le salut.

lait par la déclaration souvent répétée, et du plus profond de l'âme : *La foi justifie sans les œuvres.*

Toutefois Luther, quoique placé le plus près des abus de la doctrine des bonnes œuvres, ne leur avait pas ôté toute part dans la justification. Selon lui, si le chrétien était immédiatement justifié par la foi, il ne l'était pas irrévocablement, et il pouvait perdre par sa faute son salut, quoiqu'il ne pût l'acquérir par ses seuls mérites. Admettant la chute, il fallait bien qu'il donnât un moyen de se relever. C'est pour cela qu'il avait conservé la pénitence pour les chutes possibles. Tout ce qu'il laissait en outre subsister de l'ancienne Église, soit comme n'étant pas contraire à l'esprit de la nouvelle, soit comme indifférent, marquait moins l'intention d'abolir les œuvres que d'en changer l'esprit. Volontairement ou à son insu, Luther transigeait; et, quelque effort qu'il fît pour s'arracher à la doctrine des œuvres, et remplacer dans l'homme la vertu par la grâce, il n'osa pas pousser sa logique jusqu'à l'excès, laissant à de plus hardis à en tirer la conséquence extrême, c'est-à-dire l'abolition des œuvres.

Cet excès n'effraya pas Calvin. Dans le système de Luther, la justification pouvait se perdre par les fautes, et se recouvrer par la pénitence.

Dans le système de Calvin, la justification une fois obtenue était inamissible, Dieu ne pouvant pas faire du même homme l'objet de son choix et de sa réprobation. Dès lors la pénitence devenait inutile. Calvin la supprima. Le chrétien justifié ne put cesser de l'être; la justification fut une sanctification. Les bonnes œuvres n'étaient que des témoignages que Dieu habitait et régnait en nous; les mauvaises, qu'il nous avait repoussés. Il y eut donc, d'une part, les élus, qui faisaient nécessairement le bien, et les réprouvés, qui faisaient nécessairement le mal.

Telle est cette terrible doctrine de la prédestination, la grande nouveauté de Calvin, et qui a imprimé son cachet à ses écrits.

Il fit de prodigieux efforts d'esprit pour la faire prévaloir. Aucune objection ne le troubla, ni les promesses universelles de salut que Jésus-Christ fait aux hommes dans l'Évangile, ni les passages de l'Ancien Testament, où Dieu tend la main aux plus endurcis. Il trouvait à tout concilier avec la prédestination. A ceux qui objectaient qu'une fois élus, c'est à savoir croyant à la doctrine de Calvin, peu importait qu'ils vécussent dissolument : Le bien-faire, répondait-il, est le signe de l'élection ; ceux donc qui ne font pas bien ne sont pas élus. Quant à ceux qui, ne croyant pas à la doctrine, tâchaient néanmoins de vivre innocemment, il le leur interdisait; car leur innocence, remarquait-il, eût été l'effet de l'élection de Dieu : et n'étaient-ils pas hors de l'élection de Dieu, puisqu'ils ne croyaient pas à la doctrine? Il se déchargeait sur les conseils secrets de Dieu de cette diversité par laquelle on voyait les uns obéir à la prédication de la parole, et les autres la mépriser. Que restait-il donc à ceux qui avaient la mauvaise part? Ou ils devaient s'opiniâtrer d'autant plus à mépriser la prédication de la parole, que Calvin les y déclarait prédestinés ; ou ils pouvaient à leur tour se prétendre les élus, et Calvin le réprouvé. A quoi bon alors les disputes? Le plus fort était l'élu, le plus faible le réprouvé. C'était au bourreau à trancher la contradiction. Ainsi Calvin fit taire Michel Servet par le feu. La prison ou l'exil le débarrassa de ses autres contradicteurs.

Avec les réprouvés, la conduite n'était pas difficile; elle était délicate et pleine d'embarras avec les élus. Il fallait empêcher que ces saints ne faillissent, premièrement pour ne pas laisser voir de contradiction entre leur croyance et leur vie, et secondement, pour ne pas diminuer le troupeau en rejetant parmi les réprouvés ceux dont la conduite aurait démenti la doctrine. Calvin n'imagina rien de mieux que d'imposer la vertu par la loi. Les élus, ne pouvant être absous, ne devaient pas pouvoir pécher. A défaut de cette présence continuelle et sans sommeil de la conscience, avertissant chacun, et à chaque moment, de la moralité de ses actions, et prévenant ainsi la chute, il institua une sorte de conscience extérieure et publique dans la personne de censeurs des mœurs, lesquels s'introduisaient dans les maisons à tous les instants du jour, et principalement aux heures des repas, alors que les plus rigides se relâchent, et que la sainteté des élus courait quelque risque. Un décurion, assisté d'un ministre, allait de maison en maison demander à chacun l'état de sa conscience par rapport à la religion. Calvin avait subordonné l'État à l'Église; de telle sorte que l'Église fut la loi, et l'État la puissance matérielle chargée de la faire exécuter.

Il poussa jusqu'à l'excès cette réaction contre les pratiques, qui avait été la pensée première du protestantisme. Il fit disparaître tout ce qui était acte extérieur, et qui pouvait distraire les élus de ce spiritualisme sombre où sa main de fer les voulait enchaîner. Il abolit l'épiscopat, l'ordre, c'est-à-dire la transmission du ministère; il fit nommer le pasteur par la société religieuse; il rendit le baptême facultatif, à la manière des anabaptistes qui pensaient que le caractère s'en transmet des pères aux enfants; il fit enlever des temples les fonts baptismaux, affaiblissant le dogme et abolissant la cérémonie. Il échangea, dans la cène, le pain azyme contre du pain ordinaire, pour réduire le sacrement à une simple commémoration. Il supprima les fêtes, et successivement toutes les cérémonies que Luther avait tolérées comme indifférentes. « C'est ainsi, dit M. Mignet, que Calvin fit une doctrine exagérée de logiciens, un culte et une morale de puritains, et un gouvernement de démocrates... Il prépara dans Genève une croyance et un gouvernement à tous ceux en Europe qui rejetteraient la croyance et s'insurgeraient contre le gouvernement de leur pays. C'est ce qui arriva en France, sous la minorité de Charles IX; en Écosse, sous le règne si troublé de Marie Stuart; dans les Pays-Bas, lors de la révolte des Provinces-Unies, et en Angleterre, sous Charles Ier. Le calvinisme, religion des insurgés, fut adopté par les huguenots de France, les gueux des Pays-Bas, les presbytériens d'Écosse, les puritains et les indépendants d'Angleterre (1). »

Le caractère le plus frappant de la doctrine

---

(1) Ce passage est extrait d'un remarquable Mémoire de M. Mignet sur l'établissement du calvinisme à Genève. Voir le recueil des Mémoires de l'Académie des sciences morales et politiques.

et du gouvernement de Calvin, c'est l'exagération de la logique; par là surtout ses écrits ont exercé une influence marquée sur la littérature de notre pays. Je ne vois pas sans admiration, à l'entrée même des trois grands siècles de notre littérature, deux hommes si profondément divers, et toutefois si Français, Rabelais et Calvin. L'un, épicurien, exagérant trop souvent les excès du dernier du troupeau, au visage enjoué et fleuri, chargé sur la fin de sa vie de tout l'embonpoint qu'il reprochait aux moines, un Démocrite riant de son propre rire; l'autre, une sorte de stoïcien chrétien, petit et maigre de corps, au visage pâle, exténué, où la vie ne se révélait que dans le regard, représentant l'esprit de discipline jusqu'au point où il devient tyrannie, de même que Rabelais représente l'esprit de liberté jusqu'au point où il devient licence. Ces contrastes si frappants, ces caractères et ces tours d'esprit si opposés, qui se produisent à la même époque et sous les mêmes influences, je n'imagine pas que ce soit pur hasard. N'y a-t-il pas là comme une double personnification et une double tradition des deux grands caractères de l'esprit français, la rigueur logique, et cette liberté aimable que la logique a réglée sans la gêner? A ne regarder dans Calvin et Rabelais que les excès de leur tour d'esprit particulier, on ne comprendrait pas que la perfection de l'esprit français dût être le fruit d'une contradiction si étrange. C'est aux endroits où ils sont modérés, où leur humeur n'est pas plus forte que leur raison, qu'on reconnaît une première image complète de cet esprit français, le plus libre et le plus discipliné qui soit au monde. L'idéal de notre littérature apparaît dès cette première moitié du XVIe siècle : c'est Rabelais, quand il ne laisse pas sa raison au fond de la *dive bouteille*; c'est Calvin, quand il n'allume pas le bûcher de Servet.

§ IV.

LUTTES ENTRE CALVIN ET LE PARTI DES LIBERTINS. — MORT DE CALVIN.

La dureté du gouvernement de Calvin rendit de la force et de l'audace au parti des libertins, et la lutte recommença entre eux et Calvin. Outre les amis que celui-ci avait dans le peuple, il était entouré d'émigrés de toutes les nations, qui lui servaient de garde particulière. Sa politique avait été de leur faire octroyer le droit de bourgeoisie, afin qu'ils pussent entrer dans les conseils de la république, où Calvin dominait par leurs votes. On fonda pour eux des chapelles particulières. Anglais, Italiens, Espagnols, Flamands, chaque nation avait la sienne. Les plus jeunes lui servaient de sténographes, corrigeaient les épreuves de ses nombreux écrits, lui apprenaient les bruits de la cité, les propos des libertins, tous les mouvements de l'opinion. Il en fit bourgeois de Genève jusqu'à trois cents en un seul jour.

Sa sévérité était devenue intolérable. La tyrannie n'a rien inventé de plus odieux que ces visites de censeurs à qui nulle porte, de jour ni de nuit, ne pouvait être fermée, et qui, à l'imitation du fisc poursuivant le payement de l'impôt, exerçaient la vie domestique. Quiconque ne se découvrait pas sur le passage de Calvin était cité devant le Consistoire, et condamné pour le moins à une amende. Il était défendu aux nouveaux mariés de danser et de chanter le jour de leurs noces, et de porter des souliers à la mode de Berne. Une femme était mise en prison pour avoir porté les cheveux plus rabattus que ne le prescrivait le règlement de Calvin. Un homme surpris un jeu de cartes dans les mains, était attaché au poteau infamant, ses cartes sur l'épaule. Des personnes dénoncées pour avoir, à un sermon de Calvin, ri d'un homme qui s'était laissé choir de sa chaise, étaient condamnées à la prison, au pain et à l'eau. Ceux qui s'échappaient jusqu'à des propos de mort contre Calvin, étaient livrés au bourreau. Quant aux contradicteurs sur la doctrine, on sait de quelle façon Calvin s'en débarrassait. Malheureusement ces violences étaient depuis longtemps une sorte de droit commun dans les querelles de religion.

On protestait secrètement dans les maisons contre la domination de Calvin ; on s'en moquait tout haut dans les tavernes. On appelait *Faret*, par dérision du nom de Farel, une sorte de poisson très-commun, dont on mangeait la chair coriace au milieu des rires. Le plus maigre des buveurs représentait Calvin. On demandait où le Saint-Esprit avait marqué dans l'Écriture la forme des coiffes de femme ; si la barbe rousse coupée à un bouc, et que portait Farel, ressemblait à celle d'Aaron ; si Lazare sortant du tombeau était plus blême que Calvin. Puis un ménétrier faisait danser tout le monde, malgré les inhibitions du Consistoire, et la danse était d'autant plus gaie qu'elle était plus défendue.

Il y eut entre les deux partis des alternatives de succès et de revers. Les libertins, qui s'étaient qualifiés de *chiens de Calvin*, et qui l'avaient appelé lui-même Caïn, reprirent jusqu'à trois fois le dessus, mais sans pouvoir se maintenir. Les émigrés faisant la principale force, et comme l'armée de Calvin, ils leur ôtèrent le droit de bourgeoisie et les désarmèrent. Le pouvoir civil reprit le droit d'excommunication que Calvin avait fait attribuer au Consistoire. La vie même de Calvin fut menacée, et peu s'en fallut que, dans un jour de victoire des libertins, un de ses collègues du ministère ne fût précipité dans le lac.

Mais l'avantage devait à la fin lui rester. Il était le plus habile, le plus patient, et il avait affaire à un parti mal dirigé, qui ne savait opposer à la force d'une croyance ardente et à la popularité d'une chose nouvelle que le souvenir de la licence des anciennes mœurs, ou le regret de prérogatives abolies. Ce parti fit d'ailleurs la faute de tous les partis qui se sentent les plus faibles : il voulut reprendre le pouvoir par un coup d'État. Un complot se forma pour assembler le conseil général de Genève, à l'insu des syndics amis de Calvin, et des conseils inférieurs, où abondaient les émigrés. Les conjurés s'étaient liés par un serment. Ils célébrèrent dans un repas leur victoire prochaine. Au sortir du festin, quelques-uns se prennent de querelle avec le guet, qui était du parti de Calvin. Deux frères sont arrêtés, et mis en prison. Le complot est révélé et rendu public ; le plus notable des conjurés, Daniel Berthelière, est condamné à mort et exécuté. Calvin fit bannir les femmes des autres, et confisquer leurs biens. Enfin, Berne, qui jusqu'alors avait ouvert ses murs à tous ses ennemis, se réconcilie avec lui, chasse Bolsec, un de ses plus ardents contradicteurs, et scelle du sang d'un autre, Gentilis, un traité de confédération avec Genève.

Dans le temps même que Calvin remportait ce dernier triomphe, il était atteint du mal dont il devait mourir. Il vécut encore six années, retranchant tous les jours quelque chose à la vie physique, ne dormant point, ne mangeant qu'une fois en trente-six heures, d'un pain fabriqué tout exprès, que ses adversaires appelaient *le pain de M. Calvin*, insinuant que c'était délicatesse, tandis que ce pain n'était qu'un aliment approprié à sa débilité croissante. Il donnait d'autant plus d'heures au travail qu'il en donnait moins au soin du corps, et que la destruction du parti des libertins lui avait ôté tout souci du côté de son pouvoir, devenu absolu et incontesté. Il mourut le 27 mai 1564, « ayant vécu, dit Théodore de Bèze, quant à cette vie mortelle, l'espace de cinquante-six ans moins un mois et treize jours, desquels il en avoit passé justement la moitié au saint ministère; parlant et écrivant sans avoir rien changé, diminué ni ajouté à la doctrine qu'il avait annoncée dès le premier jour de son ministère, avec telle force de l'esprit de Dieu, que jamais méchant ne le put ouïr sans trembler, ni homme de bien, sans l'aimer et l'honorer (1). »

§ V.

L'Institution chrétienne. BEAUX CÔTÉS DU GÉNIE DE CALVIN.

Parmi tant d'écrits sortis de la plume de Calvin, un seul subsiste et le place au rang de nos plus grands écrivains : c'est *l'Institution chrétienne*. C'est aussi le livre qu'il a le plus profondément imprimé de son caractère, et qui porte le plus de marques de la suite de sa vie et des développements de son esprit ; c'est à la fois son système religieux, sa conduite et son portrait.

Cet ouvrage, écrit d'abord en latin, puis traduit en français par Calvin lui-même, parut pour la première fois en manière de protestation modérée, à l'occasion des premières persécutions. Les éditions s'en renouvelèrent rapidement et sans interruption, jusqu'à la mort de Calvin. Un de ses admirateurs en porte le nombre à mille.

Calvin y fit de nombreuses additions, et ce qui n'avait été d'abord qu'un traité assez court, devint l'ouvrage le plus étendu qu'on eût publié sur les matières religieuses. La der-

(1) Discours de Théodore de Bèze sur la vie et la mort de Calvin.

nière édition est datée de l'année même de la destruction des libertins. Depuis lors, Calvin cessa d'y toucher. Les additions ne contredisent pas la louange que lui a donnée Théodore de Bèze, de n'avoir rien changé ni ajouté à sa doctrine, si ce n'est plutôt marque de médiocrité que titre de gloire pour un homme, d'avoir été immuable en tout ce qui ne regarde pas la conduite morale. En effet, Calvin ne changea rien au fond de sa doctrine; c'est par le nombre et le développement des preuves que son ouvrage s'accrut. Pendant les vingt années qui s'écoulèrent entre la première édition et la dernière, il l'augmenta de toutes les réponses qu'il eut à faire aux objections que suscitait incessamment sa doctrine, et qui s'autorisaient du nom de quelque contradicteur éclatant. Chaque réfutation particulière allait grossir comme annexe la partie de l'ouvrage à laquelle l'objection se rattachait. Ainsi se forma le corps de la doctrine calviniste, le Livre-Somme, qui, de 1536 jusqu'à la fin du XVIIe siècle, fut dans toutes les mains savantes, et qui, au XVIe siècle, fut comme le formulaire de toute l'Europe théologique.

L'Institution chrétienne offrait trois grandes nouveautés : la matière même, la méthode, et la langue.

La matière, c'est bien moins le système de Calvin que ce qui lui a survécu; à savoir, cette philosophie chrétienne, s'exprimant pour la première fois dans un langage ferme, précis, frappant, accessible à tous. Il faut comprendre dans ce mot la science des rapports de l'homme avec Dieu dans la religion, de l'homme avec son semblable dans la société chrétienne; l'étude des sources mêmes de cette science, les livres saints, pénétrés par le plus subtil des docteurs, et interprétés par le plus clair des écrivains; tant d'explications si hautes de la parole de Dieu, de ses prophètes, de la doctrine des Pères; toute l'antiquité chrétienne rendue familière à tout le monde, dans son histoire que Calvin raconte avec un détail plein d'intérêt, dans sa morale dont il sonde la profondeur; enfin, la suite de l'histoire de l'Église, d'après les autorités, toujours bien connues, lors même qu'elles sont interprétées faussement; et toutes ces critiques, souvent éloquentes, toujours vives et précises, des abus de l'Église d'alors, que Calvin étale sans charité, mais qu'il sait exagérer sans déclamation.

Voilà ce qui était nouveau dans la langue française, et ce qui méritera toujours qu'on l'aille chercher parmi beaucoup de subtilités et de menue théologie qui rabaissent le débat à des questions de mots. Calvin traite en grand écrivain toutes les questions de la philosophie chrétienne, la conscience, la liberté chrétienne, la Providence divine, les traditions humaines, le renoncement à soi. Il égale les plus sublimes dans ses grandes pensées sur Dieu, dont l'expression a été soutenue, mais non surpassée, par Bossuet.

Que de vérités, que de rapports généraux, qui n'avaient point encore pris place dans l'esprit français; et quelle nouveauté que cette forme sérieuse, forte, proportionnée, sous laquelle les présentait Calvin !

Qu'on se figure que, trente ans avant l'apparition du livre de Calvin, il n'y avait en France, pour toute Bible, qu'une sorte d'interprétation grossière, où la glose était mêlée au texte, et faisait accorder la parole sacrée avec tous les abus de l'Église romaine. Les prédicateurs de la cour de Louis XII faisaient aller Caïn à la messe, et payer les dîmes à Abel. La Vierge Marie lisait les heures de Notre-Dame; Abraham et Isaac récitaient, avant de se mettre au lit, leur *Pater noster* et leur *Ave, Maria*. Un des plus habiles dans la chaire, à cette époque, Menot, représentait l'*Enfant prodigue* dépensant tout son argent à acheter des toques de Florence. La *Femme de mauvaise vie* était devenue, dans son imagination, une châtelaine de 15 à 16 ans, vermeille, jeune, de haute taille. Sa sœur Marthe, qui craignait Dieu, et tenait à l'honneur de sa lignée, la décidait à aller entendre prêcher un jeune homme, le plus beau de tous, disait Marthe. La jeune châtelaine allait au temple, précédée d'eunuques portant des carreaux de velours cramoisi, et là, à la vue de Jésus-Christ, elle détestait son luxe.

Au temps même de François Ier, on lisait, dans le Nouveau Testament, *evertit domum* pour *everrit domum*, *il renverse la maison* pour *il la balaye*; *hereticum de vita* au lieu de l'*hereticum devita* de saint Paul, ce qui substituait *à mort l'hérétique* à *évite l'hérétique;* vraie glose de la Sorbonne d'alors. On faisait venir *presbyter* de *præbens iter* (1); pourquoi pas, dit Henri Estienne, *præ aliis bibens ter* (2)? Béda objectait à Budé, en présence de François Ier, qui le consultait sur la fondation de chaires de langues savantes, que ces langues enfanteraient des hérésies (3). Voilà ce qui fit une si grande nouveauté de ce livre, où Calvin se montrait à la fois profond hébraïsant, latiniste consommé, égale-

(1) Qui montre le chemin.
(2) Qui boit trois fois contre les autres une?
(3) Henri Estienne, *Traicté de la conformité du françois avec le grec*.

ment savant dans les deux antiquités, et rendant sensible toute cette science par le langage le plus approprié et le plus clair. C'était la première fois que ces saintes matières étaient dégagées des ténèbres dont les avait couvertes le moyen âge, et que la raison et la science rendaient compte des vérités de la foi. Chose inouïe pour toutes ces âmes qui n'avaient pas cessé d'être chrétiennes, mais qui ne l'étaient plus guère que par les sens et l'habitude, de connaître enfin, par l'intelligence et le raisonnement, la grandeur de leur croyance, et de retrouver leurs titres d'enfants de Dieu!

La méthode n'était pas moins nouvelle que la matière. J'ai loué Calvin d'avoir affranchi la théologie de la philosophie. Tel est en effet le caractère de ses écrits, quant à la méthode. On n'y trouve aucun mélange des vérités appartenant à ces deux sciences. Une manière simple et naturelle de raisonner y remplace les formes captieuses et monotones de la scolastique. Chaque ordre de vérités fait la matière d'un livre, lequel se subdivise en chapitres, où chaque vérité ou proposition particulière est traitée méthodiquement. Les principes, c'est à savoir les paroles mêmes des livres saints, sont d'abord exposés et interprétés; puis viennent les témoignages tirés des Pères, dont la suite forme la tradition consacrée dans la matière; la réfutation des objections suit en dernier lieu.

L'étude que Calvin avait faite des anciens, et particulièrement de Cicéron, dont la méthode est si naturelle et si agréable, lui avait donné le secret de ce grand art d'approprier une matière à l'intelligence du lecteur, de la proportionner à son attention, de raisonner avec force, sans abuser de l'appareil du raisonnement. L'*Institution chrétienne* est le premier ouvrage de notre langue qui offre un plan suivi, une matière ordonnée, une composition exacte et parfaitement appropriée. Quatre livres embrassent toute la religion (1).

L'admirable préface à François Ier, qui est en tête de l'ouvrage, est elle-même un modèle de composition. C'est un exposé de toute la doctrine, sous la forme d'une brève réponse aux reproches qu'on lui faisait, 1° d'être nouvelle; 2° de n'avoir été confirmée par aucun miracle; 3° de contredire l'opinion des Pères et la coutume; 4° d'être ou un schisme dans l'ancienne Église, ou une Église paraissant au monde pour la première fois. La troisième objection en particu-

(1) Le premier traite de Dieu; le second, de Jésus-Christ, médiateur; le troisième, des effets de la médiation de Jésus-Christ; le quatrième, de la forme extérieure de l'Église.

lier inspire à Calvin une réponse pleine d'éloquence, où l'on voit une première application parfaite de la méthode antique aux idées qui ont le plus profondément remué la société moderne.

Mélanchthon avait senti l'excellence de cette méthode; mais il ne l'appliqua ni à un corps de discours si serré et si plein, ni à des doctrines qui lui fussent propres. Luther, quoique moins docte, ne l'avait pas ignorée; mais il se fiait plus à cette méthode d'instinct, qui est le don des hommes de génie, et sa fougue le rendait incapable d'ordre et de proportion. Calvin seul sut manier cet instrument, et en connut toute la puissance. Il sentait son avantage sur les écrivains scolastiques et sur Luther lui-même, auquel il fait allusion quand il dit « que la matière a été jusqu'ici démenée confusément, sans nul ordre de droit, et par une ardeur impétueuse, plutost que par une modération et gravité judiciaire. » Dans cette phrase expressive, Calvin peint à la fois la manière de Luther et la sienne. C'est d'ailleurs la seule allusion qu'il ait faite à Luther; et encore ne le nomme-t-il pas. Triste fruit d'une doctrine qui avait renié les traditions, et institué chaque homme arbitre et auteur de sa croyance! Luther encore vivant, Calvin écrivait deux mille pages à la gloire de la Réforme, sans prononcer son nom!

La nouveauté de la langue, dans Calvin, résultait naturellement de la nouveauté de la matière et de la méthode. Le même art de composition qui, dans l'exposition de la doctrine, range les choses dans leur ordre et leur proportion, se fait voir dans le langage, par la suite, la gradation, l'exactitude des expressions, qui, pour le plus grand nombre, sont définitives. L'image de cet esprit pénétrant et audacieux par lequel Calvin s'éleva, principalement en France, au-dessus de Luther, reluit dans la hardiesse et la subtilité de sa langue. Mais que pourrais-je dire de la langue de Calvin qui ne dût être froid, après le bel éloge qu'en a fait Bossuet, lequel lui donne, outre la gloire d'avoir aussi bien écrit en latin qu'homme de son siècle, celle d'avoir excellé à parler la langue de son pays (1)?

Calvin ne perfectionna pas seulement, en l'enrichissant, la langue générale; il créa une langue particulière, dont les formes, très-diversement appliquées, n'ont pas cessé d'être les meilleures, parce qu'elles ont été tout d'abord les plus conformes au génie de notre pays, je veux dire, la langue de la polémique. C'est ce style de la discussion sérieuse, plus habituellement nerveux que coloré, qui a plus de mouvements que d'i-

---

(1) *Histoire des Variations*, liv. IX.

mages, son objet n'étant point de plaire, mais de convaincre; instrument formidable par lequel la société française allait conquérir un à un tous ses progrès, et faire passer dans les faits tout ce qu'elle concevait par la raison. Calvin en donna le premier modèle, et l'on a pu voir à ses effets pendant plus de soixante ans, et depuis lors à l'empreinte dont il a marqué tous ceux qui ont étudié Calvin, combien cet instrument a eu de puissance, et comment il l'a tirée de sa parfaite conformité avec l'esprit français.

Par une autre conformité non moins marquée avec cet esprit, tandis que Rabelais se modelait sur les Grecs, Calvin se formait sur la langue latine, et en naturalisait parmi nous bon nombre de tours et d'expressions qui y sont demeurés. Outre la gloire d'être la langue du culte chrétien, la langue dans laquelle toute l'Europe du moyen âge avait prié et pensé, le latin, expression de la loi civile, des actes publics, et en général de tout ce qui règle, discipline et lie, s'adaptait mieux au génie de notre pays. Calvin l'avait compris; aussi, lorsque, pouvant choisir entre le latin et le grec, cet homme, à qui Platon n'était pas moins familier que Cicéron, prit ses modèles dans la littérature latine, il prouva qu'il sentait mieux sa langue que Rabelais.

Voilà ce qui fait vivre Calvin, comme écrivain

français; voilà les beaux côtés de cet esprit, auxquels répondent, dans le caractère, cette fermeté, ce courage, ces vertus privées, ce sacrifice de la chair à la vie de l'esprit, qui l'ont rendu digne de gouverner les hommes. C'est là la part du bien, et ce bien a produit ses fruits; il s'est incorporé en quelque façon à l'esprit français, dont il fait partie. Il faut d'autant plus l'admirer que le mauvais côté de Calvin, la part du mal, n'est plus qu'un fait inoffensif qui appartient depuis longtemps au passé.

Je m'étonne donc peu qu'une grande partie de la France ait été d'abord calviniste, et que le reste ait eu la tentation de le devenir : tant ce génie sérieux, logique, cet esprit de discipline, cette gravité, sont conformes à l'esprit de notre pays! Mais je m'étonne encore moins qu'après plus de soixante années d'agitations, favorisées par de mauvais gouvernements, malgré l'avantage du talent du côté des calvinistes, malgré la popularité même des persécutions et la sainteté d'une sorte de martyre, dans l'effroyable extermination de la Saint-Barthélemy, malgré de grands caractères, Coligny, Sully, et un grand homme dans la guerre et dans la politique, un moment chef de leur parti, Henri IV, la France ne soit pas devenue calviniste, que les qualités de Calvin n'aient pas fait accepter ses défauts, et que le philosophe chrétien n'ait pu rendre populaire le tyran de Genève.

§ VI.

MAUVAIS CÔTÉS DE CALVIN, SES DÉFAUTS, ET COMMENT LE CALVINISME EST UN SCHISME DANS LA LITTÉRATURE FRANÇAISE.

Les défauts de Calvin sont d'une autre nature que ceux de Rabelais. Dans Rabelais, c'est l'humeur qui trouble les lumières de l'intelligence : dans Calvin, la raison est dupe du raisonnement. Les illusions de la logique ont été la cause la plus innocente, et, par cela même, la plus ordinaire des excès de son livre et des excès de son gouvernement. Ce défaut, plus redoutable que l'humeur dans les hommes qui ont puissance sur les autres, est non moins propre à notre nation que cet esprit logique, dont il n'est que l'exagération. La clarté même de notre langue, cet enchaînement dans les idées, dont on nous loue comme d'un trait particulier qui nous distingue des autres nations modernes, sont trop souvent un piége pour notre modération. Nous sommes trop portés à nous persuader qu'une chose bien raisonnée est une chose raisonnable, et que le contradicteur est nécessairement de mauvaise foi. Que de fois le bourreau n'a-t-il pas été chargé d'achever les raisonnements des partis ?

De là, dans notre histoire, des exemples de cruauté politique sans fureur et sans haine, et la passion persuadée que parce qu'elle raisonne, elle est la raison. L'esprit du radicalisme, dans les autres pays, paraît être l'effet du malaise de la société qui aigrit ceux qui en souffrent, et les emporte au delà des bornes; en France, ce n'est que l'esprit logique poussé jusqu'à l'absurde. Les radicaux, pour ne parler que des spéculatifs, ne sont le plus souvent que des esprits étroits qui raisonnent bien.

Là est le mauvais côté de l'esprit de Calvin. Cette force de logique lui donne des fumées au cerveau; il s'en enivre, il en triomphe. Westphale, luthérien, l'avait appelé déclamateur. « Il a beau faire, s'écrie-t-il, jamais il ne le persuadera à personne; et tout le monde sait combien je sais presser un argument, et combien est précise la brièveté avec laquelle j'écris (1). » A la fin d'un chapitre de *l'Institution*, il dit : « Or, je pense bien avoir fait ce que je voulois, quant à ce point. » Combien n'est-il pas redoutable, celui qui, ayant dans les mains le pouvoir de vie et de mort, mesure la justice de sa cause à la rigueur de ses raisonnements ! Je reconnais là le logicien de la prédestination, le Caïn du parti

---

(1) *Histoire des Variations*, liv. IX.

de la vieille Genève, lequel, en se qualifiant de *chiens de Calvin,* témoignait par là une haine si forte, qu'elle ne prenait aucun souci de s'ennoblir.

J'attribue surtout à cet excès de l'esprit de logique l'habitude de l'injure, qui déshonore la polémique de Calvin. Dans un esprit médiocre, le penchant à l'injure vient d'intempérance et de faiblesse; dans un esprit supérieur, c'est le plus souvent la marque de l'excès de confiance dans sa logique. Je ne sache pas d'explication plus équitable de ce que Calvin prodigue d'outrages à ses adversaires, outre ce que lui en passait le ton habituel de la polémique théologique d'alors, et ce qu'il put donner quelquefois à son ressentiment particulier. Car il est remarquable qu'il se querelle avec toutes les opinions anciennes du même ton qu'avec les opinions de son temps, et qu'il n'est pas moins amer envers les morts qu'envers les vivants. Dans ses suppositions même il est injurieux, et il menace les contradictions possibles comme les contradictions présentes. « Or, si quelqu'un, dit-il (1), escrivant, disputoit à savoir s'il y a eu un Platon ou un Aristote, ou un Cicéron, je vous prie, ne l'estimeroit-on pas digne d'être soufflété, ou d'être châtié de bonnes estrivières? » Que serait-ce, s'il s'agissait d'un contradicteur en théologie?

(1) *Institution chrétienne,* liv. I, chap. VIII.

Pour ceux-là, quel ménagement leur devait-il? N'étaient-ils pas condamnés d'avance par la juste réprobation de Dieu? N'était-ce pas des prédestinés? Il faut voir avec quelle dureté, dans ses réponses particulières, il traitait ses principaux adversaires, Gentilis, Bolsec, Michel Servet, et d'autres. L'un d'eux, Castalion, poëte, orateur, théologien, linguiste, qui mourut, dit Montaigne, « en estat de n'avoir pas son saoul à manger, » avait contredit Calvin sur le sens du Cantique des Cantiques. Celui-ci, entre mille injures, alla jusqu'à l'accuser de voler le bois qui flottait sur le Rhin. Or, voici ce qu'était ce prétendu vol. Castalion, n'ayant pas de feu au logis, allait, du droit de tous les pauvres, harponner les débris de bois arrachés aux rives, le lendemain des jours d'orage. Toutes les fois, dit un historien, qu'il voyait le Hauhenstein se couvrir de nuages, il remerciait le ciel de la tempête qui allait joncher le Rhin des débris des forêts alpestres. Ce jour-là le logis de Castalion s'égayait, et il ajoutait quelques pages à sa traduction des livres saints. Calvin, en l'accusant de vol, calomniait sa vie et insultait à sa pauvreté.

Pour Michel Servet, il n'est que trop vrai que Calvin l'avait, dans sa pensée, condamné à mort, sept ans avant qu'on lui fît son procès. Vainement ses disciples ont-ils voulu le laver du crime de préméditation dans ce meurtre d'un homme qui n'avait fait qu'user du droit commun de la Réforme. Calvin s'était trahi dans une lettre écrite dès 1546, à l'époque où Servet songeait à venir à Genève : « S'il y vient, écrivait-il à son collègue Farel, pour peu que mon autorité puisse prévaloir, je ne souffrirai pas qu'il en sorte vivant (1). » Le logicien de la prédestination exécutait sept ans d'avance les prétendus jugements de Dieu, tant il croyait le repentir impossible au prédestiné! Si Calvin n'avait pas l'excuse de la bonne foi, certes ce théologien bourreau, qui allumait par le bras séculier le bûcher de Servet, qui de sa logique injurieuse tuait Gentilis à Berne, serait au-dessous de la haine et du mépris du genre humain. Mais dans un homme de mœurs si austères, capable d'affections domestiques et d'amitiés durables, courageux, d'une si grande édification de son vivant et après sa mort, ce fut moins la cruauté que l'effet de cette superbe de la raison, par laquelle nous croyons avoir conquis l'impartialité des purs esprits, parce que nous avons dépouillé tout sentiment humain.

Là est la cause de cette tristesse que Bossuet a remarquée dans son style. Rien n'y est donné

(1) Nam si venerit, modo valeat mea auctoritas, vivum nunquam exire patiar.

à l'imagination et au cœur. En face de ce beau lac de Genève, de ce paysage, la joie des yeux, Calvin est insensible. Il ne tire pas une seule image de cette magnifique nature où éclate la bonté de Dieu pour ces mêmes hommes que Calvin traitait comme des damnés. Tout vient de sa raison souvent émue par la grandeur des vérités religieuses, souvent trompée par l'intérêt de ce moi qu'il croyait avoir dépouillé, parce qu'il avait réduit son corps aux seuls soins qui pussent empêcher la mort immédiate. Son style exact, précis, vigoureux, manque de couleur et d'onction. C'est sans doute un des beaux côtés de l'esprit français et de la langue, mais ce n'est pas le plus beau.

Le calvinisme, schisme religieux, est, pour l'historien de la littérature française, un schisme littéraire. Son plus glorieux titre est d'avoir réveillé le catholicisme. Il lui a donné la méthode; il l'a forcé d'apprendre ce qu'il avait oublié, de retrouver ce qu'il avait perdu, de rentrer dans ces voies si connues des Pères, par lesquelles ils s'insinuaient si avant dans les cœurs. Le catholicisme raisonnera quelque jour comme Calvin, et sentira comme saint Augustin. Dans ce même pays sur lequel Calvin avait comme imprimé le sombre cachet de son génie, un homme supérieur, saint François de Sales, moins de quarante ans après lui, devait, dans des écrits pleins d'onction, attirer aux enseignements de la foi l'imagination et le cœur, et rendre Dieu aimable où Calvin l'avait rendu si terrible. Plus tard, d'autres grands esprits réuniront la logique de Calvin et l'onction de François de Sales, et, dans cette stérilité littéraire du calvinisme créé et épuisé par Calvin, le catholicisme produira, après François de Sales, Bossuet; après Bossuet, Bourdaloue, après Bourdaloue, Fénelon et Massillon.

CHAPITRE QUATRIÈME.

§ I. État de la poésie française après la mort de Marot. — Mellin de Saint-Gelais. — § II. Manifeste d'une nouvelle école poétique. — *Illustration de la langue française*, par Joachim du Bellay. — § III. Ronsard et son école.

§ I.

ÉTAT DE LA POÉSIE FRANÇAISE APRÈS LA MORT DE MAROT. — MELLIN DE SAINT-GELAIS.

On a vu comment Marot avait été touché plutôt que formé par la Renaissance. Il ne répara jamais le manque d'études fortes (1), et il fut toujours le disciple de Jean Lemaire et de Jean Marot, son père, lesquels n'avaient songé qu'à perfectionner, sous le rapport du mètre, la langue poétique de Jean de Meung et de Villon. Virgile, qu'il entendait assez bien pour en tra-

---

(1) Il a le bon goût de s'en plaindre :

« En effect, c'estoient de grans bestes
« Que les regens du temps jadiz;
« Jamais je n'entre en Paradiz,
« S'ils ne m'ont perdeu ma jeunesse. »

duire médiocrement quelques églogues, ne lui donna pas l'idée d'une poésie plus sérieuse et plus élevée, et il ne quitta pas les traces d'Ovide dans l'élégie plus spirituelle que passionnée, et celles de Martial dans l'épigramme. Pour le grec, dont l'étude a été le premier travail de la Renaissance, il n'en sut pas davantage que les moines; et leur article de foi, *Græcum est, non legitur*, aurait pu être sa devise. Ses poésies sont un fruit de l'esprit français réduit à ses seules ressources, policé par le contact plutôt que fécondé par la pratique savante de l'antiquité, et ayant une sorte de maturité précoce, après laquelle la décrépitude commence.

Après Marot, que la Réforme avait si mal à propos occupé de querelles théologiques, et dont elle avait gâté le génie en lui faisant traduire en vers enfantins les magnifiques pensées des livres saints, deux sortes de poëtes se partagent la faveur de la cour de Henri II. Les uns continuent, avec moins de bonheur, le badinage élégant de Marot; les autres renchérissent sur l'amour chevaleresque des romans espagnols et italiens, et sur l'amour sentimental de Pétrarque. Ces derniers se qualifient, celui-ci, d'*innocent égaré*, celui-là, d'*esclave fortuné*, un autre, d'*humble espérant*, un autre de *banni de lyesse*. L'amour y est tellement dégagé des sens, qu'un de ces poëtes (1), voulant transformer en cantiques spirituels ses chansons amoureuses, n'y trouve à changer que quelques mots : « de sorte, « dit-il dans sa préface, que les mêmes vers « qui, ci-devant tournés à l'envers, eussent pu « scandaliser le prochain, l'édifient maintenant, « étant contournés à leur endroit. » Aucun de ces poëtes n'a laissé une pièce durable. C'est le sort, dans notre littérature, de toute imitation, et plus particulièrement de l'imitation des littératures modernes. Ces poëtes avaient pris pour l'esprit français un tour d'esprit passager, et propre à leur époque.

Parmi les poëtes restés fidèles aux exemples de Marot, le plus illustre, Mellin de Saint-Gelais, nom aimable, n'est pas indigne d'une mention dans une histoire de la littérature française. La poésie de Jean de Meung, de Villon, de Marot, avait eu d'ailleurs son *Art poétique*, ouvrage en prose de Thomas Sebilet, qui parut en 1547, et qui n'est qu'une apologie de Marot, où Sebilet a mêlé quelques préceptes excellents.

Mellin de Saint-Gelais, fils ou neveu d'Octavien (2), évêque d'Angoulême et poëte lui-même, avait reçu plus d'instruction que Marot, son ami

(1) Antoine Mage.
(2) Mort en 1502.

et son maître (1). Quelques petites pièces latines, recueillies parmi ses œuvres poétiques, prouvent une pratique habituelle du latin (2). Il savait des mathématiques, de la philosophie, de la médecine, de l'astronomie; il était orateur, théologien, jurisconsulte; bref, docte en tous arts et sciences, comme l'était Rabelais. Il avait même fait des traductions du grec. Tout ce savoir ne lui donna pas l'ambition ni peut-être l'idée de la haute poésie, et il se contenta de suivre les traces de Marot, sur lequel il raffina. Les sonnets étaient arrivés en France à la suite et dans le cortége de Catherine de Médicis, femme de Henri II, laquelle avait mis en hon-

(1) Il l'apostrophe ainsi dans une pièce :

Gloire et regret des poëtes de France,
Clement Marot, ton ami Saint-Gelais, etc.

Ailleurs il le loue de

sa veine immortelle,
Qui les vieux passe et les nouveaux espritz.

(2) Le distique suivant, à l'occasion du siége de Metz, que Charles-Quint fut forcé de lever, n'est pas seulement d'une excellente latinité; le jeu de mots qui en fait le fond en est très-spirituel :

Hic igitur stulti meta est statuenda laboris ;
Nomen et hoc *Metas* omen habere puta.

neur le tour d'esprit subtil et la galanterie de tête qui fait le fond de ce genre. Saint-Gelais fit des sonnets. Saint-Gelais, ce fut Marot affadi, épuré par un prélat bel esprit, pour l'usage d'une cour devenue bigote; Marot, moins son enjouement naïf, mais ayant gardé quelque chose de la fine moquerie qui éclate dans ses épigrammes contre les juges, les dévots et les maris.

Aumônier, dès 1525, du Dauphin, qui fut depuis Henri II, Saint-Gelais ne se mêla point aux querelles de religion. Il n'y fait allusion qu'en un seul endroit, dans un dizain, où il se prononce pour la doctrine orthodoxe du mérite des œuvres :

La foi sans œuvre est morte et endormie.

Ainsi, il resta bon catholique. Il ne prit de la Réforme que ce que la cour de Henri II en toléra; quelques insinuations contre Rome, et les épigrammes, permises à tous, contre les moines. Voici, dans un douzain, un abrégé de l'histoire de Rome universelle, tel qu'aurait pu le tracer un protestant (1) :

Rome jadis la terre subjugua,

(1) En effet un écrivain protestant, Buchanan en fit pour ses coreligionnaires une traduction en distiques latins.

Puis si heureuse en la mer navigua,
Que du grand monde et d'une cité close
On vit la force estre la mesme chose.
Le ciel sembloit estre exempt de leurs mains;
Et toutefois les bons peres romains,
Pour servir Dieu que mieux connoistre ils surent,
Y prirent siege, et les clefs en reçurent;
Or, maintenant, leurs riches successeurs,
Pour estre encor plus amples possesseurs,
Et leurs acquets augustes imiter,
Ont pris enfer, et y vont habiter.

Les moines ne sont pas mieux traités que Rome :

Il vint l'autre un jour un cafard
Pour prescher en nostre paroisse,
Et je lui dys : Frere Frappart,
Qui vous fait icy venir? Est-ce
Pour dresser l'ame pecheresse,
Ou chercher la brebis errante?
— Non, dit-il, la brebis je laisse,
Pour avoir la laine de rente.

Saint-Gelais hérita de Marot l'emploi de poëte de la cour. Il fit des vers pour toutes les fêtes. Les sujets de ces poésies sont, outre ces circonstances solennelles, des imitations, soit de Pétrarque, soit des imitateurs de Pétrarque, des traits d'esprit de société, reproduits et quelquefois délayés en quatre, six, dix, onze ou douze vers; quelques pensées amoureuses, avec ce

tour de galanterie propre à notre nation. C'est moins encore; c'est une paire de gants, un miroir, des Heures, un psautier, une poudre de toilette, un luth, une belette apprivoisée. On attachait ces pièces aux pattes de petits oiseaux qu'on faisait voler parmi les dames. Ovide, l'Anthologie, Pétrarque, Jean Second, fournissent le reste. « Le tout, comme dit Du Verdier, bien
« troussé et fait d'une grande dextérité d'esprit,
« ressentant entierement cette forme de compo-
« ser ancienne, remplie de toute naïveté et gail-
« lardise. » Dans l'épigramme, Saint-Gelais n'a pas dégénéré de Marot. Il dit à un poëte qui se plaint qu'il ne l'ait pas loué :

> Tu te plains, ami, grandement,
> Qu'en mes vers j'ay loué Clement,
> Et que je n'ai rien dit de toi :
> Comment veux-tu que je m'amuse
> A louer ni toi, ni ta muse?
> Tu le fais cent fois mieux que moi.

Saint-Gelais n'avait pris aucun souci de réunir ses poésies, dont le recueil ne parut qu'après sa mort (1). C'est sans doute lorsqu'on vint le tenter d'en donner une édition complète, qu'effrayé de cet éclat, il fit ces vers, en manière de préface, pour cette édition qu'il ne devait pas voir :

(1) Il mourut en 1558, un an avant Henri II.

Si j'eusse osé penser qu'en ce temps-ci
De tant d'esprits illustres eclairci,
On eust daigné recueillir et escrire
Les tristes plaints de l'amoureux souci
Que je faisois pour implorer merci
De celle-là dont je n'eus que martire :
J'eusse tâché de plus près à les dire
D'un stile tel, qu'aucun les eust pu lire
En patience et peut-estre en plaisir.
Mais mon tourment ne me donna loisir
De lever l'œil à un si haut desir;
Cherchant pitié, non louange à mes cris.
Et qui d'amour se sentira saisir,
Connoistra bien que je voulus choisir
Vie pour moi, et non pour mes écrits.

Singulier temps que celui où l'on voit un homme d'Église dire du mal de Rome, et s'excuser des négligences de ses poésies par la violence de ses tourments amoureux! Ces vers donnent d'ailleurs une idée aimable du caractère de Saint-Gelais. On l'y voit modeste et sans prétention comme poëte; les vers qui suivent, et qu'il adresse à Diane, sa nièce, sa fille selon Du Verdier, le font voir sans ambition, comme homme de cour :

J'ay eu si peu mon esprit agité
D'ambition et curiosité,
Qu'on ne m'a veu ne gueres tracasser,
Ne guere entendre à rentes amasser....

Mais je me suis d'un chemin contenté
Plain et non haut, et bien peu frequenté;
Laissant monter aucuns qui de mon temps
A plus de biens se trouvent mecontents.
Ces biens icy, où tous sont si taschans,
Viennent sans regle aux bons et aux meschans.
Un sot en peut et un sage homme avoir;
Un ignorant et un de bon savoir,
Ainsi qu'il plaist au sort les departir!
Et je voudrois pour heureux me sentir
Qu'il plust à Dieu, d'où les vrais biens procedent,
M'en octroyer de ceux que ne possedent
Nuls vicieux, ny ne sont dispensés
A cœurs malins, ni cerveaux insensés,
Et sans lesquels d'hommes n'avons que l'ombre.

Ce passage égale les meilleurs de Marot, et la fin est d'un ton auquel Marot ne se serait peut-être pas élevé. C'est un doux fruit de la vieillesse de Saint-Gelais. Cet éloge des biens de l'esprit est déjà de la haute poésie : la Renaissance et la Réforme ont passé par là.

Dans cette même pièce, Saint-Gelais fait un reproche à Dieu de ne s'être pas donné à gouverner, au lieu d'un monde de fous, un monde de sages. Puis il prie les anges de lui inspirer un peu de leur esprit, afin, dit-il,

. . . . .qu'à vue ouverte,
Je puisse avoir vesrité decouverte,
Pour faire entendre à tout le moins aux miens
La difference et des maux et des biens;

> Et comme ils sont l'autre et l'un desguisés,
> Pour imposer mesme aux plus advisés;
> Car ce savoir sans autre art et estude
> Est le chemin de la béatitude.

Voilà, si je ne me trompe, la première fois que la philosophie chrétienne, qui bégaye dans les poésies de Marguerite de Valois, et qui ne s'y peut dégager des obscurités de la théologie, s'exprime dans un langage clair, frappant et durable. C'est un pas de l'esprit français dans la poésie; et Saint-Gelais n'est pas un vain nom, puisque ce pas est marqué par son recueil.

Tel était, depuis la mort de Marot, l'état de la poésie française.

La Renaissance avait donné un certain poli aux poëtes les plus instruits, à peu près comme une civilisation exotique polit un étranger qui garde au fond sa barbarie. C'était un vernis de délicatesse sur des idées communes et quelquefois grossières. Cette poésie était d'ailleurs fort goûtée à la cour de Henri II. C'était l'image de ses mœurs, et l'expression de son tour d'esprit. On chantait les vers de Saint-Gelais en s'accompagnant du luth. On ne voyait dans la poésie que la langue de la galanterie, et de cet esprit de société qui fait de la critique des travers d'autrui un lien entre ceux qui croient ne les avoir pas, ou qui en ont d'autres. C'est une destinée bien humble; aussi ne suis-je pas surpris qu'à l'époque même de la faveur de cette poésie, il se préparât sourdement une réaction qui, au prix de quelques excès, devait protester contre cet affadissement du vieil esprit français, ayant perdu sa naïveté dans son commerce avec les raffinements de l'Italie, toujours attaché au présent, et songeant bien plus à acquérir de l'adresse sur un instrument borné et qui manquait d'âme, qu'à en inventer un nouveau.

Dans le temps donc que Saint-Gelais, *créature gentille*, comme l'appelle Marot, aiguisait quelques *douzains* à la manière italienne, ou chantait ses vers sur des airs qu'il avait composés lui-même (1), de jeunes esprits se formaient dans les écoles restaurées par la Renaissance, et retrouvaient l'idéal de la poésie dans les grands poëtes de l'antiquité. L'érudition qui avait inspiré Rabelais, qui avait armé Calvin de son invincible méthode, après avoir renouvelé la langue de la prose, allait renouveler la langue de la poésie. Ces jeunes gens, épris d'Homère et de Virgile, nés eux-mêmes avec le don des vers, avaient rêvé pour leur pays, appelé pour la première fois par eux du beau mot latin *patria*, une poésie égale à celle de ces pères de toute poésie. Au

(1) Il était, dit La Croix du Maine, poëte et musicien vocal et instrumental.

sortir de leurs fortes études, rencontrant ce que leur outrecuidance juvénile qualifia tout d'abord *d'épiceries de l'école de Marot*, ils levèrent l'étendard de la révolte contre la poésie en faveur à la cour, et vinrent secouer, dans sa douce oisiveté de premier poëte, Saint-Gelais, lequel savourait nonchalamment, et sans presque le faire voir dans ses vers, ces biens de l'esprit dont la possession enthousiasmait la nouvelle école. Il se défendit d'abord avec tout le crédit que lui donnait l'ancienneté de la faveur, dans une cour d'ailleurs fort peu savante : Ronsard, qui se plaint d'en être méprisé devant les rois, avoue la peur qu'il avait de la *tenaille de Mellin*.

§ II.

MANIFESTE D'UNE NOUVELLE ÉCOLE POÉTIQUE. — L'*Illustration de la Langue françoyse*, PAR JOACHIM DU BELLAY.

Celui qui leva l'étendard de la révolte était un jeune homme de vingt-cinq ans, Joachim du Bellay, de cette illustre et docte famille dont un des membres, Guillaume de Langey, avait été l'ami et le protecteur de Rabelais. « Illustre, « genereuse et heroïque ame, dit Rabelais parlant de sa mort, tout parfait et necessaire chevalier à la gloire et protection de la France, « que les cieux repetoient comme à eux deu par « proprieté naturelle. » L'amour des lettres et les talents se transmettaient alors du père au fils, comme un héritage, le plus souvent augmenté et amélioré par le fils. Ainsi, les Du Bellay, les Estienne; ainsi les Marot et les Saint-Gelais.

L'*Illustration de la Langue françoyse*, par Joachim Du Bellay, fut le manifeste de la nouvelle école. Il parut cinq ans après la mort de Marot, et deux ans après l'*Art poétique* de Sebilet. C'était une véritable déclaration de guerre. Ceux qui y souscrivirent furent appelés *la Brigade*. Une fois maîtres du terrain, la victoire leur montant au cerveau, la brigade se mit de ses propres mains au ciel, et s'appela *la Pléiade*.

Toutes les tendances de l'esprit français, tous les progrès que la poésie avait encore à faire, sont exprimés dans ce manifeste, excellent écrit où, malgré une certaine exagération de jeunesse, quelques contradictions, trop peu d'ordre, la langue est ferme, le tour vif et naturel, les expressions durables, suscitées par les bonnes raisons. Le plan n'en est pas marqué; et ce que Calvin a insinué de Luther est vrai surtout de Du Bellay, lequel procède par *une ardeur impétueuse* plutôt que par *gravité judiciaire*. Mais la pensée est complète, et tout ce qu'il y avait à dire est dit, hors de son lieu ou en son lieu.

Du Bellay y confond dans une proscription commune et ceux qui par dédain de la langue

vulgaire écrivaient en latin, et ceux qui écrivaient en français, sans études grecques ni latines, les cicéroniens et les poëtes à la mode. Il combat les cicéroniens par Cicéron lui-même, lequel avait défendu le latin contre ceux qui le dédaignaient pour le grec, quoiqu'il ne fût pas plus suspect d'estimer médiocrement la langue grecque, que Du Bellay, défendant le français, n'était suspect de n'estimer pas assez les langues anciennes. Pour les poëtes, il disait des chevaleresques ou romanesques : « O combien je desire
« voir secher ces *Printemps*, chastier ces *Petites*
« *jeunesses*, rabattre ces *Coups d'essay*, tarir
« ces *Fontaines*! Combien je souhaite que ces *Dé-*
« *pourveus*, ces *Humbles esperans*, ces *Banniz de*
« *lyesse*, ces *Esclaves*, ces *Traverseurs*, soyent
« renvoyés à la Table ronde, et ces belles petites
« devises aux Gentilshommes et Damoyselles
« d'où on les a empruntées! » Les poëtes de l'école de Marot, le maître compris, ne sont pas traités plus doucement : « Laisse-moi, s'écrie-t-il,
« toutes ces vieilles poésies françoises aux Jeux
« Floraux de Thoulouze et au pays de Rouen :
« comme rondeaux, ballades, virelais, chants
« royaux, chansons et aultres episseries qui corrompent le goust de nostre langue, et ne servent sinon à porter tesmoignage de nostre
« ignorance. »

Du Bellay propose de remplacer tous ces vieux genres par des genres nouveaux. Il ne fait pas même grâce à l'épître, qu'il ne trouve pas assez noble à cause de Marot, qui y avait excellé. Il conseille aux poëtes de son école de se retirer au bagage avec les pages et les laquais, aux cours des princes, « où vos beaux et mignons escritz, « leur dit-il, non de plus de longue durée que « vostre vie, seront reçus, admirés et adorés. »

« J'ay tousjours estimé, ajoute-t-il, nostre poé-
« sie françoise estre capable de quelque plus haut
« et meilleur style que celui dont nous nous
« sommes si longuement contentés... » Que la France, si longtemps stérile, « soit grosse enfin
« d'un poëte dont le luth face taire ces enrouées
« cornemuses, non aultrement que grenouilles,
« quand on jecte une pierre dans leur marais. »

Quel sera le caractère de la poésie, telle que Du Bellay l'imagine et la désire pour la France? Il l'indique avec une justesse admirable : « Sa-
« chez, lecteur, dit-il, que celui sera veritable-
« ment le poëte que je cherche en nostre langue,
« qui me fera indigner, apayser, esjouyr, dou-
« loir, aymer, hayr, admirer, estonner : bref,
« qui tiendra la bride de mes affections, me
« tournant çà et là à son plaisir. » C'est l'image même de la haute poésie, et le portrait de nos grands poëtes.

Du Bellay a dit ce qu'il fallait laisser et où il fallait tendre; il a rompu avec le passé, et il a ouvert une voie nouvelle. Il restait à indiquer les moyens. Où le poëte futur devra-t-il chercher le secret de cette poésie du cœur et de la raison? Qui donnera à la langue vulgaire des formes qui égalent ces grandes pensées? L'étude et l'imitation des anciens. « Sans l'imitation des Grecz
« et des Romains, dit-il, nous ne pouvons don-
« ner à nostre langue l'excellence et lumiere des
« aultres plus fameuses. » Et ailleurs : « Il est
« une forme de poésie beaucoup plus exquise,
« laquelle il fauldroit chercher en ces vieux
« Grecz et Latins, non point ès auteurs françois;
« pour ce qu'en ceux-cy on ne sçauroit prendre
« la chair, les oz, les nerfz et le sang. » Et ailleurs : « Ly donques et rely premierement, ô
« poëte futur! feuillette de main nocturne et
« journelle les exemplaires grecs et latins. » Mais dans quelle mesure le poëte devra-t-il imiter les anciens? Une préface des poésies de Du Bellay en donne l'indication qui manque dans le manifeste. L'imitation, utile, féconde, on ne peut trop louer Du Bellay de l'avoir définie : c'est, dans la peinture de la vie humaine et dans l'expression des vérités générales, de se rencontrer avec les anciens qui y ont excellé. L'imitation n'est pas seulement légitime, elle

est nécessaire. Les paroles de Du Bellay sont du plus grand prix : « Si deux peintres, dit-il, « s'efforcent de representer au naturel quelque « vif pourtrait, il est impossible qu'ils ne se ren- « contrent pas en mesmes traits et lineaments, « ayant mesme exemplaire devant les yeux. » Rien de plus élevé et de plus juste, mais il y faut une condition : c'est que les deux peintres soient supérieurs. Quand Racine imite Sophocle, c'est qu'il a été impossible qu'ayant le même exemplaire sous les yeux, les deux grands peintres ne se rencontrassent. Mais un peintre médiocre ne peut être que le plagiaire d'un peintre de génie. Que j'aime à voir, dans des écrits qui ont trois siècles, la tradition des grands principes littéraires exposée en termes si vifs par des esprits neufs à la découverte et à la possession de la vérité!

On s'attendrait à trouver, parmi tant d'idées heureuses, quelques principes de goût sur la manière dont l'imitation pouvait enrichir, et, selon l'expression de Du Bellay, amplifier notre langue. Mais ce point particulier demandait une délicatesse de critique au-dessus de son temps. C'était beaucoup d'avoir défendu la langue vulgaire contre ceux qui l'estimaient trop basse pour leurs conceptions, et contre ceux qui la tenaient abaissée au niveau de leur esprit; c'était beaucoup d'avoir prescrit l'imitation des littératures grecque et latine, et déterminé le caractère de cette imitation. Le mérite en est si grand qu'il ne saurait être diminué par les erreurs que Du Bellay mêle à ces vues, et notamment par le conseil d'imiter les modernes. Sur ce point, il est excessif : il ne pouvait souffrir que la France restât en arrière de personne, et où les Grecs et les Latins ne suffisaient pas, il voulait que les Italiens et les Espagnols y suppléassent.

C'est une doctrine mauvaise, et qu'il importe de combattre, du plus loin qu'elle apparaît dans la critique française. On imite impunément les anciens, parce qu'à la distance où ils sont de nous, c'est par la raison seulement, et sur le terrain des vérités générales, que nous commerçons avec eux. L'imagination et le caprice par lesquels nous nous attacherions à ce qui n'aurait été chez eux qu'un tour d'esprit passager, une exagération, une mode, n'ont aucune part dans ce commerce. En effet, la partie des littératures anciennes qui a ce caractère, et qui est ou particulière à certaines époques, ou exclusivement locale, nous est dérobée par tant d'obscurités historiques ou de philologie, que, loin d'y être attirés par l'imagination, c'est ordinairement la pâture de l'érudition la plus froide et la plus patiente. Il n'y a donc pas de danger que nous imitions ce que nous ne sommes pas même sûrs d'entendre. Nous ne pouvons imiter des anciens que les vérités générales, qu'on n'imite pas, mais que chaque grande nation exprime à son tour dans la langue de son pays.

Il n'en est pas ainsi des auteurs étrangers qui sont tout près de nous, qui nous touchent, qui sont présents parmi nous. L'imitation en sera toujours dangereuse, parce que, tout au contraire de l'imitation des anciens, c'est par l'imagination et le caprice que nous sommes tentés de ressembler aux auteurs étrangers. Qu'est-ce qui nous fait nous tourner vers eux, sinon le bruit qu'ils font et l'admiration qu'ils excitent dans leur pays? Et comme ce sont moins les vérités générales qui, de leur vivant, font la fortune même des meilleurs, que le tour d'esprit du moment, qu'une disposition de leur époque qu'ils ont flattée ou subie à leur insu, le moindre risque que nous courions en les imitant, c'est de nous donner des défauts exotiques. Combien cette réflexion n'est-elle pas vraie des étrangers contemporains, puisqu'elle est vraie de ceux qui sont morts même depuis longtemps? Car, pour ces derniers, par quoi les apprécions-nous, si ce n'est par l'opinion de leurs nationaux, qui n'en estiment guère que les qualités indigènes et comme le cachet local? En sorte que nous imiterions de ces auteurs les seules choses qui ne conviennent pas au goût de notre pays.

L'imitation des littératures étrangères ne réussit à aucune nation. En France, elle est mortelle à l'écrivain. Je ne dis rien de trop fort. On ne songe pas assez qu'à la fortune de l'écrit est attaché le repos de l'écrivain, et que, dans la carrière des lettres, les revers de réputation sont plus douloureux que dans toute autre. Aussi est-il du devoir de la critique de rappeler à quelles conditions on obtient les succès durables, à quels risques on recherche les succès d'un moment. En ce qui regarde l'imitation des littératures étrangères, nulle part elle n'a moins de chances qu'en France, qui l'a pourtant soufferte à certaines époques; mais pour combien peu de temps, et dans quelle stérilité du génie national! Tout y répugne.

Henri Estienne avait une vue plus juste, quand, peu d'années après Du Bellay, il attaquait l'imitation de la littérature italienne. Il est vrai qu'en retour il voulait nous faire plus Grecs que Français. Dans son enthousiasme pour la langue grecque, il y voyait toutes sortes de conformités imaginaires avec la nôtre. Au milieu de ces excès si intéressants par l'ardeur même qui les suscitait, l'esprit français s'éprouvait tour à tour à toutes ces imitations où l'invitaient les doctes et les poëtes populaires, et il se formait en silence par le sentiment naïf des différences et des analogies.

A côté de ces grandes idées sur les nouvelles destinées de la poésie et de la langue, le manifeste de Du Bellay remettait en honneur le travail, où Buffon a vu le secret du génie. « Qui desire « vivre en la memoire de la posterité, dit-il, doit « comme mort en soy-mesme suer et trembler « maintes fois; et, autant que nos poëtes cour- « tisans boivent, mangent et dorment à leur « aise, endurer de faim, de soif et de longues « vigiles. » Du Bellay ne veut ni paresseux ni esprits médiocres dans son Parnasse. Il a une si haute idée de la poésie, qu'il va jusqu'à demander l'institution d'une sorte de juge des vers, d'un Quintilius Varus, investi de la censure publique, et qui ne délivrerait le droit d'imprimer qu'au poëte « qui auroit enduré sa lime. »

L'enthousiasme le plus naïf éclate dans l'exhortation que Du Bellay adresse, en finissant, aux poëtes et aux doctes de la Brigade : « Là donc, « François, s'écrie-t-il, marchez courageusement « vers cette superbe cité romaine, et de ses des- « pouilles ornez vos temples et vos autels. Ne « craignez plus ces oies criardes, ce fier Manlie

« et ce traistre Camille, qui, sous ombre de bonne
« foi, vous surprirent tout nuds, comptant la
« rançon du Capitole. Donnez en cette Grece
« menteresse, et y semez, encore un coup, la fa-
« meuse nation des Gallo-Grecs. Pillez-moi sans
« conscience les sacrés tresors de ce temple del-
« phique, ainsi que vous avez faict autrefois. »

Le cri de guerre poussé par Du Bellay fut entendu, et rien en effet ne ressemble plus à un pillage que cette première imitation tumultueuse de l'antiquité. Chaque poëte se jeta sur une partie de ce noble héritage, et s'affubla de quelque dépouille de Rome ou d'Athènes. On eût dit des barbares, vainqueurs d'une nation civilisée, qui adaptaient à leur grossier vêtement de guerre quelque lambeau du brillant costume des vaincus. Le plus notable des nouveaux poëtes est aussi le plus marqué de cette bigarrure ; c'est Ronsard, dont la renommée et la chute sont un si grand enseignement dans l'histoire des lettres françaises.

Du Bellay avait voulu joindre le précepte à l'exemple. Il fit suivre son manifeste d'une satire contre la poésie à la mode, qu'il intitula *le Poëte courtisan*. Il y avait deux nouveautés dans cette satire : le titre même de satire, qui se voyait pour la première fois en tête d'un ouvrage en vers français, et l'alexandrin substitué au petit vers, si populaire depuis Jean de Meung. Il y avait de plus ce que ne donnent pas les théories, de la verve et de l'esprit. Les autres poëmes de Du Bellay ne tinrent pas les promesses de son manifeste. Dans *l'Olive*, où il compare toutes les beautés de sa maîtresse à celles de la nature, Charles Fontaine, l'un des poëtes attaqués dans *l'Illustration*, notait, sans trop exagérer, cinquante fois, en quatre feuilles de papier, *ciel* et *cieux*, *armées* et *ramées*, *oiseaux* et *eaux*, *fontaines vives* et *leurs rives*, *bois* et *abois*, et tout un vain travail de la mémoire, répétant sans cesse les mêmes mots, à la place de l'inspiration qui les renouvelle et les varie à l'infini. Les *Regrets*, espèces de *Tristes* composées à Rome durant le séjour que Du Bellay y fit avec le cardinal son parent, ont paru ennuyeux même à l'historien ingénieux et peut-être prévenu de la poésie de ce temps (1). On pourrait extraire quelques beaux vers des *Antiquités de Rome*, sorte de chant dans lequel la vue des ruines fait faire au poëte un retour sur lui-même. Aucune de ces pièces n'est digne de ce poëte futur, qu'appelait le vœu de Du Bellay; aucune ne réalise les prescriptions du manifeste. Ce sont quelques pages

---

(1) Sainte-Beuve, *Histoire de la poésie française au XVIe siècle*.

en prose, les premières où la critique littéraire ait été éloquente, qui donnent à ce poëte, appelé par ses contemporains *l'Ovide français*, une place durable dans l'histoire de notre littérature.

§ III.

RONSARD ET LA PLÉIADE.

> Ronsard, qui le (Marot) suivit, par une autre méthode,
> Réglant tout, brouilla tout, fit un art à sa mode,
> Et toutefois longtemps eut un heureux destin.
> Mais sa muse, en français parlant grec et latin,
> Vit dans l'âge suivant, par un retour grotesque,
> Tomber de ses grands mots le faste pédantesque.

Ce passage de l'*Art poétique*, caractérise admirablement Ronsard, sa fortune singulière, et sa chute. Boileau a prononcé. Il ne reste plus qu'à donner les motifs de ce jugement, dont la sévérité était si opportune et si courageuse dans une poétique écrite en présence et à la face de ce qu'on appelait alors la queue de Ronsard. Toute la suite et la fin de ce court et frappant résumé des commencements et des progrès de notre poésie sont marquées de la même force de jugement et d'expression. L'histoire de la poésie française, jusqu'à Malherbe, ne peut être que le commentaire du texte consacré.

Il faut apprécier les causes de la grandeur de Ronsard avant d'en venir aux causes de sa décadence. On sait qu'il put dire à tous les poëtes de son temps, sans être ridicule :

Vous êtes mes sujets, et je suis votre roi !

Son siècle lui fit, comme à tous les grands hommes, des fastes héroïques ; il lui donna des rois pour ancêtres ou pour alliés ; il le fit parent, au dix-septième degré, d'Élisabeth d'Angleterre : par malheur, à ce degré on n'hérite plus. On lui constitua un marquisat dans le pays de Thrace, vulgairement appelé Bulgarie ; on estima que la bataille de Pavie, qui fut perdue le jour même où Ronsard vint au monde, avait été compensée par la naissance d'un si grand poëte. Dans un poëme allégorique que Bertaut fit à l'occasion de sa mort, la France, étant allée se plaindre à Jupiter du malheur de Pavie, le dieu, qui dînait chez Thétis, sous un roc, près de Toulon, la console par ces mots :

Cependant, pour montrer qu'ici-bas je n'envoie
Nulle pure douleur ni nulle pure joie,
Sache que ce mesme an qui maintenant escrit
D'un encre si sanglant son nom en ton esprit,
Ce mesme an qui te semble à bon droit deplorable,
Te sera quelque jour doucement memorable,
D'autant que, dans le sein du terroir vendosmois,
Avant que par le ciel se soient tournés sept mois,

DE LA LITTÉRATURE FRANÇAISE. 345

Un enfant te naistra, dont la plume latine
Egalera ta gloire à la gloire divine.....
Je ne soufflai jamais, au vent de mon haleine,
Tant de divinité dedans une ame humaine.

Ronsard, comme les grands poëtes de l'antiquité, eut un berceau mystérieux. En le portant au baptême, la porteuse le laissa choir ; mais la fortune de la France voulut que ce fût sur des fleurs. Une belle demoiselle lui versa sur la tête de l'eau de rose, mêlée de jus d'herbes odoriférantes, symbole évident de sa douce et savoureuse poésie. Ronsard, dès sa jeunesse, était devenu sourd : on ne cherchait qu'un prétexte pour l'égaler à Homère ; cette surdité y servit ; il n'y eut entre Homère et Ronsard que la différence d'infirmité. « Bienheureux sourd, s'é-
« crie le cardinal du Perron (1), qui a donné
« des oreilles aux Français, pour entendre les
« oracles et les mystères de la poésie! Bienheu-
« reux eschange de l'ouïe corporelle à l'ouïe spi-
« rituelle! Bienheureux eschange du bruit et du
« tumulte populaire à l'intelligence de la musique
« et de l'harmonie des cieux, et à la connois-
« sance des accords et des compositions de l'ame!
« C'est ce grand Ronsard qui a le premier
« chassé la surdité spirituelle des hommes de sa
« nation....» Du Bellay, qui, dans sa vieillesse,

(1) Oraison funèbre de Pierre de Ronsard.

était devenu sourd, s'en félicitait comme d'un trait de ressemblance avec Ronsard.

L'enthousiasme qu'inspira ce poëte lui survécut, au moins jusqu'à l'arrivée de Malherbe. Il avait eu pour admirateurs pendant sa vie tous les bons esprits du xvie siècle, Scaliger, Turnèbe, Muret, de Thou, et d'autres. « L'illustre « Ronsard, dit Pasquier dans ses *Recherches*, « a porté la poésie française à sa perfection, « ou jamais elle n'y parviendra. » Montaigne, d'un sens si juste, ne le trouve guère éloigné de la perfection ancienne, « aux parties en quoy il « excelle (1). » Exemple éclatant de l'illusion où sont toujours les contemporains, fût-ce des esprits excellents, sur le mérite d'un auteur. Qui croirait que c'est du même poëte que le grand Arnauld a pu dire au xviie siècle, sans que ce jugement parût trop sévère : « C'est un déshon- « neur à notre nation d'avoir estimé les pi- « toyables poésies de Ronsard (2)? » Pourquoi tant de mépris, sinon parce que l'admiration avait été excessive? Mais qui pouvait alors n'être pas épris de tant de séduisantes nouveautés?

Jean Dorat, un des poëtes de la Pléiade, avait donné les premières leçons de grec à Ron-

---

(1) *Essais*, liv. III, chap. xvii.
(2) Lettre à M. Perrault.

sard; il nous a laissé un détail intéressant de l'ardeur qu'y montrait son élève. Ronsard couchait dans la même chambre que son ami Lazare de Baïf, non moins adonné que lui à leur commune étude. « Ronsard, dit Dorat, qui avoit
« esté nourri jeune à la cour, accoustumé à veil-
« ler tard, continuoit à l'estude jusqu'à deux ou
« trois heures après minuit, et, se couchant,
« resveilloit Baïf, qui se levoit et prenoit la chan-
« delle, et ne laissoit refroidir la place. » Il demeura sept ans avec Dorat « en cette contention d'honneur, » dit son biographe René Binet. « Il avoit lu, ajoute-t-il, les auteurs grecs et latins
« avec un tel mesnage, qu'il ne se pouvoit pré-
« senter subjet dont il n'eust remarqué quelque
« excellent trait des anciens. » C'est ainsi que se préparait Ronsard, dans le temps même que, selon son expression dédaigneuse, « Clément
« Marot se travailloit à son Psautier. »

On comprend et on est près d'excuser le mépris que ces fortes études lui durent donner pour les poëtes contemporains (1) et pour Marot lui-même, quoiqu'il l'ait appelé « la seule lumiere
« en ses ans de la vulgaire poésie. » « L'imitation

(1) Voici ce qu'il en dit, entre autres choses :

. . . . Nos malheureux poëtes,
Qui vouloient comme pourceaux
Souiller le clair des ruisseaux. (Ode XII.)

« des nostres, » dit-il dans la préface de la première édition de ses Odes, « m'est tant odieuse,
« d'autant que la langue est encores en son en-
« fance, que pour cette raison je me suis eslongné
« d'eux, prenant style à part, sens à part, œuvre
« à part, ne desirant avoir rien de commun avec
« une si monstrueuse erreur. » Il attaque les rimeurs, et principalement les courtisans, « qui
« n'admirent qu'un petit sonnet pétrarquisé ou
« quelque mignardise d'amour qui continue
« toujours en son propos. » Ce n'est pas « pour
« telle vermine de gens ignoramment envieuse »
qu'il publie ses vers.

Du Bellay avait donné les préceptes, Ronsard donna les exemples. C'était là ce *luth* qui devait faire taire les *enrouées cornemuses*, ce poëte futur auquel s'adresse Du Bellay, et dont peut-être il avait dit tout bas le nom à Ronsard. Celui-ci fit des odes sur le patron d'Horace et de Pindare. Par lui la poésie française s'essaya pour la première fois dans le genre lyrique; par lui fut créé le beau nom d'ode, dont Boileau ne se savait sans doute pas redevable à Ronsard.

Après l'ode, il ressuscita le poëme épique. A côté de lui, et par son impulsion, Baïf et Jodelle s'essayaient dans la tragédie et dans la comédie. Il n'y avait pas de genre si haut chez les anciens dont l'école de Ronsard ne voulût doter notre poésie.

En même temps le chef de la Pléiade développait dans d'ingénieuses théories les principes de *l'Illustration*. Du Bellay s'était borné à demander « une forme de poésie plus exquise. » Ronsard, après avoir osé nommer les genres, en donnait la poétique. Il eut une noble ambition pour la langue française, « qu'il vouloit pousser, disait-il, dans « les pays étrangers, » et il enseigna divers moyens pour l'enrichir.

C'est ainsi qu'il *régla tout*, selon la vive expression de Boileau ; mais cette règle confondait des choses qui s'excluent : voilà pourquoi, en *réglant tout, il brouilla tout*. Ronsard avait pris au mot le conseil que donnait Du Bellay aux Français, d'orner leurs temples des dépouilles de Rome et d'Athènes. L'imitation des anciens dans Ronsard, c'est, en effet, une véritable prise d'assaut du Capitole, un nouveau pillage de Delphes par les Gaulois. Loin de s'en cacher, il n'est chose dont il ne se loue plus souvent et avec plus de complaisance. Il dit à son luth :

> Pour te monter de cordes et d'un fust,
> Voire d'un son qui naturel te fust,
> Je pillai Thebe et saccageai la Pouille,
> T'enrichissant de leur belle despouille (1).

Au reste, le droit à cet égard paraissait si clair,

(1) Ode XXII, liv. Ier.

que, parmi ses critiques, quelques-uns trouvaient qu'il y avait mis trop de scrupule, et lui reprochaient de préférer trop souvent ses conceptions à celles des anciens. Il eut à se défendre de l'accusation d'originalité comme d'une injure.

> Je leur fais response au contraire,
> Comme l'ayant bien sçu portraire
> Dessus le moule des plus vieux,
> Et comme cil qui ne s'esgare
> Des vers repliés de Pindare,
> Inconnus de mes envieux (1).

Il est si Grec et si Latin, qu'à tous ceux qui ne savent que le français, il déclare que l'entrée de ses vers leur est fermée :

> Les François qui mes vers liront,
> S'ils ne sont et Grecs et Romains,
> Au lieu de ce livre ils n'auront
> Qu'un pesant faix entre les mains (2).

Aux yeux de ses contemporains, la grossièreté même de ses imitations était son plus beau trait. Telle était la superstition pour les anciens, qu'il suffisait, pour que des vers fussent trouvés beaux, qu'il y parût quelque lambeau de leurs dépouilles. On n'estimait que la poésie où il y

(1) Odes, liv. V.
(2) En tête des poésies en l'honneur de Charles IX.

avait quelque docte obscurité à pénétrer. Richelet (1), louant Ronsard « d'avoir esté l'essaim « et toute la nichée des plus belles fleurs de « l'antiquité, » flattait son poëte à l'endroit le plus sensible, mais ne disait que ce que tous les contemporains en avaient pensé. Quelle nouveauté charmante, en effet, après les froides allégories de Jean de Meung, que cet Olympe grec et ses dieux si aimables! Le plaisir était d'autant plus vif qu'il était interdit à la foule, et réservé, comme un prix, aux plus doctes. L'admiration pour Ronsard était une note de grand savoir : ne le lisait pas qui voulait. Peu s'en fallut que Ronsard n'eût, de son vivant, la gloire de Dante après sa mort, et qu'il ne vît des chaires instituées pour interpréter ses poésies. Du moins en fit-on dans le particulier, sur tous les points de la France, des gloses qui formaient le sujet le plus général des conversations du temps. Les dames se les faisaient traduire par leur savant familier.

L'imitation des anciens, dans Ronsard et son école, n'est le plus souvent qu'une traduction si éprise de son original, qu'où la langue de la traduction fait défaut, elle se borne à donner aux mots de l'original une terminaison française. De

---

(1) Éditeur des œuvres de Ronsard.

là cette muse « en français parlant grec et latin, » dont se moque Boileau. Ronsard imitait les anciens en les traduisant, et les traduisait en les francisant. Où il est imitateur, ce n'est pas ce peintre de Du Bellay qui, en face d'un *exemplaire* déjà représenté par un autre, rencontre les mêmes *linéaments;* c'est un copiste qui reproduit un portrait déjà fait, à quelques ajustements près par lesquels il pense se l'approprier. Tantôt il enferme, entre un début et une fin traduite d'Horace, de Pindare, de Callimaque ou d'Anacréon, quelques pensées qui lui sont propres; tantôt c'est le corps qui appartient aux modèles; la tête et les pieds sont de l'imitateur. Il me semble voir le monstre d'Horace. Ce qui est propre à Ronsard dans ses odes, est le plus souvent soit dans le goût des « malheureux » poëtes qu'il traitait de « pourceaux souillant le clair des ruisseaux, » soit imité du pétrarchisme, auquel il payait tribut tout en protestant. La mode était plus forte que sa répugnance, et il n'avait ni assez de génie pour avoir un naturel à lui, ni assez d'indépendance pour n'être pas courtisan. Qu'on s'imagine un mélange de subtilités italiennes et de ce que Du Bellay appelait fort justement mignardises françaises, cousues à des idées grecques ou latines, dont le traducteur rendait emphatique la sévère grandeur, ou enfantine la mâle simplicité; qu'on s'imagine le badinage de Marot, s'enveloppant des *vers repliés* de Pindare, et affectant les fureurs de la lyre(1) : telle est l'ode, dans Ronsard.

Tout le monde ne fut pas dupe de cette étrange confusion. Quand le premier livre des *Amours* parut, il y eut de vives critiques. Saint-Gelais ne manqua pas d'en faire des risées devant le roi et dans les compagnies. On blâmait Ronsard

D'apparaître trop haut au simple populaire.

C'est le *faste pédantesque* de Boileau. Qui donc le jugeait déjà comme devait faire la postérité? C'étaient des émules, peut-être des envieux, que la prévention pouvait aveugler. Nouvelle preuve que, dans l'impuissance où nous sommes d'échapper à l'illusion sur les choses et les hommes de notre temps, les envieux en savent plus sur le mérite réel des auteurs contemporains que leurs admirateurs les plus sincères. C'est par l'imagination que nous admirons les contemporains, et de là nos illusions ; c'est par le jugement, quelle que soit la prévention qui le sollicite, que nous les

---

(1) Ronsard dit à Du Bellay, liv. Ier, ode XI,

.... Mesme fureur nous affecte,
Disciples tous deux d'une eschole
Où l'on *forcene doulcement*.

critiquons; et de là cette sorte d'infaillibilité de la critique. La passion même excite la sagacité; et, pendant que les admirateurs s'exagèrent les beaux côtés, les ennemis voient les défauts d'un œil d'autant plus sûr qu'il est plus intéressé.

Ronsard eut peur de ces attaques. Il descendit du trépied de Delphes ; il cessa de pindariser (1); il daigna aimer moins haut. Le sujet de son premier recueil était Cassandre, une grande dame de la cour qui, disait-on, se faisait expliquer par des érudits les galanteries de Ronsard. Il adressa le second livre à une personne d'un rang plus modeste et d'un nom moins savant, à Marie. Mais là même il ne fut pas tellement accessible, qu'Antoine de Muret et Remy Belleau, ses glossateurs et ses amis, n'eussent à initier par des notes les lecteurs à bon nombre de ses mystères.

(1) Le mot est de lui, et pour se louer :

>Si, dès mon enfance,
>Le premier de France,
>J'ai *pindarisé*,
>De belle entreprise
>Heureusement prise
>Je me vois prisé.

Rabelais, dans un passage où il semble prédire Ronsard, tourne le mot au sens ironique : « Ce guallant cuyde ainsi « *pindariser.* » Liv. II, ch. vi.

C'est surtout dans ce que Ronsard imagina pour enrichir et ennoblir la langue que se faisait voir cette confusion qui est le propre de son école. Après avoir pris aux poëtes grecs et latins l'ordonnance de leurs pièces, leur forme, leur dessin, figurant des odes pindariques ou anacréontiques, coupant la *Franciade* sur le patron de l'*Énéide*, il voulut calquer notre langue sur les langues anciennes, et particulièrement sur la langue grecque.

Prenant en outre les patois de l'ancienne France pour des dialectes, il conseilla d'y faire des emprunts des mots les plus significatifs, « sans se soucier, disait-il, si les vocables sont « gascons, poitevins, normands, manceaux, « lyonnais, ou d'autres pays, pourvu qu'ils si- « gnifient ce que l'on veut dire (1). » Et toutefois, par une contradiction honorable, il re- « connaissait le principe de l'unité du langage : « Aujourd'huy, disait-il, pour ce que nostre « France n'obéist qu'à un seul roy, nous som- « mes contraints, si nous voulons parvenir à « quelque honneur, de parler son langage (2). » Ronsard ne suivit pas cette vue, qui était juste. Son savoir trompait son bon sens.

(1) *Abrégé de l'Art poétique*.
(2) Ibid.

La même illusion lui fit prescrire l'emploi de mots composés, à la manière de la langue grecque, et ce qu'il appelait le *provignement* des vieux mots. Il voulait qu'on fît de *verve*, *verver*, *vervement*; de *pays*, *payser*; d'*eau*, *eauer*; de *feu*, *fouer*, *fouement*; et « mille autres tels « vocables, dit-il, qui ne voyent encore la lu- « miere, faulte d'un hardy et bienheureux en- « trepreneur (1). » Sa théorie du provignement des vieux mots est ingénieuse : « Tu ne desdai- « gneras, dit-il, les vieux mots françois, d'au- « tant que je les estime tousjours en vigueur, « quoy qu'on die, jusqu'à ce qu'ils ayent fait re- « naistre en leur place, comme une vieille souche, « un rejeton : et lors tu te serviras du rejeton et « non de la souche, laquelle fait aller toute sub- « stance à son petit enfant, pour le faire croistre « et finablement establir en son lieu (2). » On sait jusqu'où il imita la hardiesse de la langue grecque dans la formation des mots composés. Bacchus, *cuisse-né*, *nourrit-vigne*, *aime-pampre-enfant*, et beaucoup d'autres, sont les folies de ce système. Et pourtant il croyait y mettre du scrupule, et regrettait de ne pouvoir oser plus :

Ah ! que je suis marri que la muse françoise
Ne peult dire ces mots comme fait la gregeoise :

(1) *Abrégé de l'Art poétique.*
(2) Ibid.

Ocymore, dispotme, oligochronien!
Certes, je les dirois du sang valerien (1).

Pour enrichir la langue poétique, ce n'était pas assez des emprunts faits à tous les patois, que Ronsard appelle des dialectes, ni des mots composés, ni des vieux mots rajeunis, ni des mots grecs ou latins francisés; il conseilla d'en aller chercher jusque dans la boutique des artisans. « Tu practiqueras bien souvent, dit-il, les arti-
« sans de tous mestiers, comme de marine, de
« venerie, fauconnerie, et principalement les ar-
« tisans de feu, orfevres, fondeurs, mareschaux,
« minerailliers; et de là tireras maintes belles
« comparaisons avec les noms propres des mes-
« tiers (2). » D'après son biographe René Binet, Ronsard avait fait ce qu'il enseignait, « ne des-
« daignant, dit-il, d'aller aux boutiques des ar-
« tisans, et pratiquer toutes sortes de mestiers
« pour apprendre leurs termes (3). »

La nouvelle école était engagée d'honneur à prouver aux cicéroniens et aux Italiens que la langue française égalait le latin et l'italien; et pourvu qu'elle pût opposer l'épaisseur du vocabulaire français à tous les autres vocabulaires, peu importait d'où lui vinssent ses richesses.

(1) Épitaphe de François Ier.
(2) *Abrégé de l'Art poétique.*
(3) Vie de Pierre de Ronsard.

Lisez Estienne Pasquier, s'échauffant à prouver l'égalité du français et des langues anciennes. De quoi loue-t-il les nouveaux poëtes? De certains défis descriptifs qu'ils ont engagés avec les poëtes anciens, et où ils n'ont été, à son avis, inférieurs ni pour l'abondance des détails, ni pour la richesse des mots. Défendre théoriquement la *précellence* de la langue française contre les Italiens, comme fit Henri Estienne, ou contre les cicéroniens, que Rabelais appelle *les latinisants*, c'était la thèse de tous les érudits; la prouver par des exemples, ce fut l'ambition de Ronsard et de son école.

Tous ces moyens d'enrichir la langue sont matériels. Il s'agit de multiplier les mots; tout ce qui peut en grossir le vocabulaire est de bon aloi. C'est aussi par des moyens matériels que Ronsard veut l'ennoblir. Pour lui, la noblesse du langage consiste dans le choix des termes empruntés soit à la profession des armes, soit à certains exercices et amusements, comme la chasse et le jeu, qui étaient le privilége des classes nobles. Il se fait illusion quand, pour donner des exemples du style noble, il oppose à ces deux vers, qu'il méprise avec raison, comme étant du style bas,

> Madame, en bonne foi, je vous donne mon cœur;
> N'usez point envers moi, s'il vous plaist, de rigueur...

ceux-ci, qu'il présente pour modèle de la noblesse du langage :

> Son harnois il endosse ; et, furieux aux armes,
> Porfendit par le fer un scadron de gendarmes.

Il n'y a de noblesse dans l'un ni dans l'autre exemple : mais c'est la faute des idées et non des mots. Le second paraît à Ronsard le type du langage noble, à cause des *belles et magnifiques paroles* : *harnois, endosse*. Mais que la forme des armes vienne à changer, voilà des mots hors de service, comme les vieilles armures. Ronsard confondait la noblesse du langage avec le langage des nobles.

Enfin, c'est encore par des moyens matériels qu'il pensait rendre harmonieuse cette langue que les cicéroniens et les Italiens trouvaient barbare. L'harmonie consiste pour lui dans le son des lettres. Il prescrit qu'on y prenne garde, et, dans l'alphabet, il recommande les *R*, qui sont, dit-il, « les vrayes lettres heroïques, et « font une grande sonnerie et batterie aux « vers (1). »

Toutes ces prescriptions sont puériles, mais on ne peut nier que le principe n'en fût excellent. En désirant que la langue poétique fût ri-

(1) Préface de la *Franciade*.

che, noble, harmonieuse, Ronsard avait le sentiment exact, non-seulement de ses besoins actuels, mais de ses futures beautés. Seulement il demandait aux mots ce que les choses seules peuvent donner. Il ne vit pas que les langues ne s'enrichissent que par les pensées ; que le secret de la noblesse du langage est tout entier dans la hauteur modérée et égale des pensées ; que l'harmonie est moins une musique qui flatte l'oreille, que l'effet général d'un langage qui réunit toutes les conditions de propriété, de noblesse, de clarté. Le rapport intime qui, dans notre langue, lie entre elles la prose et la langue poétique, lui échappa ; et, venu après Rabelais et Calvin, il ne prit pas dans leurs beaux endroits l'exemple de tirer sa langue de sa raison et de sa sensibilité, plutôt que de sa mémoire. De là ce langage si singulier, amalgame de langues savantes et de patois provinciaux, bariolé d'italien, de grec et de latin, de mots savants et de mots de boutique ; vrai pêle-mêle d'audace et d'impuissance, de stérilité et de facilité formidable, d'inexpérience et de raffinement, de paresse et de labeur, qui a donné à Ronsard une sorte d'immortalité ridicule.

C'est à bâtir ce monstrueux édifice, qui devait crouler après lui, que Ronsard passa une assez longue vie, au milieu de la faveur universelle, richement doté, sauf la difficulté de toucher ses rentes dans ces temps de guerres civiles ; aimé des princes, qui comparaient leur couronne à la sienne ; qualifié de *prodige de la nature* et de *miroir de l'art;* admiré par Montaigne et consulté par le Tasse, qui lui lut les premiers chants de la *Jérusalem délivrée;* respecté, dans ses vers, par les protestants qui l'attaquaient dans ses mœurs, et remercié officiellement par le pape, pour s'être donné la peine de leur répondre ; pour comble de fortune, mourant avant que Malherbe, qui avait alors trente ans, eût songé à être poëte. On dit pourtant qu'il eut, vers la fin de sa vie, quelques doutes sur la solidité de sa gloire. Exemple unique d'une faveur si universelle et si constante, pensa-t-il donc que la gloire qui doit durer ne s'acquiert pas si facilement ? ou se jugea-t-il plus sévèrement que ses contemporains ? Ces doutes seraient à sa louange, et c'est ce qui m'y fait croire ; car, quoique rien n'annonçât encore le retour qui allait suivre cette fortune, et que Malherbe n'eût pas encore taillé la plume qui devait biffer tout son recueil, Ronsard avait prouvé par plus d'une pièce, et par quelques écrits en prose, qu'il avait assez de talent pour n'être pas toujours content de lui.

Mais ce n'est qu'une conjecture ; rien au contraire n'est plus vrai que le reproche d'orgueil qu'on fait à Ronsard et à son école, ni plus mérité que l'épithète de *poëte orgueilleux* que lui a infligée Boileau. Je reconnaîtrais là la marque de la médiocrité. Le poëte de génie, celui qui a le don de voir d'une vue claire et d'exprimer en termes durables la vérité, se voit lui-même tout d'abord et tel qu'il est; et, soit qu'il s'approuve ou se blâme, il ne tire que de lui-même l'opinion qu'il a de ses ouvrages. S'il lui arrive de s'estimer à son prix, par comparaison avec les autres, c'est qu'il ne peut ni ne doit s'exclure de son amour pour la vérité; mais combien ne se trouve-t-il pas petit en présence de son idéal! Il ne dépend pas du jugement populaire, et il ne lui vient pas du dehors des fumées qui l'enivrent. Le poëte médiocre se mesure à sa vogue; il en croit les louanges qu'il reçoit, et qui sont d'autant plus excessives qu'il est moins au-dessus de la foule qui l'applaudit. Ainsi Ronsard ne paraît le plus souvent se connaître que par l'opinion qu'avaient de lui ses contemporains, et ne se juger que par le bruit qu'il faisait.

Aucun poëte ne s'est plus admiré, parce qu'aucun de son vivant n'eut plus d'admirateurs. Ses poésies en offrent des exemples qui passent tout ce qu'on sait de plus extravagant, en fait de complaisance pour soi-même. Ici il se vante d'avoir imité Pindare, et de n'être pas pour cela tombé dans la mer, malgré la menace d'Horace;

beaucoup moins hardi que lui, remarque-t-il, parce qu'il était de moins bonne souche :

> Par une chute subite,
> Encor je n'ay fait nommer
> Du nom de Ronsard la mer,
> Bien que Pindare j'imite.
> Horace, harpeur latin,
> Estant fils d'un libertin,
> Basse et lente avoit l'audace ;
> Non plus moy, de franche race (1).

Là, dans une ode à Calliope, il reconnaît qu'elle l'avait prédestiné pour la gloire de la poésie :

> Certainement, avant que né je fusse,
> Pour te chanter tu m'avois ordonné :
> Le ciel voulut que ceste gloire j'eusse,
> Estre ton chantre avant que d'estre né (2).

Ailleurs, s'adressant à son luth, il lui fait hommage de sa renommée :

> Par toy je play, et par toy je suis lu ;
> C'est toy qui fais que Ronsard soit eslu
> Harpeur françois, et quand on le rencontre,
> Qu'avec le doigt par la rue on le montre.
> Si je play donc, si je say contenter,
> Si mon renom la France veut chanter,

(1) Odes, liv. Ier, 11, à Joachim Du Bellay.
(2) Liv. II, 2, à Calliope.

> Et si du front les estoiles je passe,
> Certes, mon luth, cela vient de ta grace (1).

L'immortalité, pour le chef de la Pléiade, ce n'est pas l'espoir timide et obscur de la récompense après le labeur, ni un transport extraordinaire, un jour que la muse a été plus souriante (2); c'est une assurance habituelle et comme une foi sans vivacité, parce qu'elle est sans défaillances :

> Les vers qu'il m'a plu de dire
> Sur les langues de ma lyre
> Vivront, et, superieurs
> Du temps, on les verra lire
> Des hommes postérieurs.
> Sus donc, Renommée, charge
> Dessus ton espaule large.... (3).

Tel fut Ronsard. Il eut, comme Rabelais, l'ivresse de la Renaissance. Il prit l'enthousiasme du savoir pour le feu poétique, et l'imitation passionnée pour l'inspiration. Mais, moins heureux que Rabelais, qui, de temps en temps, secoue les liens de l'érudition, se rendant libre de sa mémoire, où étaient entassées et où fermentaient tant de langues et de sciences diverses, et nous donne comme les premières épreuves d'une

(1) Liv. Ier, 17, à son luth.
(2) Comme le *non omnis moriar* d'Horace.
(3) Liv. III, 32.

image parfaite de l'esprit français cultivé par l'antiquité, Ronsard ne s'égara pas d'un pas, comme il s'en vante, des *vers repliés* de Pindare ; il ne sut pas marcher seul ; et dans tout cet amas de vers où brillent de vives étincelles, il n'y a pas une seule pièce d'un style franc et libre, où la poésie française puisse reconnaître son point de perfection.

Toutefois, Ronsard a laissé une trace dans l'histoire de cette poésie ; il en personnifie une époque ; à ce titre, il devait avoir une place dans un livre où l'on n'a voulu s'occuper que des ouvrages et des noms durables.

Ses fautes seront toujours un utile objet d'étude ; sa passion pour l'antiquité, qui devait lui coûter si cher, a été d'un bon exemple. Ses vers si fort admirés, et ses préceptes si obéis, attirèrent les esprits à ces études fécondes, où nous devions prendre le goût d'ouvrages plus parfaits que les siens ; cet enthousiasme, même mal exprimé, pour ce qui a fait depuis lors le fond de notre éducation intellectuelle, a de la vie. N'oublions pas que Ronsard s'est le premier essayé dans l'ode ; qu'il y fut le prédécesseur de Malherbe, qui perfectionna ce qu'il avait inventé ; qu'il eut la gloire d'indiquer le genre qui devait régénérer la poésie française. Ce fut certes une belle entreprise, que de se séparer si fièrement du badinage de Marot, et de porter tout à coup la poésie à une hauteur où, s'il ne lui fut pas donné de la soutenir, il eut du moins l'honneur de la lancer. Des hommes du plus grand savoir, un cardinal Duperron, fort bon écrivain lui-même dans les matières de théologie, le louaient, mort, « d'avoir annoncé et « exposé aux hommes de sa nation les mysteres « de la poésie ; d'avoir fait parler le premier la « muse en françois, et le premier estendu la « gloire de nos paroles et les limites de notre « langue (1). » Otez la double exagération de l'oraison funèbre, et de l'éloge dans la bouche d'un contemporain, c'est avoir au moins du bonheur que de donner cette idée à sa nation, et de la laisser, en mourant, pleine de cette estime et de cette ambition pour sa langue (2).

Pourquoi les érudits connaissent-ils seuls quelques poésies légères, spirituelles, délicates, d'un tour moins naïf que celles de Marot, mais plus élégant et, si j'ose le dire, plus distingué ?

(1) Oraison funèbre de Pierre de Ronsard.
(2) M. Sainte-Beuve, dans son *Histoire de la poésie au* XVIe *siècle*, a parlé en détail, avec beaucoup de précision et de savoir ingénieux, des perfectionnements matériels que Ronsard a opérés dans la langue poétique. C'est à ce poëte qu'on doit notamment la succession régulière des rimes masculines et féminines.

C'est que presque aucune n'est originale, et que la langue et les idées de Ronsard, même aux meilleurs endroits, n'égalent pas ce qu'il imite. D'autres imperfections empêchent de lire certaines pièces d'un genre élevé qui appartiennent plus à Ronsard, et que lui ont inspirées les événements de son temps. Ces imperfections ne sont pas compensées par un petit nombre de vers comme ceux-ci (1) :

Vous ne ressemblez pas à nos premiers docteurs,
Qui, sans craindre la mort ni les persecuteurs,
De leur bon gré s'offroient eux-mesmes aux supplices,
Sans envoyer pour eux je ne sais quels novices....
Mais montrez-moi quelqu'un qui ait changé de vie
Après avoir suivi vostre belle folie.
J'en voy qui ont changé de couleur et de teint,
Hideux en barbe longue et en visage feint,
Qui sont, plus que devant, tristes, mornes et pâles,
Comme Oreste agité de fureurs infernales ;
Mais je n'en ai point vu qui soient, d'audacieux,
Plus humbles devenus, plus doulx ni gracieux ;
De paillards, continents ; de menteurs, veritables ;
D'effrontez, vergogneurs ; de cruels, charitables ;
De larrons, aumosniers ; et pas un n'a changé
Le vice dont il fut auparavant chargé.

Ces vers sont beaux ; le sens en est plein, l'expression forte et nombreuse. J'en pourrais

(1) Il s'adresse aux protestants.

citer d'autres de la même pièce qui les égalent. Malgré la précoce beauté de ces grands traits de philosophie chrétienne, qui sont la part de la Réforme dans Ronsard, et quoiqu'il y ait en beaucoup d'endroits de son recueil de l'imagination, du feu, de la fécondité, quelque invention de style, ce poëte équivoque, placé entre les petites perfections de la poésie familière de Marot et la haute poésie de Malherbe, ne sera jamais un auteur qu'on fréquente; mais, comme représentant d'une époque, il y aura toujours justice à l'apprécier et profit à l'étudier.

CHAPITRE CINQUIÈME.

§ I. Explication du jugement de Boileau sur Desportes et Bertaut. — Caractère des poésies de Desportes. — § II. Bertaut. — § III. Malherbe. — Caractère général de sa réforme. — § IV. Détails biographiques. — — Du caractère et du tour d'esprit de Malherbe. — § V. Détail des changements opérés par ce poëte dans l'art d'écrire en vers. — § VI. Perfectionnement de la langue et de la versification. — § VII. Des exemples donnés par Malherbe à l'appui de sa discipline.

§ I.

EXPLICATION DU JUGEMENT DE BOILEAU SUR DESPORTES ET BERTAUT. — CARACTÈRE DES POÉSIES DE DESPORTES.

Boileau continue à tracer ainsi la suite de l'histoire de la poésie :

> Ce poëte orgueilleux (1), trébuché de si haut,
> Rendit plus retenus Desportes et Bertaut.

Ce bref jugement sur Desportes et Bertaut n'est pas moins exact que le portrait de Ronsard ; là encore l'histoire de la poésie ne doit être qu'un commentaire de Boileau.

(1) Ronsard.

Desportes et Bertaut ont eu peur du vol de leur maître ; ils ne l'ont pas suivi dans l'ode, n'étant pas aussi assurés que lui d'échapper au sort dont Horace a menacé les émules du Pindare thébain. D'autre part, dans cet entassement de mots tirés de tant de sources diverses, ils ont fait un choix. Plus retenus dans les sujets, ils l'ont été dans leur style. Le détail où je vais entrer sur chacun d'eux fera voir en quoi cette retenue a été utile à la langue poétique.

Mais n'est-ce pas sortir du plan de cette histoire, que d'y donner place à des noms si évidemment secondaires ? Boileau ne m'en eût-il pas fait un devoir, par la mention d'estime qu'il donne à ces deux poëtes dans ce résumé des traditions de notre poésie, la vérité eût réclamé pour eux. Il y a une sorte de création dans cette sagesse même qui tint en bride Desportes et Bertaut, et qui les fit résister à la tentation d'imiter Dubartas, quoique celui-ci ne se fût pas mal trouvé pendant un temps d'avoir poussé jusqu'à l'extravagance l'imitation de Ronsard. Ils ont marqué, si même ils ne l'ont pas provoqué, un retour de goût dans le public français ; ils ont rendu plus facile la tâche de Malherbe, qui devait apprendre d'eux à faire mieux qu'eux. De même que dans l'histoire politique il y a des hommes de second ordre, sans lesquels certaines choses nécessaires et qui subsistent pouvaient ou ne pas s'accomplir sitôt, ou ne pas s'accomplir du tout; de même, dans l'histoire de la littérature, il y a tels écrivains qui, pour n'avoir pas eu le don du génie, ont néanmoins senti les premiers, à certaines époques, le progrès qui se préparait, et ont en quelque sorte dégrossi le public pour les hommes de génie. Ainsi, dans les premiers temps de notre langue, les chroniqueurs rhétoriciens; ainsi les deux disciples de Ronsard. L'histoire politique ne doit omettre que ceux qui ont subi les événements sans les comprendre, et qui ont ignoré et leur temps et eux-mêmes; l'histoire de la littérature n'est fermée qu'aux écrivains qui n'ont fait que suivre, et qui ont porté la livrée soit d'un homme supérieur, soit de quelque mode littéraire aussi passagère qu'une mode d'habits.

Ronsard avait donné des exemples dans la haute poésie et dans la menue poésie, en faveur à la cour. Près de sept cents sonnets (1), outre un bon nombre de petites pièces galantes, prouvent qu'il subissait d'assez bonne grâce la mode

(1) C'est de la modération en comparaison des deux ou trois mille que fit un poëte du temps, le Virblaneau, sieur d'Ofayel, un de ces hommes à la suite des modes littéraires, et qui les exagèrent jusqu'à la fureur.

italienne. Desportes, plus âgé de huit ans que Bertaut (1), suivit l'exemple de Ronsard dans la poésie de cour; ou plutôt, remontant jusqu'à Mellin de Saint-Gelais, il en imita le tour d'esprit, et il en eut l'aimable caractère et la fortune. Mais il perfectionna l'art de Saint-Gelais avec les doctrines et sous l'influence de la poésie savante de Ronsard.

Un poëte des premières années du XVIIe siècle, Desyveteaux (2), lequel avait été à la fois témoin du retour du goût qui se marque en Desportes et en Bertaut, et de la réforme opérée par Malherbe, parle ainsi de Desportes, comparé aux poëtes de l'école de Ronsard :

> Lorsque du plus haut ciel les Muses descendues
> N'avoient qu'en peu d'esprits leurs flammes épandues,
> De leurs chastes amours les premiers inspirés
> Ouvrirent des trésors de la France admirés :
> Mais rien n'étant jamais parfait de sa naissance,
> Ils ne purent trouver parmi tant d'ignorance
> Ce qu'avecque plus d'art les autres ont cherché,
> Voyant par les premiers le terrain défriché.

(1) Il était né à Chartres en 1546, et Bertaut à Caen en 1552.

(2) Né près de Falaise, venu à Paris vers la fin du règne de Henri IV, précepteur du duc de Vendôme, puis du dauphin qui fut Louis XIII, renvoyé de la cour en 1611, mort en 1649.

Quand de si peu de mots la France avoit l'usage,
C'étoit être savant que d'avoir du langage :
Rien ne se peut former et polir à la fois;
Il faut beaucoup de mots pour en faire le choix.
Ces esprits emportoient la gloire tout entière,
Si toujours la façon eût suivi la matière.
Mais souvent à leurs vers défailloit la beauté,
Comme aux corps qui n'ont rien qu'une lourde santé.
. . . .
De tant d'esprits confus Desportes nous *dégage*,
Et la France lui doit la règle du langage (1).

Ce jugement est exact, sauf l'exagération de la louange, que n'évite jamais un admirateur contemporain, et qui comparera plus loin les poésies de Desportes à la voie lactée. Desyveteaux exprime ce qu'avait senti le public qui s'occupait de poésie. Après Ronsard, qui avait dû remuer *beaucoup de mots*, Desportes vint faire un *choix*, *dégager* la langue poétique de ce pêle-mêle de toutes les langues, donner des règles enfin, sinon la règle même du langage, comme Desyveteaux l'en loue.

Un peu par timidité, à la suite des imprudences de Ronsard, un peu par goût, il se contenta d'être plus correct et plus raffiné dans l'expression de la galanterie. Ce progrès n'est pas seule-

(1) Élégie en tête d'une édition des œuvres de Desportes, 1611.

ment extérieur, le langage ne pouvant se perfectionner sans que les idées soient plus claires, plus exactes et plus délicates.

Pour le fond et le cadre de ses poésies, Desportes suit fidèlement Ronsard. Celui-ci avait adressé son premier livre d'*Amours* à Cassandre, et le second à Marie; dans Desportes, il y eut aussi un premier livre d'*Amours* pour Diane, et un second pour Hippolyte. La nouveauté, ce fut d'en avoir fait un troisième pour Cléonice, suivi d'un quatrième pour *diverses beautés* qu'il ne nomme pas. Le recueil adressé à Diane est plein des tourments qu'il a éprouvés au service de cette dame; c'est, dit-il naïvement,

> C'est le papier journal des maux que j'ai soufferts.

Diane lui fait éprouver tous les maux de la jalousie. Il est jaloux de *l'eau, qui lui lave les mains;* du sommeil, *qui lui clôt la paupière;* du vent, *qui se joue dans ses beaux cheveux;* et prend des *privautés* dont il ne peut se trouver content. Il est jaloux de la couleur des vêtements de tous ceux qu'il rencontre. S'ils sont habillés de noir, c'est signe que Diane leur a donné quelque sujet de tristesse; d'incarnat, c'est aveu de souffrance; de vert ou de bleu, c'est marque d'espérance ou de jalousie.

> Le bleu, c'est jalousie, et la mer en est peinte.

Après quatre ans d'un service si rude, dit-il,

> Que la peine en tout autre en eût ôté l'envie....
> Voyant ses passions si mal récompensées,

il se guérit. Mais à peine a-t-il retrouvé la raison, qu'il la perd de nouveau à la vue d'Hippolyte.

> ...Ainsi qu'un flambeau qu'on ne fait que d'éteindre,
> Si le feu s'en approche, est aussitôt repris ;
> Dans mon cœur chaud encore un brasier s'est épris,
> Voyant votre bel œil qui les cieux peut contraindre...

Les secondes amours de Desportes sont, comme les premières, fort mal récompensées, et finissent par une absence. Cette Hippolyte qui le voit d'un œil sec brûler sans espoir, c'est Néron contemplant froidement l'incendie de Rome. Lui-même se qualifie d'*aigle des amoureux*. Pourquoi ? Parce que, comme l'aigle, qui regarde fixement le soleil, il a pu regarder fixement les yeux d'Hippolyte.

Desportes n'est pas plus favorisé dans les *Amours de Cléonice*, dont le dénoûment est le même ; ni dans les *Amours diverses*, où, parmi d'innombrables vers sur les tourments du désir, il ne s'en voit aucun sur les douceurs de l'amour partagé. Voici le début de ce dernier recueil :

> Après avoir passé tant d'étranges traverses,
> Après avoir servi tant de beautés diverses,

> Avoir tant combattu, travaillé, supporté,
> Sous la charge d'Amour, le guerrier indompté,
> Je pensois à la fin, rompu de tant de peine,
> Avoir eu mon congé de ce grand capitaine,
> Me retirer chez moi, remporter ma raison...
> J'avois porté l'ennui d'aimer sans être aimé;
> J'avois, sans recueillir, pour un autre semé;
> J'avois souffert la mort qu'on sent pour une absence;
> J'avois au désespoir fait longtemps résistance;
> J'avois senti le mal qui vient d'être privé
> Du grand consentement dès qu'il est arrivé.
> Puis j'avois soutenu le regret et la rage
> D'aimer plus que mon cœur une dame volage;
> J'avois été jaloux, insensé, furieux,
> Portant la glace au cœur et le feu dans les yeux;
> Et si quelque autre peine en réserve se treuve,
> Ainsi qu'il me sembloit, j'en avois fait l'épreuve.
> Mais ce n'étoit qu'une ombre......

Ne nous hâtons pas de plaindre Desportes; il goûte tant de contentement à souffrir, qu'il ne craint rien plus que d'être sans tourment:

> Je fais un magasin de soucis et de peines...
> J'en garde pour le jour et pour l'obscurité,
> Ne voulant demeurer sans être tourmenté.

Aussi remercie-t-il je ne sais quelle beauté des *Amours diverses*, d'être plus infidèle que Diane, plus cruelle qu'Hippolyte, plus volage que Cléonice:

> Je vous suis donc, madame, obligé grandement,
> Puisque, pour vous aimer, j'ai cet heureux tourment.

Desportes était attaché au duc d'Anjou, depuis Henri III, qui, devenu roi, le combla de bénéfices. Quand ce prince partit pour aller occuper le trône de Pologne, il chargea Desportes de rimer ses adieux aux dames que son départ allait affliger. Le poëte fut plus excessif encore dans ces plaintes de commande que dans les siennes. Il fait dire quelque part au duc d'Anjou :

> Qui fera de mes yeux une mer ondoyer,
> Afin qu'à ce départ je m'y puisse noyer ?

Tout, dans ces poésies, roule sur les peines de l'amour ; tout est mauvais traitements, angoisses ; il n'y a ni relâche ni congé dans ce que les poëtes de cette école appellent le service de l'amour. Du reste, ces désespoirs faisaient leur fortune. Desportes leur dut certainement ses bénéfices, et Bertaut peut-être son évêché de Séez. Le malheur dans les amours de tête était un titre assuré aux charges et aux biens d'Église ; aussi se gardait-on bien d'être heureux.

Mais l'esprit français, policé par la Renaissance, eut aussi sa part dans les poésies de Desportes ; je l'y reconnais à quelques détails gracieux et spirituels. De l'esprit, c'est-à-dire des idées justes, exprimées d'un style piquant, il y en a en beaucoup d'endroits. La grâce y est plus rare ; j'entends par là l'expression naïve de sentiments personnels à l'homme, alors que, pour féconder un sujet imaginaire, il mêle aux formules de la poésie amoureuse de son temps le souvenir d'émotions qu'il a connues.

C'est à l'imitation étrangère qu'appartiennent ces désespoirs, ces alternatives de feu et de glace, ces cœurs

> Meurdris, couverts de sang, percés de toutes parts,
> Au milieu d'un grand feu qu'allument des regards ;

ces vies « ravies par des yeux foudroyants, » ces yeux « où le beau soleil tous les soirs se retire ; » ces plaies incurables, et tout ce détail du martyre amoureux :

> . . . . . . les angoisses mortelles,
> Les diverses fureurs, les peurs continuelles,
> Les injustes rigueurs, les courroux véhéments,
> Les rapports envieux, les mécontentements, etc.;

vain exercice, dit naïvement Desportes, auquel il a joué toute son âme.

C'est la nature qui lui inspire un assez grand nombre de vers pleins de douceur, qui subsistent par la vérité des pensées et par la nouveauté d'un langage aimable et délicat.

En expiation de tant de fadeurs amoureuses, Desportes, à l'exemple de Clément Marot, mais dans un autre esprit, traduisit les Psaumes.

Sa traduction vaut mieux que celle de Marot, et la langue en est moins au-dessous des beautés de l'original; mais l'ouvrage est médiocre, et, s'il doit être compté à Desportes, c'est moins comme un titre poétique que comme un acte de pénitence.

§ II.

BERTAUT.

Bertaut nous a laissé, sur ses premières inspirations poétiques, quelques détails qui nous aideront à l'apprécier. C'est en lisant Ronsard qu'il se sentit poëte; il n'avait pas seize ans. Plus tard, il fut attiré par la douceur de Desportes, qu'il essaya d'imiter.

> Fol qui n'avisois pas que sa divine grâce,
> Qui va cachant son art d'un art qui tout surpasse,
> N'a rien si difficile à se voir exprimer
> Que la facilité qui le fait estimer.
> Lors à toi (à Ronsard) revenant, et croyant que la peine
> De t'oser imiter ne seroit pas si vaine,
> Je te pris pour patron; mais je pus moins encor
> Avec mes vers de cuivre égaler les tiens d'or... (1).

En effet, les œuvres de jeunesse de Bertaut sont imitées de Desportes : celles de son âge

(1) Éloge funèbre de Ronsard.

mûr le sont de la partie sérieuse et savante des poésies de Ronsard. Le recueil des premières se compose de stances, de sonnets, de pièces pour les fêtes de la cour, de complaintes, de vers sur des Heures et sur des gants, à l'exemple de Saint-Gelais. Comme il arrive à tous les jeunes gens, Bertaut imitait le poëte le plus à la mode et le plus près de lui. Plus tard, il revint aux exemples de haute poésie donnés par Ronsard, et bien lui en prit : car c'est dans la haute poésie seulement que Bertaut a laissé des vers dignes d'être épargnés par Malherbe, dans le temps même qu'il biffait Ronsard et Desportes.

Ce second recueil, le véritable titre de Bertaut, se compose de paraphrases de psaumes, de chants funèbres sur les morts royales, de diverses pièces en vers héroïques sur des sujets élevés. Plus de sagesse dans les plans, un emploi plus discret de l'érudition, un meilleur choix de mots, plus d'unité dans le ton, tel est le changement qui se marque dans les poésies de Bertaut. C'est un progrès dans la composition et le langage opéré par un homme de goût, plutôt qu'une veine nouvelle de poésie ouverte par un esprit hardi et fécond. Mais à une époque où une grande force de naturel se fait sentir jusque dans les plus fades poésies, et où les défauts même qui peuvent lui être communs avec les époques de décadence ne sont que des excès de jeunesse, cette sagesse de Bertaut est quelquefois vigoureuse, et fortifie ce qu'elle corrige. J'imagine que c'est pour des vers comme ceux qui suivent que Malherbe s'adoucissait (1); il s'agit de la justice de saint Louis :

> Lui voyant ces abus ouvrir ainsi la porte
> Aux lamentables maux que l'injustice apporte,
> Le bon droit ne servir, le tort ne nuire en rien...,
> Mais la seule faveur, sous une robe feinte,
> Régner ès jugements sur la raison éteinte ;
> La justice, au palais, sa balance employer,
> A peser, non le droit, mais l'argent du loyer ;
> L'ignorance élevée aux dignités suprêmes....

Plus loin, la charité du saint roi ne l'inspire pas moins heureusement :

> Maints rois s'armant les bras d'un fer victorieux
> Rendent par l'univers leur renom glorieux,
> Brident de saintes lois la populaire audace,
> Laissent de leur prudence une éternelle trace,
> Et gagnent tout l'honneur qu'on s'acquiert ici-bas
> Par les arts de la paix et par ceux des combats :
> Mais peu daignent tourner leur superbe paupière
> Vers le pauvre étendu sur la vile poussière,
> Et penser qu'en l'habit d'un chétif languissant
> C'est Christ, c'est Christ lui-même, hélas! qui, gémissant,
> Se lamente à nos pieds de la faim qui l'outrage.

(1) Panégyrique de saint Louis.

C'est cette pitié qu'avait saint Louis. On le voit aider des fruits de ses épargnes

>....La triste veuve à qui l'heur d'être mère
> Étoit sujet de plainte et surcroît de misère;
> Racheter des captifs; doter la chasteté
> De la vierge nubile, à qui la pauvreté
> Refusoit un mari, fanissant en tristesse
> La misérable fleur de sa verté jeunesse.

Il y a un accent de mâle éloquence dans cette apostrophe aux rois qui accablent leurs sujets d'impôts, et qui boivent le sang du peuple dans des vases dorés :

> Mauvais pasteurs du peuple, écorchez vos troupeaux,
> Pour changer en draps d'or leurs misérables peaux.
> Pensez-vous que le ciel, qui hait la tyrannie,
> Favorise la vôtre, ou la laisse impunie?
> Non, non, il détruira votre injuste pouvoir,
> Et faisant contre vous vos sujets émouvoir,
> Ce courroux punisseur qui les règnes désole...
> Brisera votre sceptre orgueilleux de tributs,
> Vous en ôtant l'usage en haine de l'abus;
> Ou bien il maudira les cruels artifices
> Qu'inventent vos flatteurs pour nourrir vos délices,
> Et fera que, votre or fondant en votre main,
> Plus vous dévorerez, et plus vous aurez faim.

Ailleurs, parlant du plaisir pieux que trouvait saint Louis à lire les Écritures, et comparant son respect pour les livres sacrés au respect d'Alexandre pour les poëmes d'Homère, il dit :

> Il les tenoit enclos comme un riche trésor
> Dans un coffre odorant de cèdre et de fin or;
> Il les vouloit nommer la fleur de ses délices,
> L'aiguillon des vertus et la bride des vices.
> Que si le soin public lui laissoit du loisir,
> Il ne l'employoit point en un plus doux plaisir
> Qu'en celui que le fruit d'une étude si sainte
> Fait savourer aux cœurs où Dieu grave sa crainte.

Presque tout ce panégyrique est écrit de ce ton. Les pensées en sont choisies, la plupart très-élevées, et l'expression en est abondante et ferme. Il mérite d'être lu, non-seulement pour sa date, mais pour la justice de l'éloge, toujours conforme à la vérité historique; pour l'onction chrétienne de certains passages, et parce que la langue en est forte et saine. Il n'est pas lu pourtant, et peut-être le titre même en est-il ignoré. Est-ce un oubli injuste, et y a-t-il sujet de réclamer pour une gloire méconnue? Nullement. Les plus grandes beautés du recueil de Bertaut ne suffisent qu'à motiver le jugement de Boileau. Le mérite de ce poëte est moins d'avoir *ajouté* que d'avoir *effacé*. Il a été plus sage qu'inventeur; et même après ces perfectionnements, qui l'ont rendu digne d'une mention dans l'*Art poétique*, trop de choses restent à faire pour qu'on accorde plus que de l'estime à ce qu'il a fait. C'était trop peu d'avoir été plus retenu que Ronsard; il s'agissait, non de se préserver de ses excès en l'imitant, mais de rétablir l'image même de la poésie, que ses doctrines et ses exemples avaient si étrangement défigurée. Il fallait, en un mot, non le corriger, mais le renier. Le succès dans cette entreprise devait donner la première gloire poétique durable : cette gloire fut celle de Malherbe.

§ III.

MALHERBE. — CARACTÈRE GÉNÉRAL DE LA RÉFORME.

Boileau salue l'arrivée de Malherbe comme une sorte d'avénement.

> Enfin Malherbe vint, et, le premier en France,
> Fit sentir dans les vers une juste cadence,
> D'un mot mis en sa place enseigna le pouvoir,
> Et réduisit la muse aux règles du devoir.
> Par ce sage écrivain la langue réparée
> N'offrit plus rien de rude à l'oreille épurée.
> Les stances avec grâce apprirent à tomber,
> Et le vers sur le vers n'osa plus enjamber.
> Tout reconnut ses lois, et ce guide fidèle
> Aux auteurs de ce temps sert encor de modèle.
> Marchez donc sur ses pas; aimez sa pureté,
> Et de son tour heureux imitez la clarté.

Tout, dans ce jugement, est considérable; tout porte coup. C'est la théorie même de l'art d'écrire en vers, rédigée par Boileau au nom de tout le xviie siècle. Pesons-en chaque expression : cela vaut mieux que de revendiquer quelque vaine liberté dont Malherbe et Boileau n'auraient pas eu de souci. En fait d'art, comme en fait de morale, il est bien plus pressant de venir en aide à la discipline, à laquelle notre instinct nous soustrait sans cesse, qu'à la liberté, qui n'est que trop portée à se faire sa part.

On n'a pas oublié quels étaient les excès de l'école de Ronsard, timidement corrigée par Desportes et Bertaud. Du Bellay avait indiqué l'imitation de l'antiquité comme la source la plus féconde où notre poésie pût puiser. Ronsard l'entendit de l'imitation matérielle; il en copia les formes, il en francisa la langue autant qu'il put, sinon autant qu'il voulut. L'imitation fut une traduction. Il prit au mot ce dédain du profane vulgaire, dont se vante Horace ; et, pour rendre la poésie d'autant plus inaccessible, il la hérissa de mots pédantesques, qui la protégeaient en effet contre les regards de la foule. Fidèle d'ailleurs au principe de Du Bellay sur l'imitation des modernes, il avait payé à l'école d'Italie un tribut de sept cents sonnets.

Quant aux moyens d'enrichir la langue, outre les mots d'origine grecque ou latine, la technologie des métiers, celle des exercices et des amusements de la noblesse, il avait fait appel à tous les patois pour former la langue française, à peu près comme un politique qui eût ressuscité toutes les souverainetés féodales pour en former la monarchie absolue. Le résultat de cette théorie avait été de mettre toute la poésie dans l'érudition, et de faire de l'art d'écrire en vers un mécanisme.

Il fallait donc, pour fonder ce grand art, dont la discipline devait être commune à tous les genres, il fallait rendre à l'esprit français son indépendance, et le délivrer aussi bien de la superstition de l'antiquité que de la livrée des modernes, de Pindare que de Pétrarque.

Il fallait instituer une langue générale, dont le centre fût au siége même de la monarchie; et, comme celle-ci s'était établie sur les ruines de la féodalité, établir celle-là sur la ruine des patois provinciaux.

Il fallait rendre la poésie populaire, appeler le plus grand nombre aux pures délices et aux sévères enseignements de l'art; trouver, pour un pays encore partagé en classes, une langue qui ne fût ni au-dessous de la délicatesse des classes élevées, ni au-dessus de l'intelligence de la foule, une langue commune à la cour, à la ville et au peuple.

Après cette réforme générale, il y avait une

réforme de détail à faire, dont Desportes et Bertaut devaient être la matière, leur sagesse étant pleine d'incertitudes, et leurs perfectionnements pleins de défauts. Il fallait, non plus triompher des extravagances de Ronsard, c'était devenu trop facile, mais découvrir dans l'ordre, dans la mesure, dans le langage plus choisi de ses deux disciples, les vices secrets que protégeait la timidité même de ce commencement de réforme. Il fallait créer la critique de détail, et en quelque sorte inventer le goût, qui n'est que le jugement appliqué aux détails des ouvrages de l'esprit; enseigner, comme dit Boileau, le pouvoir des mots mis en leur place; déterminer la valeur de chacun, en laissant à l'esprit français toute liberté pour combiner sans fin des notes qui devaient rendre toujours le même son.

Mais c'eût été trop peu d'opposer des théories, même excellentes, à une forme de poésie en possession de la faveur. Il fallait consacrer la nouvelle discipline par des chefs-d'œuvre.

C'est ce que fit Malherbe. Et c'est le sentiment de la nécessité comme de la grandeur de ce rôle qui fait dire à Boileau, avec un accent si vrai :

Enfin Malherbe vint !....

§ IV.

DÉTAILS BIOGRAPHIQUES, DU CARACTÈRE ET DU TOUR D'ESPRIT DE MALHERBE.

Malherbe, comme tous les réformateurs, commença par imiter ce qu'il allait réformer. C'est en pratiquant les défauts de ses devanciers qu'il apprit à s'en corriger. Le premier poëme qu'il publia, *les Larmes de saint Pierre,* est imité du Tansille, poëte italien. Toutefois, quelques passages d'un goût vigoureux, des expressions fortes et précises, du nombre, je ne sais quel grand air que n'avait pas encore eu la poésie jusque-là, annonçait l'auteur de ces belles odes, les premiers modèles de la haute poésie. Malherbe s'était d'ailleurs exercé dans tous les genres estimés à la cour. Il avait fait des stances, des sonnets, des psaumes, à l'exemple de ses devanciers, et mieux que le plus habile. Une ode qu'il lut au cardinal Duperron fit parler de lui devant Henri IV. Ce prince ayant su par Desyveteaux que le gentilhomme normand dont Duperron lui avait tant vanté les vers était à Paris, le fit venir, et lui demanda une prière pour son voyage en Limousin. Il en fut si satisfait, qu'il voulut que M. de Bellegarde le prît dans sa maison, où Malherbe vécut désormais avec une pension du roi.

Il avait alors quarante-huit ans. Jusqu'à cette

époque on ne sait rien ne sa vie, sinon qu'ayant quitté son père, gentilhomme de Caen (1), parce que celui-ci s'était fait huguenot, il vint en Provence, et s'attacha au grand prieur de Provence, Henri d'Angoulême. Il avait été mêlé aux guerres de religion. S'il faut en croire Racan, il lui arriva, dans une rencontre, de pousser Sully si vivement l'espace de deux ou trois lieues, que celui-ci en garda toujours du dépit, et que ce fut la cause de la situation médiocre de Malherbe à la cour de Henri IV.

Quoi qu'il en soit, c'est à partir de 1605, époque à laquelle il se fixa à Paris, que commence sa double tâche de réformateur et de poëte, donnant le précepte et l'exemple, mais plus souvent le premier que le second. Il la continua jusqu'à sa mort arrivée en 1626, et mourut en grammairien, relevant, dit-on, une faute de français de sa garde-malade, et laissant un petit recueil et une influence immense.

Son caractère, son âge, son tour d'esprit convenaient admirablement à l'espèce de dictature qu'il exerça pendant vingt ans. Il avait fait ses preuves comme homme de guerre, et il n'était pas messéant pour celui qui allait devenir le tyran des syllabes, comme l'appelèrent les poëtes

(1) Malherbe naquit dans cette ville, vers l'année 1555.

de l'école de Ronsard, d'avoir porté l'épée honorablement. Malherbe avait la fierté et le courage d'un gentilhomme. Il se disait de la race des Normands de la conquête, et il ne démentait pas ses prétentions par un caractère disputeur, hardi, courageux jusqu'à se vouloir battre à soixante-quatorze ans avec le chevalier de Piles, qui avait tué son fils en duel. Il fit ses plus belles pièces ayant passé l'âge mûr, alors que l'imagination n'a plus de fumées, la raison plus d'illusions, le goût plus d'incertitude : c'est l'âge où Bossuet écrivait l'oraison funèbre du prince de Condé. Le tour d'esprit de Malherbe le portait vers la critique; il ne pouvait ni se contenter des apparences, ni supporter les équivoques; vif, passionné, d'une netteté de langage qui ne souffrait aucune obscurité chez les autres, ayant, dit Racan, une conversation brusque, où tout mot portait; intraitable sur tout ce qui touchait à l'art; risquant ses amitiés, non pour un trait d'esprit, mais pour une vérité utile : témoin sa brouille avec Regnier, neveu de Desportes, qu'il estimait par-dessus tous les autres, mais devant lequel il n'avait pu s'empêcher de préférer un bon potage aux vers de son oncle.

L'autorité de ses exemples, son crédit à la cour, la vivacité et la décision de son esprit, lui firent bientôt des disciples. Ce fut comme une nouvelle brigade qui déclara la guerre à celle de Ronsard. Les plans de campagne se faisaient dans cette petite chambre à six ou sept chaises dont parlent les biographes, où Malherbe s'entretenait tous les soirs avec ses jeunes amis, Maynard entre autres et Racan, qui devaient laisser quelques vers dignes du maître. Il présidait la réunion, et tenait si fort à cette prérogative, qu'un jour son valet ayant annoncé je ne sais quel président du parlement : « Il n'y a ici, dit-il, de président que moi. » Là, on discutait tous les perfectionnements que pouvait recevoir l'art d'écrire en vers ; on revisait les jugements de la mode et on préparait ceux de la postérité. Là, Malherbe, avec une sagacité impitoyable et un sens critique supérieur, arrachant sa défroque antique à la muse de Ronsard et dénonçant les mignardises de Desportes, rendait des jugements qui devenaient au dehors des arrêts de langage et de goût.

§ V.

DÉTAIL DES CHANGEMENTS OPÉRÉS PAR MALHERBE DANS L'ART D'ÉCRIRE DES VERS.

Malherbe prit une à une toutes les pièces de l'édifice grotesque élevé par Ronsard, et il les brisa.

Le travers de cette école avait été d'imiter les

formes mêmes de la poésie antique, dans ce qu'elle a de plus indigène et de plus local. Ronsard avait fait, comme Pindare, des odes avec l'appareil consacré des strophes, des antistrophes et des épodes. Baïf était allé jusqu'à construire des vers français d'après la métrique antique. Tous s'étudiaient à emprunter à l'antiquité ce qui y est plus particulièrement le fruit des mœurs, des formes de la société civile et politique, des religions, du sol, tout ce qui la fait différer essentiellement des temps modernes, et en particulier de la France. Ils négligeaient ou ne voyaient pas ce qui est de l'homme de tous les temps, et ce qui en effet se retrouve, mais ne s'imite pas. Ils avaient transporté l'Olympe tout entier dans la même langue poétique qui s'essayait à traduire les Psaumes, et ils mêlaient dans des fictions bizarres la France et Jupiter, des personnifications modernes et des divinités païennes. De même, dans la langue, cette école avait choisi, parmi les tours et les combinaisons de mots propres aux langues anciennes, ce qui s'en peut le moins imiter, et qui diffère le plus complétement du génie de la nôtre. Ronsard ayant à choisir entre le gr et le latin, pour en tirer ses doctes obscurités, avait préféré au mot âme le mot *entéléchie*, comme plus savant, et parce qu'aucune analogie ni ressemblance quelconque avec notre langue ne l'exposait à être compris de la foule.

Malherbe s'attaqua d'abord à l'érudition extérieure et à l'imitation matérielle; et, pour mieux combattre l'abus de l'antiquité, c'est à peine s'il prit soin d'en recommander l'usage. Mais il est très-vrai qu'il y était fort exercé. Sa traduction d'une décade de Tite-Live en serait une preuve certaine, à défaut d'autres. Il avait, dit un biographe, Horace dans son cabinet, sous le chevet de son lit, sur sa toilette, dans sa mémoire, à la ville et aux champs; et il l'appelait son bréviaire. Il préférait d'ailleurs les Latins aux Grecs, moitié par esprit de réaction contre la trop grande part que l'école de Ronsard avait faite à ceux-ci, moitié par un instinct supérieur qui lui faisait voir les profondes analogies et en quelque sorte la filiation directe du français et du latin. Il ne faut pas trop s'étonner qu'il goûtât beaucoup Sénèque, et qu'il n'ait pas assez goûté Pindare. Pour ce dernier, c'était visiblement l'impression des excès où l'imitation de ce poëte avait fait tomber Ronsard; outre qu'il sentait que cette forme de poésie, déterminée par deux choses exclusivement propres aux Grecs, la musique et le culte, ne pouvaient convenir ni aux idées modernes ni à l'esprit français. Quant au goût pour Sénèque, ce goût lui est commun avec tous les écrivains de la seconde moitié du xvi⁰ siècle, y compris le plus excellent, Montaigne (1).

Rien ne paraissait plus beau à l'école de Ronsard que l'érudition recherchée et raffinée, l'érudition des curiosités. Le prix était au plus obscur, à celui qui donnait le plus à faire aux commentateurs. C'est ce qui avait fait le succès de Dubartas, dont le poëme, traduit dans toutes les langues, eût pu donner de l'envie à Ronsard lui-même (2). Malherbe traita cette érudition fort brutalement. *Pédanterie, latinerie*, disait-il de toutes ces prétentions au savoir extraordinaire. En même temps il marquait d'une main ferme la limite dans laquelle la poésie française pouvait être savante. Parmi les traditions de l'antiquité, il n'employa que les plus populaires, et, dans la mythologie comme dans l'histoire, il s'en tint aux noms connus de la foule. Son sens supérieur discernait, entre tous ces souvenirs, ceux qui étaient, en quelque sorte, communs au monde ancien et au monde moderne, et qui devaient se mêler à toujours aux idées nouvelles. « Il s'est enrichi, dit très-bien Godeau,

―――――

(1) On en indique les principales causes au chapitre suivant.

(2) *L'OEuvre des six jours.*

de la dépouille des Grecs et des Romains ; mais il n'en a pas été idolâtre. »

Pour les fictions, il les avait, dit Racan, en aversion. Regnier avait fait pour Henri IV une élégie où il représentait la France montant au trône de Jupiter, et s'y plaignait de l'état où l'avait réduite la Ligue. « Depuis cinquante ans que je demeure en France, disait à ce sujet Malherbe, je ne me suis point aperçu que la France se fût enlevée de sa place. »

Il voulait que le poëte ne se consumât point dans ce vain travail, et que la poésie, comme la prose, n'exprimât que des réalités. Admirable vue dans un pays qui ne se prête pas aux fictions, et où cette forme de poésie n'a jamais réussi. Les fictions ne sont pas l'idéal ; ce n'est, le plus souvent, qu'un artifice pour orner et rendre extraordinaire une réalité trop commune ; l'idéal, c'est la réalité choisie. Malherbe aimait autant l'idéal qu'il dédaignait les fictions.

Il ne ménagea pas plus Pétrarque que Pindare. Les odes de l'un avaient eu le tort de servir de modèles à la poésie savante ; les sonnets de l'autre étaient coupables de toutes les fadeurs de la poésie amoureuse. Peut-être en voulait-il à Pétrarque du tribut qu'il avait payé lui-même au pétrarchisme. Quant aux poëtes italiens contemporains, il les traitait comme les poëtes français ses devanciers. Le plus à la mode alors, le cavalier Marin, s'en vengea par des épigrammes ; mais Malherbe eut plus que les rieurs de son côté, il eut la nation.

A ces changements dans le fond même de la poésie, répondirent autant de changements dans la langue. La ruine de la poésie savante entraînait la ruine de la langue gréco-latine de Ronsard ; la guerre à l'imitation italienne faisait disparaître les subtilités et les équivoques de Desportes.

Mais le point capital fut la proscription des patois. Malherbe en nettoya la langue poétique. Il se moquait du vendômois de Ronsard. Il se vantait d'avoir dégasconné la cour, où, en effet, le gascon était venu à la suite de Henri IV. Il disait que la bonne langue se parlait sur la place Saint-Jean : expression exagérée d'une pensée pleine de justesse, où Malherbe laisse voir en même temps son sens supérieur et son esprit agressif et normand. Où est, en effet, la bonne langue française, si ce n'est au centre de la France, à Paris ; et, puisque la cour a pu être tour à tour italienne, gasconne ou espagnole, dans le peuple même de Paris, qui ne change pas, et qui est ce qu'il y a de plus français en France? La langue du peuple n'est pas sujette aux variations de la mode ; elle est dans tous les temps la langue naturelle des passions.

Malherbe voulut l'unité de langue dans un pays qui avait conquis l'unité politique; plus conséquent que Ronsard, il ne songeait pas à conserver la féodalité dans le langage, quand il se félicitait de la voir disparaître dans l'État.

L'esprit français sous les traits d'un habitant de Paris, cultivé par la forte discipline de l'antiquité, mais gardant son indépendance et sa physionomie ; la langue française sur la place Saint-Jean, là où elle est le plus inaccessible au pédantisme et à l'imitation étrangère, voilà quelle fut la pensée de Malherbe. C'est ainsi qu'il interpréta et développa la théorie de Du Bellay, et qu'il rétablit l'ordre bouleversé par Ronsard.

§ VI.

CHANGEMENTS DE DÉTAILS DANS LA LANGUE, ET PERFECTIONNEMENT DE LA VERSIFICATION.

Il semble que ce grand homme avait fait assez en délivrant la poésie française de la superstition de l'antiquité et de l'imitation étrangère, des fictions, de la subtilité et du pédantisme, en lui montrant son idéal dans l'esprit français, formé par l'antiquité, et parlant la langue du peuple de Paris ; surtout en joignant, comme il en eut la gloire, l'exemple au précepte. Mais il importait, pour assurer cette direction de la poésie, de rendre ces grandes vues familières par une critique de détail qui exerçât le goût du public, et qui formât des lecteurs pour les chefs-d'œuvre que l'esprit français allait enfanter. Ronsard et Desportes firent tous les frais de cette sorte d'enseignement. Malherbe immola le premier tout entier, et presque tout le second, aux nouvelles doctrines. Il est regrettable que l'exemplaire de Ronsard, qu'il avait annoté de sa main, ait été perdu; mais on a retrouvé celui de Desportes. Toutes les remarques ne sont pas d'une égale portée, et quelques-unes sentent trop le tyran des syllabes. C'est l'excès de tout réformateur; mais le plus grand nombre frappait juste.

Malherbe n'y va pas de main timide : « Cette « sottise est non pareille, » dit-il d'un passage de Desportes. De stances du même : « Toute cette « pièce est si niaise et si écolière, qu'elle ne « vaut pas la peine de la censure. » D'une phrase du même : « Cette phrase est latine; il faut dire, « pour parler françois... » D'une autre : « Phrase « excellentissime. » Le vieux tyran des syllabes fait de l'ironie. D'une autre : « Ceci est dit « sans jugement. » D'une autre : « Sot et lourd. » D'un latinisme : « La langue latine se sert de « cette épithète; mais la françoise, non. » D'un tour prétentieux : « Ceci pipe le monde, et ce

« n'est rien qui vaille. » D'un pétrarchisme :
« Ceci est sans jugement, n'en déplaise à l'ita-
« lien, où il est pris. » D'un autre : « Bourre
« excellente, prise de l'italien, où elle ne vaut
« non plus qu'en françois. » D'une mauvaise
rime : « Rime gasconne et provençale, mais non
« pas françoise; » et cent autres de ce genre :
*Étrange oisonnerie, niaiserie, pédanterie, mal,
très-mal, impertinent ;* critiques peu civiles, j'en
conviens, mais dont l'exactitude est d'autant
plus admirable qu'il était plus difficile de voir
juste à une époque où tant d'imitations pouvaient troubler le sens le plus sûr, et où la faveur publique protégeait la mauvaise poésie.

Quand on a le courage, non de feuilleter d'une
main nonchalante le recueil de Desportes, mais
de pénétrer les artifices de cette poésie alors si en
vogue, on sent combien la rude main de Malherbe
était nécessaire pour *réparer* la langue, selon la
belle expression de Boileau. Comment la langue
de toute cette galanterie n'eût-elle pas été profondément vicieuse? Par vices, je n'entends pas
ces violents excès, ces fautes grossières qui sau-
tent aux yeux de tous, comme il en échappe
tant à Ronsard parmi beaucoup de choses d'une
franche verve et de bon aloi. Desportes ferait illusion même à des esprits cultivés, parce que les
vices de sa langue viennent le plus souvent du

mauvais emploi qu'il fait d'un esprit fin, délié, dont la retenue paraît venir du goût, plutôt que de la peur de tomber comme Ronsard. [Ce sont mille traits qui ne touchent pas le but, mille sens douteux, mille finesses sous lesquelles se cachent des niaiseries ; une habitude de tourner tout à l'ingénieux et à la pointe ; toutes sortes de manquements, calculés ou involontaires, à la première loi du langage, la propriété, et, toutefois, une fausse précision qui les dissimule. Tantôt c'est l'effet de la paresse, si difficile à vaincre quand on ne produit que de tête et pour la mode ; tantôt c'est l'illusion même d'un vain travail pour surmonter quelques difficultés d'arrangement ou de mécanisme auxquelles la mode attache du prix. La langue suit ces deux dispositions du poëte, tantôt relâchée et vague, et tantôt forcée ; ce qui est le vice caractéristique des poésies de Desportes, et de toutes les poésies que n'inspire ni la passion ni la raison.

La guerre que fit Malherbe à toute cette corruption prématurée de la langue fut impitoyable. Il n'en laissa rien échapper. Il n'y eut pas une mauvaise métaphore qu'il ne dénonçât, pas une comparaison inexacte qu'il n'effaçât du revers de sa plume. Pénétrant dans tous les détails de ce style, dans ses jointures les plus cachées, dans ses fausses délicatesses, dans ses grâces spécieuses ; demandant compte à chaque mot de sa valeur, de son rapport avec l'idée qu'il exprimait, de sa place dans la phrase, il se rendait comme témoin du travail du poëte, et faisait voir dans la faiblesse de la conception les causes des imperfections de la langue. Épithètes méchantes, pensées incomplètes, contradictoires, disparates, rédondantes, brillantes sans solidité ; impropriétés déguisées par la douceur des mots, ou par la délicatesse apparente des pensées, rien ne trouva grâce devant le réparateur de la langue. L'histoire de la littérature ne nous offre pas d'exemple d'une critique de détails plus fine et plus décisive ; et le mérite en est d'autant plus grand, que Malherbe en donnait le modèle après avoir reconnu le premier le génie de notre langue, et l'avoir défendu contre l'imitation du génie étranger.

Les perfectionnements qu'il introduisit dans l'art d'écrire en vers, et dont son exemple fit des lois, ne sont pas moins dignes d'admiration par l'esprit qui les lui suggéra. Cet esprit, c'était de rendre l'art difficile. Malherbe marqua le caractère et assura l'avenir de la haute poésie en France, le jour où il substitua au mécanisme qui permettait à Ronsard de faire deux cents vers à jeun, et autant après dîner (1), un ensemble de

---

(1) « Ducentos versus ante cibum, et totidem cœnatus scripsisse amabat, » dit Balzac dans une lettre à M. de Sil-

difficultés ou plutôt un corps de lois qui devait interdire l'art aux vaines vocations, et ne le rendre accessible qu'aux poëtes vraiment inspirés. C'est là cette grande discipline du xviie siècle, plus jalouse de perfectionner dans chacun la raison générale que d'y encourager l'humeur et le caprice individuel ; toujours en défiance de la liberté ; forçant le poëte à choisir entre ses pensées, mais, par là, lui assurant l'empire sur les âmes. Heureux qui a l'œil assez sûr pour voir à quelle hauteur Malherbe a suspendu la plume du poëte, et qui résiste à l'aller prendre témérairement, au risque des misères attachées aux entreprises vaines ou aux succès qui ne doivent pas durer !

Il n'est pas une de ses règles qui n'ait pour objet de rendre l'art difficile. Que veulent cette interdiction de l'hiatus, la césure rendue désormais obligatoire, l'enjambement et les rimes à l'hémistiche proscrits, les élisions prohibées,

---

hon. On y trouve ce bel éloge de Malherbe : « Docuit quid
« esset pure et cum religione scribere.... Primus viam vidit
« qua iretur ad carmen.... Docuit in vocibus et sententiis
« delectum eloquentiæ esse originem.... Semper sibi cons-
« tans, et sui ubique similis, non potuit quod fecit, id ra-
« tione non fecisse... Finxit et emendavit civium suorum
« ingenia. » C'est le jugement des bons esprits de l'époque ;
Boileau l'a confirmé.

l'article rétabli? que veut toute cette guerre aux sons durs, aux assonnances, aux chevilles qu'il appelle *bourre* ou *vent* (1), sinon décourager les méchants poëtes, et ôter aux bons des tentations de se négliger? Que prétend Malherbe en défendant les rimes du simple et du composé, *temps*, *printemps*, *jour*, *séjour*, ou des mots qui ont quelque convenance, *montagne*, *campagne*, ou des dérivés *mettre*, *permettre*, sinon empêcher la poésie de devenir un exercice de mémoire et un vain jeu de mots? On trouve, disait-il, de plus beaux vers en rapprochant des mots éloignés; et rien ne sent plus son grand poëte que de tenter des rimes difficiles. Admirable conseil, puisqu'il est vrai qu'on ne peut éviter les rimes faciles et rencontrer les difficiles qu'en pénétrant plus avant dans le sujet, ni rimer richement et sévèrement que par le même travail qui fait trouver les pensées fortes ou délicates. C'est dans le même esprit qu'il proscrivait ces formules vagues, *mille*, *cent*, si commodes à la paresse, et dont il disait plaisamment : « Peut-être n'y en avoit-il que quatre-vingt-dix-neuf. »

Un juge prévenu pourrait ne voir dans ces théories de Malherbe qu'un mécanisme de pa-

(1) Il dit d'un sonnet : « C'est un pâté de chevilles. »

26.

tience substitué à un mécanisme de paresse. Car qu'y a-t-il là d'impossible à un poëte médiocre? C'est tout au plus de la poésie négative. La remarque ferait tort à la mémoire de Malherbe, si en effet il n'eût réglé que la prosodie; mais ces perfectionnements dans le mécanisme s'ajoutent à tout ce qu'il exigeait pour la parfaite expression de la pensée poétique; la tâche du versificateur n'est que le complément nécessaire de la tâche du poëte. C'est seulement en l'entendant de la forme et du fond, que la théorie de Malherbe frappe également la poésie facile de l'école de Ronsard et certains imitateurs de la poésie difficile de Racine et de Boileau. Cette discipline n'est faite que pour les poëtes de génie, et c'est ce que j'en admire.

Eux seuls peuvent se mouvoir librement au milieu de tant de règles, lesquelles ne sont que leur naturel même, et le secret de leur éternelle conformité avec le nôtre. Pour ne noter que ce conseil de rechercher les rimes éloignées et rares qui « sentent si fort leur grand poëte, » on reconnaît là un précepte fait tout exprès pour Molière, dont le bonheur en ce genre faisait dire à Boileau, succombant quelquefois sous les difficultés du grand art de Malherbe :

Enseigne-moi, Molière, où tu trouves la rime.

§ VII.

DES EXEMPLES DONNÉS PAR MALHERBE A L'APPUI DE SA DISCIPLINE.

Les exemples laissés par Ronsard et son école avaient brouillé tout ce que leurs théories avaient réglé. Il n'en fut pas de même de Malherbe : ses exemples furent la sanction de ses doctrines. Tout ce qu'il régla, il le pratiqua. Par lui les esprits furent désormais fixés sur l'objet de la poésie et sur les conditions de l'art d'écrire en vers. Il indiqua l'objet de la poésie en s'attachant aux vérités générales, j'allais dire aux lieux communs : pourquoi pas? les lieux communs sont les seules nouveautés, parce que ce sont les seules choses éternelles. Quant à la langue des vers, il fit voir où en était la véritable noblesse, en la transportant des mots d'où Ronsard la voulait tirer, aux choses d'où elle se communique naturellement aux mots. Il donna le secret de la véritable harmonie en montrant que, loin d'être une qualité spéciale qui résulte de certaines combinaisons de sons, elle n'est que la suprême et dernière convenance d'un style qui réunit toutes les autres. L'école de Ronsard se croyait supérieure à Virgile, pour avoir renchéri sur la description que ce grand poëte a faite du cheval, par quelques détails techniques empruntés à la langue du palefrenier. Malherbe décrivit et n'analysa pas.

Il peignit par ces traits généraux et sommaires sous lesquels nous apparaît la nature extérieure. Rompant tour à tour avec toutes les servitudes de cette poésie qu'infectait l'imitation ou la folie du savoir, avec tous ces mensonges convenus, auxquels des poëtes bien doués étaient forcés d'accommoder leur naturel, il fit de la langue des vers la langue même des sentiments les plus personnels au poëte. Il fut vrai avec lui-même, vrai avec ses lecteurs; et c'est plaisir de l'entendre parler ainsi aux Muses, dont il venait de restaurer le culte :

>Quand le sang bouillant en mes veines
>Me donnoit de jeunes désirs,
>Tantôt vous soupiriez mes peines,
>Tantôt vous chantiez mes plaisirs.
>Mais aujourd'hui que mes années
>Vers la fin s'en vont terminées,
>Siéroit-il bien à mes écrits
>D'ennuyer les races futures
>Des ridicules aventures
>D'un amoureux en cheveux gris?

>Non, vierges, non, je me retire
>De tous ces frivoles discours.....

Le genre que Malherbe adopta convenait le mieux à cette réparation de la poésie. C'était l'ode, de toutes les formes poétiques la plus propre à rendre sensibles ses réformes, rien n'étant lu de plus près, ni avec plus d'attention aux détails. Témoin la naissante Académie française, qui mit trois mois à examiner la *Prière pour le roi Henri II allant en Limousin;* encore ne toucha-t-elle point aux quatre dernières strophes.

L'instinct du réformateur se révélait dans le choix même de ce genre, le plus littéraire de tous. Car on peut douter qu'il eût le génie lyrique, surtout au sens qu'on y attache aujourd'hui. Il y a peu d'hommes moins lyriques que Malherbe, à voir sa vie; et je ne lui connais d'enthousiasme que contre les méchants vers. Et pourtant il eut le courage de s'imposer un si rude travail, afin de donner raison à sa discipline par ses écrits.

Je ne sache pas de plus bel exemple dans l'histoire des littératures que celui de cet homme, réformateur par instinct, grand poëte presque par devoir, s'attachant pour l'exemple à un genre où ne le portaient ni son imagination, ni son humeur, et soutenu contre les difficultés de la tâche par le sentiment qu'elle était nécessaire. Plus d'une fois Malherbe plia sous le fardeau, et laissa les premières strophes d'une ode réformatrice se refroidir des mois entiers sur le papier, en attendant les suivantes. Il cédait alors, aimant mieux s'avouer vaincu par sa propre discipline que de l'éluder; et tantôt il allait se délasser dans cette menue poésie, biffée par lui, où il avait pourtant la faiblesse de vouloir exceller ; tantôt il se retrempait dans de vigoureux entretiens avec ses amis, où, en disputant de cet idéal qu'il n'avait pu atteindre, il reprenait des forces pour le poursuivre de nouveau.

Aussi ne trouve-t-on pas excessives les louanges qu'il se donne dans quelques pièces de son recueil. Combien j'aime, pour ma part, la fierté de ces vers, écrits sans doute dans un moment où Malherbe sentait qu'il n'était pas resté trop au-dessous de cet idéal, et où le réformateur ne désapprouvait pas le poëte !

> Apollon à portes ouvertes
> Laisse indifféremment cueillir
> Ces belles feuilles toujours vertes
> Qui gardent les noms de vieillir.
> Mais l'art d'en faire des couronnes
> N'est pas su de toutes personnes ;
> Et trois ou quatre seulement,
> Parmi lesquelles on me range,
> Savent donner une louange
> Qui demeure éternellement (1).

Ailleurs il dit de lui :

> Les ouvrages communs vivent quelques années ;
> Ce que Malherbe écrit dure éternellement (2).

(1) Ode à Marie de Médicis, régente, 1611.
(2) Sonnet à Louis XIII, 1624.

Il est beau d'avoir pu parler ainsi de soi, et de ne s'être point trompé. Ce serait de l'orgueil ridicule, si l'on devait recevoir de la postérité un démenti. Quand la postérité acquiesce à l'éloge, c'est seulement une preuve glorieuse qu'on s'est bien connu. Ronsard se vantant de n'avoir encore donné son nom à aucune mer, malgré la menace qu'en fait le lyrique latin à tous ceux qui s'aventurent sur les traces de Pindare, n'a qu'une vanité puérile. Le témoignage que se rend Malherbe devançant le jugement que Boileau devait porter de lui, et donnant de son vivant la mesure de sa renommée, est de ceux dont Montaigne a dit (1) : « Je ne veulx pas que, de peur de faillir « du costé de la presomption, un homme se mes- « cognoisse pourtant, ny qu'il pense estre moins « que ce qu'il est.... C'est raison qu'il veoy en « ce subject, comme ailleurs, ce que la verité « luy presente ; si c'est Cesar, qu'il se treuve har- « diement le plus grand capitaine du monde. » L'histoire doit recueillir ces éloges que les poëtes font d'eux-mêmes : car, selon que la postérité les a confirmés ou démentis, c'est la punition de l'erreur qui a égaré les uns, ou la consécration de la vérité qui a inspiré les autres.

L'orgueil de Malherbe, c'est la foi dans la vé-

---

(1) *Essais*, liv. II, chap. XVII.

rité de sa discipline, acceptée de tous les bons esprits de son temps :

> Toute la France sait fort bien
> Que je n'estime ou reprends rien
> Que par raison et par bon titre,
> Et que les doctes de mon temps
> Ont toujours été très-contents
> De m'élire pour leur arbitre (1).

Du reste, au témoignage de Racan, loin d'avoir aucun orgueil dans le privé, il faisait plutôt de fréquents retours de mépris philosophique pour les choses mêmes dont il avait le plus sujet d'être vain; pour la noblesse, quoique la sienne fût antique; pour la poésie même, dans les moments où il craignait d'y avoir perdu sa peine.

Racan ne nous eût-il pas donné ce détail, nous l'aurions pu deviner d'après le caractère même des poésies de Malherbe, dont la principale beauté est un mélange d'autorité et de liberté philosophique. Ces vers si nobles et si impérieux sentent tout à la fois le poëte théoricien qui commande au nom des lois éternelles de l'art rétablies et remises en vigueur par lui, et l'homme de grand sens qui ne se fait illusion sur rien, pas même sur ce qui lui attire l'admi-

---

(1) Ode à M. de Bellegarde. C'est la dernière des pièces de Malherbe qui ait une date certaine. Il avait alors 74 ans.

ration des autres hommes. C'est l'accord, dans de magnifiques vers, de l'esprit de discipline et de l'esprit de liberté. Toutes les autres beautés de Malherbe sont comme le fruit de cette beauté première. Cette gravité qui n'a rien de triste, cette majesté sans affectation, ce grand air que tempère la grâce, sont d'un poëte qui n'a prétendu régler que la méthode de communiquer nos pensées par le langage, mais qui ne s'arroge aucun droit sur la liberté de notre esprit. Le propre de sa discipline n'est pas de réduire ou de contraindre cette liberté; c'est bien plutôt de la sauver des servitudes de l'imitation, de la mode, de l'humeur particulière, et de rendre le poëte à lui-même. Que prétendait Malherbe par sa réforme, sinon faire voir aux poëtes de son temps que ce qui leur était imposé par le tour d'esprit d'alors, par l'imitation de l'Italie et par le faux savoir, ne valait pas ce que leur bon sens, cultivé par les lettres anciennes, et développé par l'expérience de la vie, leur inspirait, comme à leur insu, de pensées franches et naturelles?

Tel fut le rôle de Malherbe. Ses belles odes, d'admirables stances, auxquelles songeait Boileau en écrivant ce vers si expressif :

Les stances avec grâce apprirent à tomber;

certaines paraphrases des Psaumes, ne sont pas seulement des modèles de poésie; ce sont en quelque sorte des institutions de langage. Ni l'autorité de la discipline qu'elles ont sanctionnée n'a fléchi, ni leurs beautés ne se sont fanées. C'est que cette discipline est profondément conforme à l'esprit français; et quant à ces beautés, c'est la même conformité qui nous les fait paraître toujours nouvelles.

En effet, quelque résistance que nous fassions, par la solitude, par la lecture des chefs-d'œuvre, par notre droiture et notre naturel, au tour d'imagination de notre époque, le passager, l'éphémère nous atteignent jusque dans la retraite la plus opiniâtre; et si nous tenons assez ferme pour n'être pas à la fin dépouillés de notre naturel, il est difficile que nous n'en soyons pas fréquemment distraits. Qu'à l'un de ces moments-là Malherbe nous tombe sous la main, d'où vient que nous sommes si surpris de cette vivacité, de cette verdeur d'un sexagénaire, de ce grand sens, de ces vérités qui ont reçu leur forme dernière, de ce style si précis, si noble, si frappant? C'est que nous nous sentons rendus à notre naturel, qui est pour nous l'éternelle nouveauté. Le mérite de ces poésies est donc le même qu'au temps qui les vit pour la première fois paraître : c'est d'être nouvelles.

Nos pères y ont admiré, il y a plus de deux siècles, ce que nous y admirons encore aujourd'hui, l'esprit français entrant enfin dans sa virilité, et une langue poétique conforme à sa nature et à ses destinées.

CHAPITRE SIXIÈME.

§ I. Comparaison entre les progrès de la poésie et de la prose, au XVIe siècle. — § II. Le *Plutarque* d'Amyot. — § III. Michel Montaigne. Comment il est formé par la Renaissance.—§ IV. Le sujet des *Essais*. Caractère de Montaigne; sa vie; son temps. — § V. Caractère général des *Essais*. Pourquoi Montaigne a-t-il un goût particulier pour certains écrivains de la décadence latine. — § VI. Des causes de la popularité de Montaigne.

§ I.

COMPARAISON ENTRE LES PROGRÈS DE LA POÉSIE ET DE LA PROSE FRANÇAISE AU XVIe SIÈCLE.

Quand on lit les poëtes du XVIe siècle, parmi lesquels je ne comprends pas Malherbe, dont la première pièce durable porte la date de 1605, on est surpris du peu qu'ils ont exprimé d'idées générales. Sauf dans un petit nombre de pièces qui ont tiré de ces idées mêmes la force et le naturel qui les a fait durer, le fond et les détails sont fournis par le moment, par les mœurs, par le tour d'esprit particulier de l'époque. Non que les poëtes ne sentissent vaguement la vertu des idées générales, témoin la typographie d'alors qui les enfermait entre guillemets, comme sentences d'oracle : mais, au lieu de les rencontrer par la méditation aux mêmes profondeurs d'où les a tirées pour la première fois le génie antique, ils y étaient involontairement conduits par la mémoire et l'imitation, et ils s'en paraient à l'extérieur, comme d'une enseigne de savoir, plutôt qu'ils ne s'en aidaient pour s'élever à des pensées supérieures ou égales. C'était l'effet de la tyrannie de la mode, qui, en asservissant la poésie d'abord à l'imitation italienne, puis à la superstition des formes de la poésie antique, en avait fait un art de caprice, livré à ce qu'il y a de plus éphémère et de plus variable, les idées particulières. Cette servitude et le peu de consistance des idées particulières retardaient d'ailleurs et gênaient le travail de la langue, si difficile à fixer, et qui ne peut recevoir sa perfection que des idées générales. Voilà pourquoi les poëtes ne sont pas des penseurs ; ils emploient les dons de l'imagination à exprimer, sinon à exagérer ce qui plaît à leur temps ; et s'ils sont savants, c'est que la science elle-même est une mode. Les poëtes ne peuvent pas se passer du suffrage du moment ; ils sont esclaves de tout ce qui peut faire voler leur nom de bouche en bouche ; ils vont au-devant de la gloire, au risque de ne rencontrer que la vogue, ce vain enthousiasme d'aujourd'hui, auquel le dégoût succédera demain. Ceux des poëtes de cette période qui ont exprimé des idées générales, satisfaisaient moins leur raison qu'ils ne caressaient la mode, qui, fort heureusement, n'exceptait pas de ses caprices les choses qui s'adressent éternellement à la raison.

C'est par cette rareté des idées générales que s'expliquent et la stérilité de la poésie au xvie siècle, et l'imperfection de l'art d'écrire en vers. Il ne faut donc pas chercher dans les poëtes la mesure de l'esprit français durant cette période; les auteurs en prose peuvent seuls nous la donner. A la fin de ce siècle, l'art d'écrire en prose n'avait plus guère à acquérir quant à la matière; et quant à la langue elle-même, elle ne demandait plus que des perfectionnements de détail, et une certaine discipline dont nous nous occuperons en son lieu.

Peut-être aussi le génie a-t-il manqué aux poëtes dans ce siècle si fécond en hommes supérieurs, à moins que la servitude d'une double imitation n'ait fait avorter le génie dans des jeux d'esprit. Quoi qu'il en soit, c'est dans les prosateurs que l'esprit français se manifeste tout entier, parce que là seulement il exprime un grand nombre d'idées générales. Après Rabelais et

Calvin, elles continuent d'entrer en foule dans les ouvrages en prose, et on les voit apparaître en plus grand nombre et de plus en plus claires dans Amyot et Montaigne.

§ II.

LE PLUTARQUE D'AMYOT.

Pendant que Ronsard disputait à Saint-Gelais le titre de prince des poëtes, au temps même de cette furie d'imitation antique, un traducteur de génie, Amyot, devinant d'instinct ce qui avait échappé aux poëtes réformateurs, comprenait que les langues ne s'enrichissent que par les idées, et versait pour ainsi dire, dans la nôtre, le recueil le plus complet des idées, des mœurs, des hommes et des choses de l'antiquité, les ouvrages de Plutarque (1559-1574).

Rabelais et Calvin avaient eu la gloire de faire les premières applications heureuses des idées anciennes à la société moderne. Mais cette sorte d'éducation de l'esprit français avait été trop précoce pour n'être pas incomplète. D'ailleurs, Calvin était trop spécial, Rabelais trop curieux des choses extraordinaires de l'antiquité anecdotique. Le moyen le plus puissant et le plus efficace de développer cette éducation de l'esprit français, de l'assurer, c'était de lui faire voir, comme en un abrégé, l'antiquité elle-même se révélant dans notre langue. C'est ce que fit Amyot, en traduisant les écrits d'un homme supérieur qui avait recueilli tous les souvenirs de l'antiquité grecque et romaine.

On sent de quel intérêt dut être la lecture de Plutarque, lorsque, selon l'expression de Montaigne, il fut devenu français par Amyot. C'était le répertoire de l'antiquité. Ses grands hommes dans les *Vies*; dans les *OEuvres morales*, ses philosophies, sa religion, ses mœurs, sa vie domestique et anecdotique; que de sources fécondes, que de termes de comparaison avec la société d'alors! que d'excitations pour la pensée! Les caractères n'y profitèrent pas moins que les intelligences. Ce fut une école de mœurs presque autant qu'une école de langage. Avec les hautes spéculations de l'antiquité, on en renouvela les grandes actions et les morts héroïques. Le plus grand homme de ce siècle, Henri IV, était nourri de Plutarque (1). La traduction des œu-

---

(1) Voici ce qu'il en écrit à Marie de Médicis, sa femme. Montaigne n'a pas parlé de Plutarque d'un style plus vif, ni sous une impression plus forte et plus présente des fruits qu'il avait tirés de cette lecture :

« M'amye, j'attendois d'heure à autre une lettre. Je l'ay
« baisée en la lisant. Je vous responds en mer, où j'ay voulu
« courre une bordée par le doux temps. Vive Dieu! vous
« ne m'auriés sceu rien mander qui me fust plus agreable

vres de Plutarque ne fut pas un moindre événement dans l'histoire politique de notre pays que dans l'histoire de la littérature.

La gloire de cet événement appartient au fils d'un boucher de Melun (1). La tradition est qu'Amyot vint faire ou achever ses études à Paris, où sa mère lui envoyait chaque semaine son pain par le coche, et qu'il y fut le domestique des écoliers du collége de Navarre. Son mérite le fit successivement abbé de Bellosanne, professeur de l'université de Bourges, précepteur des fils de Henri II, aumônier de Charles IX, grand aumônier de France, et évêque d'Auxerre.

« que la nouvelle du plaisir de lecture qui vous a prins.
« Plutarque me soubsrit tousjours d'une fresche nouveauté :
« l'aymer c'est m'aymer, car il a esté longtemps l'instituteur
« de mon bas aage : ma bonne mere, à laquelle je doibs tout,
« et qui avoit une affection si grande de veiller à mes bons
« deportemens, et ne vouloit pas (ce disoit-elle) voir en
« son filz un illustre ignorant, me mist ce livre entre les
« mains, encores que je ne feusse à peine plus un enfant de
« mamelle. Il m'a esté comme ma conscience, et m'a dicté à
« l'aureille beaucoup de bonnes honnestetés et maximes ex-
« cellentes pour ma conduicte et pour le gouvernement de
« mes affaires. A Dieu, mon cœur ; je vous baise cent mille
« fois. Ce 3e setembre, à Calays. »
Cette lettre fait partie du *Recueil des Lettres de Henri IV*, publié, sous les auspices du ministère de l'instruction publique, par M. Berger de Xivrey.

(1) Né en 1513.

Quoique destiné dès le commencement à l'Église, et entré dans les ordres à l'époque des querelles suscitées par la Réforme, Amyot évita la théologie, et jusqu'à son élévation à l'évêché d'Auxerre, il ne s'occupa que d'études profanes. Il avait commencé par traduire les romans grecs, les *Amours de Théagènes et Chariclée* (1547), *Daphnis et Chloé* (1559). La préface des *Vies des hommes illustres* (1559) est entièrement profane, sauf quelques belles paroles sur Dieu, que le catholicisme, renouvelé par la Réforme, a pu seul inspirer. Au contraire, la préface des *OEuvres morales* (1574), en beaucoup d'endroits, sent le sermon. Amyot avait été appelé dans l'intervalle à l'évêché d'Auxerre; il était tout pénétré de ses premières études de théologie, dont il ne sut d'ailleurs que le nécessaire.

Ainsi, la Renaissance toute seule forma l'esprit et le talent d'Amyot. Il était également versé dans le grec et le latin. Pendant dix ans il enseigna l'un chaque matin, et l'autre chaque soir à l'université de Bourges. Il traduisit Plutarque d'après les manuscrits du Vatican. Le latin lui était une langue plus familière que le français, et son génie de traducteur se révèle par l'habitude où il était de composer d'abord en latin les sermons qu'il devait prêcher en français. De là cette intelligence si profonde et si sûre, et cette pratique pour ainsi dire journalière des analogies des langues anciennes avec la nôtre; de là tant de créations de tours et d'expressions conformes à l'esprit de notre pays. Amyot eut cette sorte de génie, qu'il sentit avec une admirable justesse tout ce que l'esprit français, développé par cette première culture de l'antiquité, pouvait concevoir et exprimer d'idées générales, et qu'en traduisant un des écrivains de l'antiquité les plus riches en idées de cet ordre, il s'arrêta toujours au point juste où le génie de notre langue aurait résisté. Il est à la fois hardi et retenu, éprouvant chaque pensée antique à l'image qu'il s'était faite de l'esprit français, et chaque tour grec ou latin à sa langue; hardi jusqu'où l'analogie peut le suivre, jusqu'où la clarté est assurée; retenu quand l'analogie manque, et que l'exactitude serait un inutile sacrifice de la langue traduite à la langue de l'original.

Son admirable aptitude pour la prose se montre dans l'impossibilité où il fut toujours d'écrire en vers passablement. « Il étoit peu adroit, » dit son biographe Roulliard, « en son génie poétique. » « Il se mêla de poésie, dit Bayle, et n'y réussit pas. » La version des vers grecs en vers français, ajoute-t-il, à laquelle Amyot se voulut assujettir dans son *Plutarque*, est « affreuse. » Charles IX la trouvait grossière, « en quoi, dit Roulliard, son opinion a esté suivie de beaucoup d'aultres. » Amyot n'a pas même eu, à cet égard, l'espèce d'adresse que donnait aux auteurs les plus médiocres l'habitude générale au xvie siècle d'écrire en vers; outre que, dans la traduction des poëtes grecs, les analogies des deux langues étant beaucoup plus rares, il lui arrive plus souvent d'éteindre l'original que d'enrichir sa propre langue.

Amyot n'excella que dans la prose, et n'écrivit avec originalité que ce qu'il traduisit. Le jugement que porte le même Roulliard sur ce qu'il avait vu de ses ouvrages originaux, « qui me semble, dit-il, estrangement pesant et traisnassier, » est rigoureusement vrai, sauf quelques pages de la préface des *Vies*, qui ne sont pas au-dessous des meilleures qu'on ait écrites au xvie siècle. Il y a dans cette infériorité même de l'écrivain original, comparé au traducteur, une marque singulière de sa vocation. Dans un temps où le progrès de la langue était l'ambition de tous les écrivains, où beaucoup s'égaraient à le chercher dans une augmentation matérielle des mots, rien n'était plus pressant que de la mettre aux prises en quelque sorte avec ce qui avait été pensé et exprimé de plus excellent par l'écho le plus intelligent de la raison antique, et de faire parler l'antiquité elle-même dans notre langue. Ce fut la tâche d'Amyot. Dans cette traduction célèbre, la seule qui ait eu la gloire des ouvrages originaux, il mit l'esprit français en présence de l'esprit ancien, et notre langue en regard de la plus riche des deux langues de l'antiquité. Par cette comparaison saisissante, il montra mieux que ses contemporains par leurs théories, et mieux qu'il n'eût fait lui-même par des écrits originaux, quels guides l'esprit français devait suivre, à quelles sources notre langue pouvait puiser des richesses durables.

La traduction d'Amyot mérite l'admiration qu'elle inspirait à d'excellents esprits du xviie siècle, à Vaugelas, à Huet, à Pellisson, et à d'autres, lesquels, plus rapprochés de son époque, distinguaient plus nettement et sentaient avec plus de vivacité tout ce qu'il y a de créations dans cette langue dont l'usage a rendu certaines beautés vulgaires, et en a ôté insensiblement la gloire à l'inventeur. A cette époque, Amyot était étudié comme un modèle. Sainte-Marthe disait qu'Amyot, « en portant la langue au plus haut point de pureté dont elle semblait capable, n'avait guère moins acquis de gloire par cette voie que s'il avait conquis de nouvelles provinces par l'épée, et étendu les limites du royaume (1). » Huet le loue « d'avoir apporté dans sa traduction tant d'esprit et tant de bonnes dispositions, tant de subtilité et tant de politesse, qu'on peut dire qu'il a été le premier qui ait montré jusqu'où pouvaient aller les forces et l'étendue de notre langue (2). » — « Quelle obligation, dit Vaugelas, ne lui a point notre langue, n'y ayant jamais eu personne qui en ait mieux su le génie et le caractère que lui, ni qui ait usé de mots ni de phrases si naturellement françaises, sans aucun mélange des façons de parler des provinces, qui corrompent tous les jours la pureté du vrai langage français! Tous les magasins et tous les trésors sont dans les œuvres de ce grand homme. Et encore aujourd'hui nous n'avons guère de façons de parler nobles et magnifiques qu'il ne nous ait laissées; et quoique nous ayons retranché la moitié de ses mots et de ses phrases, nous ne laissons pas de trouver dans l'autre moitié presque toutes les richesses dont nous nous vantons (3). »

Le choix qu'Amyot fit de Plutarque est de ces convenances que j'ai déjà signalées dans le cours de cet écrit entre les besoins du temps et le génie

---

(1) Jugements des savants sur la traduction de Plutarque par Amyot; Baillet, tom. III, pag. 113.

(2) Ibid.

(3) Préface des *Remarques sur la langue française*.

de l'écrivain appelé à y pourvoir. Que fallait-il au temps d'Amyot? Recueillir et exprimer le plus grand nombre d'idées dans toutes les matières qui peuvent recevoir la forme littéraire et perfectionner les langues. Or, aucun auteur de l'antiquité n'a plus exprimé de ces idées-là que Plutarque. Quoique historien et moraliste, il n'est enchaîné ni aux lois du genre historique, ni à la forme des traités de morale. S'il a rarement l'espèce de beautés supérieures qui naissent d'un plan fortement conçu et d'un sujet traité en rigueur, ni cette perfection intérieure et secrète de l'ensemble qui se fait sentir par la réflexion, il a une diversité infinie de pensées justes, délicates, profondes, qui sont comme des lumières répandues sur tout le domaine de la pensée. Dans quel ordre d'idées Plutarque n'a-t-il pas, soit exprimé quelque vérité durable et féconde, soit recueilli quelque fait d'où sortira, sous la plume d'un autre écrivain, une vérité de ce genre? Comme historien, à quelle partie de la science historique n'a-t-il pas touché, guerre, administration, gouvernement, sous toutes les formes de société appliquées chez les anciens, depuis le pouvoir absolu de l'Orient jusqu'à l'extrême démocratie? Comme moraliste, que de vues sur les passions en général, sur les traits communs et sur les diversités des caractères, et quelle abondance de faits publics et particuliers à l'appui de ses jugements! Quelle variété d'excursions et quelle curiosité universelle, quoique toujours réglée par le dessein de dire des vérités utiles à la conduite de la vie! Quelle multitude de préceptes, et de quelle multitude de faits ces préceptes s'autorisent! Vrai magasin, comme dit Vaugelas, d'idées raisonnables et pratiques sur la vie humaine; inventaire complet de la sagesse antique, personnifiée elle-même dans un homme supérieur, recueillant les traditions d'un monde qui touchait à sa fin. C'est de cette sagesse que la langue d'Amyot nous mit en possession au XVIe siècle, et le sentiment de cette acquisition fut si vif, que Montaigne parlant du *Plutarque* d'Amyot, put dire, au nom de tous ses contemporains : « Nous aultres ignorants estions perdus, si ce livre ne nous eust relevés du bourbier : sa mercy, nous osons à cett' heure et parler et escrire; les dames en regentent les maistres d'eschole ; c'est nostre breviaire (1). »

§ III.

MONTAIGNE. COMMENT IL EST FORMÉ PAR LA RENAISSANCE.

Je viens d'indiquer un des plus beaux titres d'Amyot : c'est d'avoir fourni des matériaux à

(1) *Essais*, liv. II, chap. IV.

Montaigne, et contribué ainsi à former cet excellent esprit. Qui ne sait, en effet, quel parti Montaigne a tiré de la lecture de Plutarque? S'il se passe ordinairement de la compagnie des livres quand il écrit, de peur, dit-il, qu'ils n'interrompent sa forme, et aussi parce que les bons auteurs le découragent, « il se peut plus malaysement desfaire de Plutarque. » « Il est si universel et si plein, ajoute-t-il, qu'à toutes occasions et quelque subject extravagant que vous ayez prins, il s'ingere à vostre besogne, et vous tend une main liberale et inespuisable de richesses et d'embellissements (1). » On s'imagine en effet Montaigne, aux jours où il était à court d'idées, ou mal en train d'écrire, se mettant à feuilleter Plutarque, sans ordre et sans dessein; et, s'il tombait sur une de ces pensées profondes ou seulement ingénieuses, qui abondent en cet auteur et qui éveillent l'esprit, s'y attachant et se mettant à penser à la suite de Plutarque. Or, le *Plutarque* dont se servait Montaigne, c'est celui d'Amyot. C'est Plutarque « depuis qu'il est françois (2). » Montaigne n'aurait pu le lire dans l'original. « Je ne me prends guere aux Grecs, dit-il quelque part, parce que mon jugement ne

---

(1) *Essais*, livre II, chap. IX.
(2) Livre II, chap. X.

se satisfait pas d'une moyenne intelligence (1). »
Et ailleurs : « Je n'ai quasi d'intelligence du
grec. » Et ailleurs, parlant de Platon, dont
il blâme les dialogismes : « Je ne vois rien, dit-
il, en la beauté de son langage (2). » C'est donc
par Amyot que Montaigne a connu l'auteur ancien qu'il a le plus goûté et le plus pratiqué, à
savoir Plutarque. Amyot a été le maître du plus
grand écrivain du xvie siècle.

Mais Montaigne n'est pas seulement le premier de son époque ; il est le premier par rang
d'ancienneté de nos écrivains populaires ; j'entends de ceux dont les esprits cultivés ne se
peuvent pas plus aisément *défaire* que Montaigne
de Plutarque. Au livre des *Essais* commence
cette suite de chefs-d'œuvre qui sont comme
autant d'images complètes, quoique diverses, de
l'esprit français.

La Réforme fit peu pour l'éducation de Montaigne. Elle le trouva catholique, et le laissa philosophe chrétien. Il fut touché de ce sérieux des
doctrines chrétiennes, si fort exagéré par le calvinisme ; et il prit plaisir à étudier l'homme au
point de vue du christianisme, c'est-à-dire dans
les contradictions et les misères de sa nature.
« De toutes les opinions, dit-il, que l'ancienneté

(1) *Essais*, liv. II, chap. IV.
(2) Liv. II, chap. X.

a eues de l'homme en gros, celles que j'embrasse le plus volontiers, et auxquelles je m'attache le plus, ce sont celles qui nous mesprisent et avilissent, et aneantissent le plus (1). » Pour la théologie, il l'évita jusqu'à la fin. Si sa curiosité pour tous les objets des disputes des hommes lui eût donné la tentation d'y regarder, les guerres de religion l'en eussent bientôt dégoûté.

Des deux antiquités, la chrétienne et la païenne, la seconde forma seule Montaigne. Elle fut sa nourriture, et comme sa substance. Sous ce rapport, il marque un progrès décisif de l'esprit français.

La Renaissance a exercé sur l'esprit français deux influences distinctes. Au commencement, c'est par une sorte de superstition et d'ivresse d'érudition qu'elle se manifeste dans les écrits. Témoin Rabelais, à la tête duquel il en monte des fumées; témoin la puérile adoration des formes de la poésie antique, dans Ronsard et son école. Cependant Calvin y avait résisté. Toujours sobre, attaché à son objet, châtié et contenu, même à l'époque où cette ivresse emportait les meilleurs esprits; préservé par son caractère, par son rôle, par la sévérité de sa matière, des écarts

---

(1) *Essais*, liv. II, chap. XVII.

de l'enthousiasme littéraire, il n'avait reproduit de l'antiquité que la simplicité de sa méthode : du reste, ainsi que je l'ai remarqué, trop théologien pour ne pas négliger la plus grande partie des trésors de la sagesse profane. Pour Amyot, il s'était borné au rôle de traducteur, montrant, il est vrai, ce que l'esprit français pouvait oser avec l'aide et, pour ainsi dire, sous le couvert de l'antiquité païenne; du reste, ne donnant rien du sien, et ne mêlant aux pensées antiques aucune pensée qui lui fût propre.

Dans la seconde période de la Renaissance, l'esprit français fait de l'esprit ancien une étude à la fois plus réglée et plus pratique. Après avoir joui avec une curiosité ardente des trésors de la sagesse, et goûté les voluptés du savoir, on songe à en tirer des applications pour la conduite de la vie. L'esprit français se compare à l'esprit antique, et, se rencontrant avec lui dans les mêmes spéculations, il prend de soi-même une idée plus haute, et se fortifie par cette comparaison, au lieu de s'étourdir par l'admiration excessive. « Les idées, dit Montaigne, que je m'estois faictes naturellement de l'homme, je les ai establies et fortifiées par l'autorité d'aultrui et par les sains exemples des anciens, auxquels je me suis rencontré conforme en jugement. » C'est à Montaigne qu'il appartenait d'exprimer le mieux ce changement : car c'est en lui que se personnifie l'esprit français, alors qu'à l'imitation de l'antiquité va succéder un commencement d'assimilation. Montaigne pense pour son compte ce que l'antiquité a pensé; il met l'esprit français de pair avec l'esprit ancien.

Ce grand homme marque un autre changement, qui n'est peut-être que la conséquence du premier : c'est la prédominance du génie latin sur le génie grec dans la littérature française. Montaigne est plus latin que grec. Sa prédilection même pour Plutarque, qui ne fait d'ailleurs aucun tort à celle qu'il confesse avoir pour Sénèque (1), ne contredit pas cette remarque. Plutarque n'était-il pas un Grec formé par les écrivains de la décadence latine, une sorte de Sénèque grec?

Du reste, le changement qui, au temps de Montaigne, fit perdre au grec la faveur publique, tenait à des causes générales. Le grec avait été la langue de l'hérésie; or, l'hérésie ayant eu le dessous, le grec était vaincu. Lors de la fondation du collége de France, pour une chaire de latin, il y en avait deux de grec. Les moines se souvinrent qu'ils avaient eu le grec pour ennemi, quand la royauté leur eut donné raison contre

(1) *Essais*, liv. II, chap. XVII.

la Réforme. Celle-ci même n'essaya pas de le soutenir, et elle fut amenée par le génie et l'exemple de Calvin à prendre les formes sévères, nobles et soutenues des écrivains de Rome, plus goûtés par Calvin, comme on sait, que les écrivains grecs. Les mœurs auraient d'ailleurs opéré naturellement et en son temps ce que hâta la violence religieuse. Nous sommes les fils des Latins; là est la cause principale de la préférence que nous donnerons toujours au génie latin. Nous avons l'esprit pratique de Rome; nous tenons d'elle ce goût pour l'universel, qui, dans notre histoire politique, n'est autre chose que cette ardeur de tout conquérir, pour tout régler sur notre patron. On n'avait pas d'ailleurs cessé un seul jour en France d'écrire ou de parler en latin; en sorte que depuis longtemps, par la religion, par l'usage, par ces grands traits de ressemblance avec le peuple romain, nous inclinions du côté où nous poussait le catholicisme, vainqueur de la Réforme.

La Fantaisie, beau mot grec francisé par l'école de Ronsard, caractérise le tour d'esprit imité des Grecs; Montaigne et l'école qui s'inspire du tour d'esprit latin le remplacent par la Raison, la sagesse, le *sapere* d'Horace (1), l'unique secret de

---

(1) Scribendi recte sapere est et principium et fons.

l'art d'écrire, lequel ne fait qu'un avec l'art de conduire sa vie.

Ce n'est pas que Montaigne, auquel le latin avait été donné pour maternel (1), se refusât aucune des libertés du génie spéculatif, si naturel aux Grecs; mais s'il spécule, c'est sur le réel. Son imagination, plus libre que hardie, ne s'évertue jamais hors du possible, et sa raison se complaît surtout dans les variétés et les contradictions de la conduite. Quant au caractère de sa langue, les latinismes lui sont en effet *maternels*. Il ne francise pas moins de mots latins que Rabelais de grecs; mais, comme Rabelais, quand il n'a songé qu'à s'entendre avec lui-même, il ne réussit pas toujours à les faire entrer dans le corps de la langue.

§ IV.

LE SUJET DES ESSAIS.

La matière du livre de Montaigne est d'ailleurs la même que celle des écrits de ses devanciers. Ce sont les idées générales, les vérités toujours vraies; et, à cet égard, il n'imagine rien : mais son invention, son cachet propre, c'est le dessein de rattacher toutes ces idées, toutes ces vérités, à un sujet unique, à l'homme, étudié

---

(1) *Essais*, liv. II, chap. XVII.

et confronté avec lui-même dans tous les pays et dans tous les temps.

Montaigne examine l'homme à la fois plus théoriquement que Rabelais, et plus librement ou du moins avec plus de respect pour la liberté humaine que Calvin. Tout est étude calme ou analyse curieuse. Rien n'est donné à la fantaisie, comme dans Rabelais; rien à la polémique, comme dans Calvin. C'est l'homme considérant son semblable d'un regard désintéressé, au lieu de le gouverner d'une main tyrannique, ou de lui donner le change par d'amusantes folies; cherchant à se démêler, et, comme dit Montaigne, « affamé de se cognoistre. » C'est l'homme à la fois observateur et sujet d'observation; c'est enfin Montaigne lui-même, un des plus excellents esprits qui aient été, éprouvant à sa conscience, comme à une pierre de touche, tous les traits attribués à l'homme par toutes les philosophies et toutes les histoires. Au milieu de tant de Mémoires que produit le xvie siècle, les plus intéressants, peut-être les seuls durables, sont ces Mémoires de la vie intérieure, de la pensée d'un homme.

Quel était-il donc, pour oser se faire ainsi le terme de comparaison de tout ce qui avait vécu avant lui, pour contrôler par sa propre sagesse la sagesse ancienne et moderne, et peser le genre humain à son poids?

Le caractère de Montaigne, tel que nous le montrent les *Essais*, est celui d'un homme nonchalant par humeur, non moins que par la faveur d'une condition qui lui permettait le repos ; irrésolu, tantôt par l'effet des lumières, qui font voir autant de raisons pour s'abstenir que pour agir, tantôt par la fatigue de délibérer ; détestant l'embarras des affaires domestiques, et préférant l'inconvénient d'être volé à l'ennui de veiller sur son bien ; ennemi de toute contrainte, jusqu'à regarder comme un gain d'être détaché de certaines personnes par leur ingratitude ; ne donnant prise sur lui à rien ni à personne ; ne se mettant au travail qu'alléché par quelque plaisir ; simple, naïf, vrai avec lui-même et avec les autres ; ayant le droit de parler de sa facilité, de sa foi, de sa conscience, de sa haine pour la dissimulation, dans un temps où toutes ces qualités étaient autant de périls (1) ; « ouvert, dit-il, jusqu'à décliner vers l'indiscrétion et l'incivilité ; » délicat à l'observation de ses promesses jusqu'à la superstition, et pour cela prenant soin de les faire en tous sujets incertaines et conditionnelles (2) ; franc avec les grands, doux avec les petits ; le même homme que le besoin d'ou-

---

(1) *Essais*, liv. II, chap. xvii. C'était le temps des fausses paix de religion.

(2) Ibid., liv. III, chap. ix.

verture pouvait rendre incivil ; poussant la civilité jusqu'à être prodigue de *bonnetades* (1), notamment en été, dit-il, sans doute parce qu'on risque moins en cette saison de s'enrhumer ; en général, ayant les vertus de l'honnête homme, et sachant, en un cas pressant, en montrer ce qu'il en fallait, mais n'en cherchant pas l'occasion ; un mélange de naïveté et de finesse, d'ouverture et de prudence, de franchise et de souplesse ; modérant ses vertus comme d'autres modèrent leurs vices ; mettant pour frein à chacune ce grand amour de soi, dont il ne se cache pas et qui formait son état habituel ; enfin, s'il fut vain, ne l'étant guère moins de ses défauts que de ses qualités.

Est-ce donc là tout le caractère de Montaigne ? Non. Tout au plus s'agit-il de ce qui lui est le plus personnel. Il y a de tous les caractères dans ce caractère, il y a de tous les hommes dans cet homme. Il semble avoir senti tous les mouvements, passé par toutes les contradictions de notre nature. Et, en même temps, il en a tenu note avec une curiosité que ne rebutait point la difficulté de se reconnaître soi-même dans ces ténèbres de la volonté et de l'humeur, de se saisir

---

(1) *Essais*, liv. II, chap. XVII. Nous dirions : *coups de chapeau*.

dans cette mobilité, et que n'effarouchait pas la honte de se trouver des faiblesses. Acteur et spectateur dans sa propre vie, il y a assisté comme à une pièce, et il en a donné l'analyse exacte, en homme qui s'y divertissait, et qui ne s'est pas inquiété si quelquefois la pièce contredisait le spectateur, ou le spectateur la pièce.

Voilà quels dons naturels et quelle disposition admirable Montaigne apportait à cette étude de l'homme, qui fait le sujet et la vérité durable de ses *Essais*. Sa condition n'y servit guère moins que son caractère. Après une enfance qu'il nous dit avoir été « sans sujétion et molle (1), » il entre sans effort et comme de plain-pied dans les charges et emplois de cour. Il était conseiller au parlement de Bordeaux à l'âge de 21 ans; plus tard, gentilhomme de la chambre du roi Charles IX; du reste, n'ayant pas connu l'ambition, dont sa fortune le dispensait; ou, s'il en sentit un moment les atteintes dans sa jeunesse, s'en étant bientôt défait, « avec le conseil de ses bons amis du temps passé, » dit-il, et parce que l'ambition n'est convenable « qu'à celui à qui la fortune refuse de quoi planter son pied (2). »

Mais s'il n'en connut pas le principal mobile,

---

(1) *Essais*, liv. II, chap. XVII.
(2) Ibid.

il en put du moins considérer les objets d'assez près pour en porter des jugements purs d'illusions et de préventions. En effet, quoique fort épris du loisir et jaloux de sa commodité, il ne put se dérober tellement aux affaires publiques, qu'on ne le forçât de s'y mêler dans cette mesure qu'il portait en toutes choses. En 1581, étant à Lucques pour sa santé, il fut nommé maire de Bordeaux, et, après deux années d'exercice, réélu pour le même temps. Quatre ans après, aux états de Blois, il jouait, selon de Thou, le rôle de négociateur secret. Il put apprécier, dans ces deux circonstances, à quelles interprétations incertaines et diverses sont sujettes les actions publiques, et il apprit, par les jugements qu'on faisait de sa conduite, ce qu'il faut penser de l'opinion et des réputations qu'elle fait ou détruit. Dans ce court passage aux affaires, où il avoue s'être « porté trop laschement et d'une affection languissante, » il se serait corrigé, s'il eût été nécessaire, des illusions du travail spéculatif; il y amassa des expériences pour autoriser ses pensées, et des souvenirs pour les provoquer.

A un homme si admirablement préparé pour bien juger, quelle riche matière offrait le xvi° siècle! Montaigne y vit tout ce qui est de l'homme : guerres, paix, dissensions civiles et religieuses, assemblées, croyances, renaissance des lettres et des arts, toutes les passions, toutes les exagérations, toutes les vertus, l'héroïsme des armes et de la science; toutes les calamités, la famine, la peste, le pillage, et ce qu'il appelle la ruine publique. Il fit, en quelque sorte, le tour du bouclier d'Achille, ce symbole de la vie humaine, au temps d'Homère; ayant touché à tout, ayant pu voir toutes les idées sous la forme d'hommes ou d'événements.

Enfin, à tous ces avantages du caractère, de la condition, du spectacle d'un siècle laborieux et agité, qui vécut de toutes les vies, Montaigne joignait une qualité qu'aucun autre écrivain de son temps n'a possédée à ce degré où elle est la marque même du génie, je veux dire la modération. A la différence de Rabelais et de Calvin, qui sont emportés à chaque instant, l'un par son imagination, l'autre par les illusions du raisonnement, vers l'extrême limite de leur nature, Montaigne se tient comme au centre de la sienne. Il dégage sans cesse sa raison de son imagination et de ses passions; il s'attache à la recherche de ce point milieu, où l'on se trouve enfin soi-même, et d'où l'on juge les autres avec le moins de chances d'erreurs. C'est ce *coing* qu'il s'était fait en son âme, et qu'il essayait de soustraire aux passions, à l'instar de sa maison de Montaigne, autre *coing* qu'il tâchait de mettre à l'abri de la tempête publique (1). Il se rend le témoignage qu'il n'a guère de mouvements qui se cachent et se dérobent à sa raison. « Si je ne suys chez moi, dit-il, j'en suys toujours bien près (2). » Véritable homme de génie, parce qu'il est modéré. Dans Rabelais, outre l'humeur qui lui est propre, le médecin, le savant épris des curiosités de l'érudition, offusquent ou distraient le philosophe. Pour Calvin, il tourne toute science de l'homme à la théologie. La vérité qu'ils ont vues tous les deux, l'un en a fait excès comme d'une boisson enivrante, l'autre l'a traitée comme un instrument de discipline et de commandement; tous deux se sont crus peut-être meilleurs qu'elle. Montaigne seul la cherche avec désintéressement et la présente telle qu'elle est, sans la rendre ni méprisable en s'en jouant, comme Rabelais, ni haïssable, comme Calvin, en lui immolant la liberté.

§ V.

CARACTÈRE GÉNÉRAL DES ESSAIS. — D'OÙ VIENT LE GOUT DE MONTAIGNE POUR LES ÉCRIVAINS LATINS DE LA DÉCADENCE.

C'est par toutes ces convenances réunies de l'homme, de l'écrivain et de l'époque, c'est surtout par cette modération admirable, que les

(1) *Essais,* liv. II, chap. xv.
(2) Ibid., liv. II, chap. 1er.

Essais de Montaigne sont le premier ouvrage populaire de la prose française. Beaucoup même le regardent comme le premier ouvrage de génie, dans l'ordre des temps; ce serait juste, s'il n'y avait d'écrivains de génie que ceux qu'on lit. Du moins a-t-on raison de tenir ceux qu'on lit pour les plus grands. La grandeur des écrivains doit être proportionnée au bien qu'ils font, soit qu'ils enseignent directement la vérité dans des écrits dogmatiques qui vont droit à la raison, soit qu'ils l'insinuent par le charme de fictions vraisemblables, soit qu'ils dirigent la vie, ou qu'ils la rendent plus légère. C'est au nombre de ceux qui profitent de leurs écrits qu'il faut mesurer leur gloire : car plus il en est qui ont part à cette nourriture de l'âme, plus les hommes de génie ressemblent à Dieu, dont ils sont les créatures privilégiées.

Toutes les idées générales sont dans le livre des *Essais*; toutes les vérités s'y trouvent avec tous les doutes. Mais les vérités y laissent chacun libre de se conduire à sa guise, et les doutes n'y sont que des aveux de la sagesse bornée que Dieu a départie aux hommes.

Toutefois, les doutes dominent. C'est l'effet du temps où vivait Montaigne. En littérature, en politique, en religion, chacun disait : Je sais tout. Montaigne prit pour devise : «Que sais-je?»

Admirable leçon donnée par un esprit supérieur et impartial à tant d'esprits communs et violents qui s'arrogeaient la sagesse et la certitude. Ce scepticisme n'est pas le pyrrhonisme que Pascal lui a reproché : car, en beaucoup de points, et principalement pour les choses qui ne souffrent pas de délai, Montaigne affirme et décide. Si, dans tout le reste, il doute, c'est résistance d'une haute raison à toutes ces opinions qui croyaient tenir la vérité, et qui l'imposaient à leurs contradicteurs par le fer et par le feu. Le scepticisme de Montaigne proclame la liberté de la conscience, et conserve saine et sauve la moralité des actions. Cette disposition est commune à tous les bons esprits de ce temps : tous, en présence de ces affirmations violentes, qui s'entre-détruisent tour à tour, selon les chances de la force, cherchent la vérité, qui, en face de l'affirmation, se manifeste d'abord par le doute. Le doute, c'était la seule sagesse possible alors, sagesse qui deviendra bientôt insupportable; et si Montaigne a plus douté qu'homme de son siècle, c'est qu'il était plus homme de génie qu'aucun de ses contemporains.

Où le doute domine, il n'est pas étonnant de trouver plus de curiosité que de choix. C'est un nouveau trait de Montaigne : il n'est guère moins curieux que sceptique. Le sceptique, ne s'attachant à rien sans restriction, doit renouveler sans cesse ses connaissances et ses idées. Comme il n'a point de but, et qu'il pense moins pour se convaincre et s'assurer sur un point, ou pour en persuader les autres, que pour entretenir doucement l'activité de son esprit; comme il n'est point impatient, n'ayant nulle part à aller, tout détail, toute anecdote, toute particularité a droit de l'intéresser; toute idée lui est agréable, tout chemin lui est bon. De là, dans Montaigne, malgré un fond de goût qui se marque par d'excellents jugements sur les bons auteurs de la latinité, sa prédilection pour ceux de l'époque de la décadence, pour Sénèque en particulier, dont il avoue qu'il imitait volontiers le parler (1). Son commerce de tous les jours avec Plutarque s'explique par cette curiosité qui laissait à d'autres à choisir, et pour qui la quantité était la seule affaire pressante. L'immense variété des faits dans Plutarque, le nombre infini de demi-vérités dans Sénèque, de nuances, de perceptions douteuses qui font souvent illusion par la fausse précision des mots, telle était la nourriture choisie de Montaigne. C'est ce qu'il appelle des lectures « où se mesle un peu plus de fruit au plaisir (2). » Les poëtes, Virgile même,

(1) *Essais*, liv. II, chap. XVII.
(2) Ibid.

dont il regarde d'ailleurs les *Géorgiques* «comme le plus accomply ouvrage de la poësie (1), » les poëtes ne sont pour lui que des lectures d'amusement.

Cet esprit de curiosité l'a rendu injuste pour Cicéron. « Les raisons premières et plus aisées, dit-il, qui sont communément les mieulx prises, je ne sçais pas les employer, mauvais prescheur de commune. » C'est toucher droit à Cicéron, dont la gloire est d'avoir admirablement exprimé les raisons premières et plus aisées, celles qui forment le commun des hommes, et d'avoir été excellent *prescheur de commune*. Montaigne préférait les subtilités de Sénèque, qui le piquaient et qui excitaient sa nonchalance, à cette beauté égale et pure d'un discours ni subtil, ni téméraire, ni paradoxal, où l'auteur pense moins à jouir de ses pensées particulières qu'à faire part aux autres de ce qu'il sent en commun avec tous. Il n'a pas de goût pour les choses arrêtées, et sur lesquelles tout le monde est d'accord. La vérité ne lui plaît que là où elle ne se présente pas sous la forme d'une affirmation. Entre une chose douteuse qui le sollicite et le stimule, et une chose évidente à laquelle il n'y a qu'à con-

---

(1) Jugement admirable sous la plume d'un homme qui aimait Lucain « pour sa valeur propre et la vérité de ses « opinions. »

sentir, c'est vers la chose douteuse qu'il incline. Aussi préfère-t-il à Cicéron Pline avec toutes ses fables qui, troublent et qui embarrassent la raison humaine.

La paresse même de sa mémoire, qu'il a peut-être exagérée par vanité, et cet usage de ne penser qu'à propos ou à la suite des pensées d'autrui, le portaient aux raisons extraordinaires et malaisées. Le propre d'une mémoire paresseuse, dans un esprit excellent, est de retenir plutôt les choses auxquelles l'esprit résiste que celles auxquelles il a acquiescé tout d'abord, et celles qui promettent plus qu'elles ne tiennent, plutôt que celles qui tiennent tout ce qu'elles promettent. Par l'effet de cette autre paresse d'intelligence dont se plaint aussi Montaigne, ou dont il se vante, une demi-vérité de Sénèque le secouait bien plus vivement qu'une belle scène de Térence ou un beau morceau de Cicéron. Enfin, ce qu'il y a de hasardé et de capricieux dans les écrivains de décadence s'accordait à son humeur un peu gasconne, à un certain désir de faire briller son esprit, que nous retrouverons deux siècles plus tard dans un grand écrivain du même pays, Montesquieu. Comme Sénèque, comme Tacite, qui, à cet égard, fait plus illusion, à cause de sa gravité constante et de son accent pathétique, Montaigne poursuit les idées pour elles-mêmes, non comme prémisses d'un raisonnement ou parties d'une vérité. Il recherche les plus contestables, comme prêtant plus aux développements ingénieux ou à la contradiction abondante, et il répand de la même main les vraies lumières, sans injonction de les suivre; et les fausses, sans s'inquiéter si les esprits faibles s'y laisseront prendre.

Il y a d'ailleurs des causes générales de ce goût de Montaigne pour les auteurs des époques de décadence. Il n'est pas le seul qui fasse un si grand cas de Sénèque. Depuis Calvin jusqu'à Malherbe, combien qui l'ont lu et qui s'en sont inspirés! Ovide et Lucain sont des modèles plus cultivés que Virgile. Une première raison, c'est qu'on imite les plus près de soi : or, les écrivains de la décadence latine étaient les plus près de ceux de la Renaissance. Il y a d'ailleurs de frappantes analogies entre les deux époques : de grandes choses qui finissent, la religion et la société politique dans l'empire romain, le catholicisme du moyen âge, et la féodalité dans la France du xvie siècle; de grands bouleversements, des révolutions, le règne de la force, qui détache les esprits méditatifs d'une société où personne n'a protection, et les ramène sur eux-mêmes; le même doute aux deux époques par des causes différentes : dans Rome en décadence, parce que les vieilles croyances y sont éteintes et laissent l'homme en proie à lui-même; dans la France du seizième siècle, parce qu'on est placé entre d'anciennes formes qui disparaissent et un avenir qu'on ignore. Or, dans le doute, la raison, trop souvent découragée, laisse le champ libre à l'imagination. De là, dans les écrivains des deux époques, tant de choses données à l'imagination tournée vers l'étude de l'homme intérieur, et je ne sais quels romans psychologiques sur notre nature morale. Cet examen qu'ils font d'eux-mêmes, sans règles, sans croyance, favorise la prépondérance de l'imagination, et la porte, tantôt par les raffinements du travail, tantôt par la négligence, vers ces choses indécises et spécieuses où la pensée est souvent déterminée par des consonnances de mots, et où l'esprit, cessant d'agir sur des objets réels, semble tourner sur lui-même.

Ni dans l'une ni dans l'autre époque, les auteurs n'ont de goût; car le goût, c'est la présence de la raison dans tous les détails d'un ouvrage d'esprit. Les mêmes causes qui font qu'il n'y en a plus aux époques de décadence, font qu'il n'y en a pas encore aux époques de renaissance. Le goût est un fruit de l'âge mûr des nations, alors que l'imagination et la sensibilité, après avoir été maîtresses, se subordonnent, sans abdiquer, à l'empire de la raison. Or, aux époques de décadence, la maturité incline déjà vers la décrépitude, et aux époques de renaissance il y a tout à la fois décrépitude et excès de jeunesse. Le goût, c'est encore le sentiment du vrai commun à tous; or, à ces deux époques, comme on ne croit pas à des vérités communes à tout le monde, on ne peut pas avoir de goût. Chaque écrivain regarde le vrai comme une vue particulière de son esprit; il le traite comme son bien propre; il n'en a pas le respect, qui est le goût, sous sa forme la plus sévère.

§ VI.
DES CAUSES DE LA POPULARITÉ DE MONTAIGNE.

La popularité de Montaigne a été l'ouvrage du temps; aussi n'a-t-elle pas été sujette aux retours. La faveur des imaginations n'y a été pour rien. A côté de Ronsard, qui vit et meurt dans l'applaudissement universel, Montaigne est à peine connu de quelques esprits de choix (1). On le

(1) Il est vrai que ces esprits ne l'admirent pas médiocrement. Juste Lipse l'appelle le *Thalès français*, Pasquier le lit avec délices, et toutefois en fait moins d'éloges que de Ronsard. De Thou écrit de lui en latin : « C'est un homme d'une liberté naturelle, que ses *Essais* immortaliseront dans la postérité la plus reculée. » Le cardinal Du Perron appelait les Essais *le Bréviaire des honnêtes gens*.

lit et on le goûte en secret; il n'a pas d'influence réelle. Ses ennemis, d'ailleurs, ne sont pas plus nombreux que ses amis.

Au commencement du xviie siècle, en vain la demoiselle de Gournay, fille adoptive de Montaigne, s'efforce, par ses pieux libelles, de réchauffer l'admiration pour l'auteur des *Essais*. Les puristes d'alors, qui font la mode, le décrient comme archaïque. Balzac, à côté d'éloges sincères, en fait des critiques assez vives; Port-Royal le trouve impie, et l'attaque pour sa philosophie qui prétend se passer de religion. Le plus grand homme de cette pieuse compagnie, Pascal, se montre plus sévère pour Montaigne que pour les jésuites. Selon lui, les *Essais* sont un livre pernicieux, immoral, plein de mots sales et déshonnêtes; Montaigne ne songe qu'à mourir mollement et lâchement. Dans la *Logique* de Port-Royal, on ne lui rend même pas justice littérairement, et on profite de lui sans l'en remercier. Sur la fin du siècle, toutefois, on commence à le lire, et on le juge mieux. La Bruyère imite visiblement son style; La Fontaine le médite; Bayle se sert de son doute, comme d'une arme légère, contre les mille erreurs de l'esprit humain.

Mais c'est au xviiie siècle seulement que Montaigne est apprécié à son prix. Les grands écrivains le reconnaissent pour leur glorieux prédécesseur. Le voilà enfin à sa place, en pleine compagnie de sceptiques, n'ayant plus affaire ni aux jésuites, ni aux jansénistes. Voltaire reprend toutes les idées de Montaigne, donne la précision et le tour vif de la polémique à ces opinions enveloppées dans Montaigne du langage abondant, pittoresque et quelquefois traînant, de la spéculation inoffensive. Rousseau le copie; Montesquieu, Diderot et tous les encyclopédistes l'étudient, lui font des emprunts, rhabillent ses doutes ingénieux. Il est dans la destinée de Montaigne que plus il vieillit, plus sa gloire augmente. Tour à tour les côtés si nombreux et si divers de son admirable livre reçoivent une sorte de vie nouvelle. Dans les xviie et xviiie siècles, ce sont les idées ; dans le xixe, où l'on est plus désintéressé et plus libre sur les idées, où l'on est à peu près aussi loin des rancunes jansénistes que de l'incrédulité des philosophes, c'est le style qu'on étudie et qu'on remet en honneur. C'est dans Montaigne, dit-on avec raison, qu'il faut aller rajeunir la langue par des innovations, ou plutôt par des restaurations de bon aloi. Sous quelque point de vue qu'on l'ait regardé, soit qu'on y ait cherché l'instruction ou la distraction, peu d'écrivains, depuis trois siècles, ont eu plus de lecteurs dans notre pays, et des lecteurs plus amis de leur auteur. Ce doute même, qui n'a rien de sec ni de moqueur, qui respecte les croyances lors même qu'il les affaiblit en en faisant voir les contradictions, n'est pas le moindre attrait de cette lecture. A combien peu d'esprits le doute ne plaît-il pas, soit à cause de la faiblesse de notre attache à la vérité, soit, quelquefois, à titre de morale commode! Combien peu qui sont assez fermes sur tous les principes qui dirigent la vie, pour n'incliner pas quelquefois vers le doute par relâchement, sinon pour se trouver moins coupables dans les défaillances! Combien qui aiment plus la vérité en spéculatifs que pour l'application, plus comme une conformité avec leur nature intellectuelle, qui flatte leur vanité, que comme une règle de conduite immédiate qui les oblige! Montaigne caresse toutes ces dispositions et absout toutes ces impuissances. Il attire les gens par cette devise séduisante : « Que sais-je ? » à laquelle répond, dans la conduite : « Que faire ? » question commode, pour les jours où notre conscience et notre passion se disputent à chances égales, ou plutôt quand la passion commence à prendre le dessus. Je n'en fais pas une gloire à Montaigne, confesseur mondain s'il en fut, qui pactise avec nos plus secrètes faiblesses, pour que nous lui pardon-

nions ou que nous admirions les siennes ; je dis
quelles douceurs a ce doute bienveillant et jamais
agressif. Et qu'y a-t-il d'étonnant qu'un juge si
facile, toujours prêt à se récuser pour n'avoir pas
à condamner, soit du goût de plus de gens qu'un
juge qui condamne au nom d'une règle établie?

Outre cette complaisance de l'esprit de doute
par laquelle Montaigne se fait tant d'amis, surtout dans notre France, un attrait plus innocent
peut-être nous le fait aimer : c'est que chacun
de nous s'y reconnaît. Pascal l'a dit, ne croyant
pas faire l'éloge de l'homme : « Ce n'est pas dans
Montaigne, mais dans moi, que je trouve ce que
j'y vois (1). » C'était avouer qu'il se reconnaissait
dans Montaigne en même temps qu'il le lisait ;
car, ce qu'il voit en lui-même, il ne nie pas
que Montaigne ne l'ait vu le premier. Ce dépit de Pascal loue mieux Montaigne que toutes
les apologies. Moi aussi, je me vois dans Montaigne chaque fois que je l'ouvre ; je m'y suis
vu ce matin même, en le feuilletant pour vérifier
l'exactitude d'une citation : si je m'étais oublié,
j'irais me chercher là. Dans cette confusion et
dans cette obscurité où nous sommes sur nous-
mêmes, soit par l'empire de nos contradictions,

(1) Pensée inédite, recueillie par M. Cousin. Voir le remarquable travail qu'il a publié sur les *Pensées* de Pascal,
sous la forme d'un rapport adressé à l'Académie française.

soit, pour le plus grand nombre, par notre impuissance à nous voir avec le seul secours de nos yeux et à nous parler à nous-mêmes en termes précis, Montaigne excelle à nous démêler, et il nous fournit lui-même les mots pour nous rendre compte de nos pensées. Rien dans nos dispositions ne reste obscur et caché; il nous fait voir pleinement ce que nous entrevoyons à peine, saisir ce qui paraissait hors de notre portée; et il ajoute ainsi à notre vue et comme à notre toucher, nous développant et nous agrandissant sans nous faire sortir de nous. Ce que Pascal, homme de génie, voit simultanément en Montaigne et en lui, et presque plus tôt en lui qu'en Montaigne, le moi humain, nous, la foule des esprits capables de se perfectionner par la culture, nous le voyons aussi, avec son aide et par son indication, charmés de nous estimer davantage dans le même temps que nous nous reconnaissons.

Cette première douceur de ressembler à l'aimable philosophe n'est pas la seule que nous y goûtions. Nous nous piquons de reconnaître notre personne dans la personne qui s'appelait Montaigne, dans ce portrait qu'il se garde bien de faire en une fois, de peur d'omettre certains traits et d'en forcer d'autres, mais qu'il a comme répandu dans tout le cours de son ouvrage. Qui ne s'est vu ou n'a cru se voir dans telle de ses dispositions habituelles, dans tel acte de sa conduite, dans certaines particularités de son tempérament et de ses goûts, dans ce soin même qu'il prend de noter tout ce qui se rapporte à lui? Quand il parle de ses faiblesses ou de certaines facilités qui, sans être des vices, sont bien moins encore des vertus, nous hésitons d'autant moins à les trouver en nous, que la pensée de les avoir en commun avec un homme supérieur nous en atténue le tort. Nous nous trouvons aussi quelques-unes de ses qualités, soit qu'en effet nous en ayons certains traits, soit qu'à notre insu, sous le charme de simplicité naïve avec lequel il nous en parle, le désir de lui ressembler nous persuade que nous lui ressemblons.

La méthode de Montaigne ajoute à toutes ses séductions. Les sujets de ses chapitres sont tantôt quelque axiome de morale, tantôt une vertu, une passion, une coutume, quelqu'un des mobiles qui font agir les hommes. C'est sur ces sujets qu'il nous convie à entrer en méditation avec lui. S'il s'agit d'une vertu, d'une passion, il en examine les définitions et en rapporte les exemples tirés de l'histoire générale ou anecdotique; si c'est une maxime générale, il réfute ou approuve, en les faisant valoir toujours, les contradicteurs qu'elle a rencontrés; si c'est quelque doctrine rendue orgueilleuse et intolérante par ceux qui s'en autorisent ou qui en profitent, il s'amuse des échecs et des démentis qu'elle a reçus. Puis il compare, sur chaque point particulier, le présent avec le passé, les opinions que d'autres en ont eues avec celle qu'il en a lui-même, les actions qui s'y rattachent avec sa conduite personnelle. J'omets les accessoires, les récits, les anecdotes, les digressions sur les points qui avoisinent le sujet, les citations traduites ou paraphrasées, ces mille caprices d'un homme qui n'est point pressé, et qui s'attache à son propos tant qu'il ne s'offre pas quelque occasion agréable de s'en distraire.

Méthode attrayante, mêlée de tous les genres et de tous les tons; le dogmatique arrêté à temps, coupé par des récits et de piquantes confidences sur lui-même, jamais pédantesque, même aux endroits où Montaigne paraît être le plus sérieusement de l'opinion qu'il professe; la causerie jamais vaine; l'auteur remplaçant à propos par un discours serré le laisser-aller du causeur; tous les genres de style agréablement mêlés, depuis le plus relevé jusqu'au plus familier, sans attendre que le relevé ait trop tendu l'esprit du lecteur, ni que le familier l'ait relâché; toutes les formes du discours appelant toutes les ressources de la langue.

Y a-t-il une méthode dans cette sorte de journal de sa pensée, dont les feuillets se suivent sans se lier, qui porte des titres de chapitres, mais qui, selon l'humeur de l'écrivain, promet plus qu'il ne tient, ou tient plus qu'il ne promet? Montaigne est-il autre chose qu'un penseur capricieux et profond, qui, tantôt de son premier mouvement, tantôt sur l'invitation de l'auteur qu'il lit, de Plutarque le plus souvent, se porte ou se laisse mener vers tous les sujets de la méditation humaine? Il écrit tour à tour sur la poésie, la médecine, l'histoire naturelle, la politique, les religions, la morale, selon ses humeurs et sa guise; s'intéressant à toutes ses idées, négligeant les transitions, n'émoussant pas les vives pointes de son esprit dans le travail patient de l'arrangement. Il se promène dans le monde des pensées comme un voyageur dans une contrée historique, avec la seule curiosité pour guide, laissant à chaque endroit qu'il a quitté une réflexion triste ou ironique, une rêverie, un souvenir.

Ouvrez Montaigne, n'importe à quel feuillet; dès les premiers mots vous serez au courant. Ce sont de ces livres qui commencent et finissent à toutes les pages; on le rouvrira dix fois au même feuillet, sans le trouver ni moins nouveau, ni moins inattendu. Il y a des gens qui ont toujours lu Montaigne, et qui ne l'ont jamais fini.

Il a peint admirablement ce caprice de son esprit et cette indifférence pour toute méthode : « Je n'ai point d'aultre sergent de bande à ranger mes pieces que la fortune : à mesme que mes resveries se presentent, je les entasse; tantost elles se pressent en foule, tantost elles se traisnent à la file. Je veux qu'on voye mon pas naturel et ordinaire, ainsi detracqué qu'il est; je me laisse aller comme je me treuve..... Je prends de la fortune le premier argument; ils me sont esgalement bons (1). »

Comme il a le mieux peint son humeur, Montaigne a le mieux défini son style : « Le parler que j'ayme, dit-il, c'est un parler simple et naïf, tel sur le papier qu'à la bouche; un parler succulent et nervéux, court et serré, non tant deslicat et peigné que vehement et brusque,

Hæc demum sapiet dictio, quæ feriet;

plutóst difficile qu'ennuyeux, esloigné d'affectation, desreglé, descousu et hardy, chaque loppin y face son corps; non pedantesque, non fratesque, non plaideresque. » C'est là, en effet, le style de Montaigne. Doué d'une imagination vive et poétique, qui se représentait les idées comme des objets et colorait les abstractions elles-mêmes; plein de finesse et de raison, riche

---

(1) *Essais,* liv. II, chap. x.

de son fonds et du fonds antique, il trouva la prose à peine sortie du berceau, hardie et aventureuse comme tout ce qui commence; il la plia aux caprices de sa pensée, et l'enrichit de tours originaux qui prirent cours en son nom. Derrière lui, pas de modèle qui fît loi; autour de lui, pas de critique qui l'accusât de violer la tradition, et qui lui opposât quelque vocabulaire officiel; mais une nation avide de gloire littéraire, et qui attendait sa langue de ses grands écrivains. Sans grammaires, sans règles, guidé par son instinct et par l'analogie, il osa tout pour exprimer sa pensée, et il traita la langue non comme l'héritage de tous, mais comme sa propriété personnelle. Ainsi en usent les hommes de génie avec des langues qui ne sont pas encore formées; ils imitent les gens du peuple, toujours enfants, même au sein des langues perfectionnées, lesquels, ayant plus d'idées que de mots pour les rendre, courent aux équivalents, aux comparaisons, aux figures, s'aidant de tout pour parler comme ils sentent, et se faisant dans la chaleur du moment une langue incorrecte, mais vive, expressive et colorée.

La langue de Montaigne n'est pas une des moindres séductions de ce grand écrivain. Chacun y trouve son compte. Les érudits en goûtent la nouveauté, et y admirent tant de tours et d'expressions conformes au génie de notre pays, et qui datent de Montaigne. Les ignorants, les esprits dont l'appréhension est molle et lâche, pour parler comme lui, et qui ne reçoivent rien dans leur raison que par l'imagination, sont éblouis de ces vives couleurs qui peignent les idées, et qui intéressent, pour ainsi dire, les sens aux perceptions de l'intelligence. Tous les esprits cultivés aiment cet heureux don d'exprimer des choses sensées par un tour piquant qui est proprement l'esprit, si national dans notre pays. La langue de Montaigne a les grâces et la liberté de celle de Rabelais, sans cette fureur qui roule les mots au hasard et en fait si souvent un jargon. Elle a l'exactitude de celle de Calvin, avec plus de variété; elle contient toute celle d'Amyot, aux richesses de laquelle Montaigne ajoute ses propres inventions; enfin elle réunit tout ce que le XVIe siècle a mis de science et de génie dans la formation de notre langue littéraire, désormais la langue de l'esprit moderne, langue maternelle pour nous, langue adoptive pour quiconque en Europe, dans les lettres, les sciences, l'art du gouvernement, dans les travaux de l'esprit ou de la politique, a laissé ou laissera un nom durable.

CHAPITRE SEPTIÈME.

§ I. Des principaux écrivains du second ordre au xvie siècle. — § II. La satire Ménippée. — § III. Des progrès de l'esprit français dans les lettres au xvie siècle, et de l'illusion que se font, à cet égard, quelques personnes. — § IV. Du caractère général de cet esprit, manifesté par les qualités et les défauts de Montaigne, et de ce que le xvie siècle laissait à désirer. — § V. Que demande-t-on au commencement du xviie siècle? — Charron. — Saint François de Sales. — Influence du règne de Henri IV.

§ I.

DES PRINCIPAUX ÉCRIVAINS DU SECOND ORDRE AU XVIe SIÈCLE.

La liste des grands prosateurs du xvie siècle est épuisée. On n'en peut pas compter plus de quatre; et encore l'un d'eux, Amyot, n'est-il qu'un traducteur de génie. C'est dans ces quatre prosateurs qu'il faut chercher la plus complète image de l'esprit français au xvie siècle. Les écrivains secondaires n'y ajoutent que fort peu de traits. Ils développent certains points; ils s'attachent à un ordre particulier d'idées, ils l'enrichissent de quelques détails. Mais, pour les grandes qualités qui font vivre les écrits, pour les beautés qu'on ne recommence pas, elles y sont rares comme les hasards de la veine chez les écrivains qui n'ont que du talent. Aux écrivains de génie, la gloire de marquer un progrès, de doter d'une conquête l'esprit humain. Aux écrivains de talent, le mérite de pressentir ce progrès ou de pousser cette conquête. Du reste, ils n'apportent rien d'essentiel, rien qui ne dût découler, comme une conséquence naturelle, des découvertes des écrivains supérieurs. Mais ils sont pour la foule comme des interprètes qui l'aident à comprendre les écrivains supérieurs. Ils rendent populaires, en les mettant à la portée de sa main, des vérités qui, dans leur forme première, seraient restées longtemps inaccessibles.

A ce mérite se joint, chez les écrivains secondaires du xvie siècle, un mérite de nouveauté durable dans la langue qu'ils emploient à tous les usages et introduisent dans toutes les matières. Ils forment ce qu'on peut appeler la langue intermédiaire entre celle que parle le peuple et celle que créent ces rares esprits, pour lesquels il faut réserver le nom d'hommes de génie. Aussi les écrivains secondaires tiennent-ils un meilleur rang au xvie siècle qu'aux deux siècles qui suivent, parce que la condition de ces derniers est moins bonne. Quand les langues sont arrivées à leur perfection dans des ouvrages marqués de toutes les qualités de l'esprit humain, personnifié lui-même dans l'esprit d'une grande nation, la plupart des écrivains secondaires ne font guère que ramasser ce que les écrivains supérieurs ont omis comme superflu. Quelques-uns affaiblissent en les développant, ou corrompent en les mêlant d'erreurs qui affectent la nouveauté, les vérités que ceux-ci ont exprimées; d'autres, qui ont plus de fougue et d'audace, se retournent tout à la fois contre les vérités et les disciplines consacrées par les œuvres du génie, et attaquent le goût du public par impuissance de le contenter. Au xvie siècle, où les écrivains supérieurs laissent d'ailleurs beaucoup à perfectionner, les écrivains secondaires ont l'importance et l'originalité d'auxiliaires chargés de quelque partie plus facile de la tâche commune, et qui, dans certains ordres de vérités et de connaissances, poussent l'esprit français et la langue, et complètent les conquêtes du génie.

On en compte de trois sortes : ceux qui continuent à enregistrer les faits contemporains, à l'exemple des chroniqueurs; ceux qui exploitent quelque partie de l'héritage de l'antiquité; ceux enfin qui en appliquent les méthodes et les immortelles leçons à améliorer le présent et à préparer l'avenir : les auteurs de Mémoires, les érudits et les écrivains politiques.

Parmi les auteurs de Mémoires, il faut noter les deux frères Du Bellay, famille d'excellents esprits, vivant dans les grandes affaires de la première moitié du siècle, et qui les racontent, l'un dans de simples Mémoires, à la façon des chroniqueurs ses devanciers (1), l'autre dans des histoires un peu fastueusement taillées sur le patron de Tite-Live, avec une certaine ambition pédantesque qui, dans ce temps-là, n'était pas d'un mauvais exemple (2); *le Loyal serviteur,* un inconnu, peut-être un des secrétaires de Bayard, dont il a raconté la vie dans une chronique pleine de grâce, de facilité et de naturel, où l'admiration, au lieu d'être banale, comme dans Froissart, est toujours sentie et justifiée; petit ouvrage charmant, du même caractère que les écrits de Marguerite de Valois, un fruit de l'esprit français touché par le premier souffle de la Renaissance (3). Viennent ensuite la nièce même de cette princesse, la seconde Marguerite de Valois, fille de Henri II et

(1) Martin Du Bellay, mort en 1559. — Mémoires de 1515 à 1547, pour faire suite à ceux de son frère.

(2) Guillaume Du Bellay, seigneur de Langey, mort en 1543. Huit livres de Mémoires sous le titre d'*Ogdoades.*

(3) 1527.

femme de Henri IV, auteur de quelques pages de Mémoires que l'Académie française, par un jugement où il entrait peut-être de la galanterie, regardait comme le modèle de la prose au xvie siècle (1); le cardinal d'Ossat, ambassadeur de Henri IV près la cour de Rome, esprit pénétrant, simple et droit, qui expose au roi son maître, d'un style abondant et ferme, toute sa négociation relative à certains projets politiques de Henri IV, et notamment à l'affaire de l'abjuration (2); Brantôme, dont la curiosité ne se renferme pas dans les choses de son temps et de son pays; qui recueille çà et là dans les livres et dans les ouï-dire les matériaux de sa chronique scandaleuse; du reste, dans ce goût peu honorable pour les immondices de l'histoire, plein de sens, de finesse et d'excellent style, et plus à blâmer peut-être pour avoir eu la plus malhonnête curiosité dans un siècle si curieux, celle des musées secrets, que pour avoir exploité de propos délibéré la corruption de son temps (3); le maréchal de Montluc, dont Henri IV appelait les Mémoires la *Bible des soldats*, jugement qui peint le livre (4). J'omets quelques noms, comme moins

(1) Morte en 1615. Mémoires de 1565 à 1587.
(2) Mort en 1604. Correspondance avec Henri IV.
(3) Mort en 1614.
(4) Mort en 1577.

marquants, non comme méprisables : une certaine jeunesse et naïveté de langage donnait du prix aux plus obscurs de ce temps-là.

Les érudits éminents sont en assez grand nombre. Les Budé, les Turnèbe, les Vatable, les Fauchet, les Ramus ont laissé des noms durables dans l'histoire de l'érudition française. Le premier, quoique ayant plus écrit en grec et en latin qu'en français, a été une des lumières de la Renaissance dans notre pays, et le conseil de François Ier dans ses fondations littéraires : le dernier eut la gloire de tenter avant tous ce que Descartes devait réaliser moins d'un siècle après, l'émancipation de la philosophie; sa mort même témoigna de la grandeur de ce service rendu à l'esprit humain. Pasquier, le plus agréable à lire peut-être, est ingénieux et sensé dans ses *Recherches*, piquant dans ses lettres, imitées de cet art de Pline le Jeune, qui fait valoir des riens par le soin de l'expression ; mais il ne s'y élève jamais à cet ordre d'idées où la langue est faite de génie. Henri Estienne, le plus illustre de cette famille, noble aussi par l'hérédité du savoir et du dévouement aux lettres, est plein de mouvement et d'enthousiasme dans ces ouvrages un peu confus, où il défend l'idiome français contre l'imitation italienne, et l'égale à la langue grecque; mêlant toutes choses, la philologie et la polémique, la dissertation et les anecdotes contre les catholiques, sa passion de réformé et sa passion d'érudit. Ouvriers habiles, gens de cœur, ces écrivains n'expriment rien mollement; tous savent donner à leurs pensées un tour vif et hardi, ceux qui ont éprouvé les passions de leur époque, comme ceux qui n'en ont senti que la curiosité ardente pour tous les objets de la connaissance humaine.

La première place dans ces seconds rangs appartient aux écrivains qui ont appliqué leur savoir à la réforme de la société. En tête, sont deux hommes d'un sens supérieur, les lumières du droit civil et du droit politique à cette époque, le plus grand jurisconsulte du xvie siècle, Dumoulin, et le plus grand économiste, Bodin. Dumoulin retrouvait les véritables sources et posait les règles fondamentales du droit français; Bodin mêlait à des rêveries pythagoriciennes deux principes excellents, et qui sont devenus du droit public, l'inaliénabilité du domaine royal et la nécessité du consentement des sujets pour la levée des impôts. Au-dessous d'eux, les frères Pithou éclaircissaient les questions si délicates des rapports, soit de la couronne avec le saint-siége, soit de l'Église gallicane avec l'Église romaine. Tous appartenaient à ce parti politique qui avait lui-même l'idée la plus élevée et la plus féconde de ce temps-là, l'idée de l'unité de la France en toutes choses; ils en poursuivaient la réalisation, comme penseurs et comme citoyens, par de bons écrits et par des vertus.

Ce ne sont toutefois que des écrivains à consulter : un seul ouvrage, dans cet ordre, est à lire, parce qu'il a défendu la bonne politique du temps par des moyens et avec un art qui sont de tous les temps : c'est la *Satire Ménippée*.

§ II.

LA SATIRE MÉNIPPÉE.

Le discours de l'imprimeur n'en est pas la plaisanterie la moins piquante. Il feint que l'auteur lui est inconnu; que, voulant l'aller remercier du grand profit qu'il a fait à l'impression et au débit de l'ouvrage, « auquel, dit-il, on a couru comme au feu, » il s'est longtemps enquis de sa demeure. On lui indique un seigneur Agnoste, du pays d'Aléthée, de la ville d'Éleuthère, habitée par les Parisiens, « gentilhomme de bonne affaire et point trompeur, qui aime mieux le concile de vin que de Trente (1). » Il demeure,

---

(1) Le sens de ce grec francisé est transparent : Agnoste (ἄγνωστος), inconnu; Aléthée (ἀλήθεια), vérité; Éleuthère (ἐλευθερία), liberté. Vérité, liberté, c'est une belle devise pour Paris.

lui dit-on, dans la rue du *Bon Temps*, à l'enseigne du *Riche Laboureur*. Notre imprimeur y court : mais il ne trouve ni bon temps, ni riche laboureur. Pourquoi? Demandez-le à la Ligue. Enfin il découvre un parent du seigneur Agnoste qui lui donne des explications sur le titre de *Satire Ménippée*, et répond aux critiques qu'on a faites de l'ouvrage. La principale porte sur la harangue du sieur d'Aubray, prévôt des marchands, qu'on a trouvée trop longue et trop sérieuse au prix des précédentes, qui sont courtes et burlesques. C'est une critique contemporaine qui n'a pas cessé d'être juste (1).

L'idée était fort heureuse d'imaginer une réunion des principaux personnages des états, et de leur faire tenir des discours où ils se trahissent eux-mêmes, et dévoilent leurs motifs intéressés et ceux de leurs amis. C'est de la comédie, quoique d'un ordre inférieur à celle qui démasque les personnages par le soin même qu'ils mettent à se cacher. Mais les caractères en ont de la vérité, soit comme personnages historiques, soit comme hommes de tous les temps; et l'on se prête volontiers à une fiction qui fait dire aux orateurs ce qu'ils ont le plus d'intérêt à taire.

(1) La satire Ménippée est l'ouvrage de quatre auteurs, Gillot, conseiller au parlement, Pierre Pithou, et les poëtes Rapin et Passerat.

Il est même bon nombre de choses qu'ils ont pu s'avouer à eux-mêmes. Par exemple, s'il y a de l'excès à supposer le duc de Mayenne se vantant ouvertement et à mots découverts de sa lâcheté, de son avarice et de tous ses manques de foi, il n'est que vraisemblable de lui faire dire qu'il n'a jamais voulu engager son armée contre le Béarnais, pour se réserver, ni le serrer de trop près, de peur d'être excommunié. Car quel est le lâche qui ne se croie pas simplement prudent? Et ne s'est-il pas rencontré au xvie siècle quelque méchant général persuadé que s'il reculait devant un ennemi hérétique, c'était par scrupule de religion? Ailleurs, quand Mayenne avoue qu'il a toujours songé à faire quelque chose de bon pour lui et les siens, n'a-t-il pas pu croire, dans la bonne foi de sa cupidité, que c'était un juste prix de ce qu'il avait fait pour la Ligue?

De même, s'il peut paraître trop fort que le cardinal de Pelvé se targue de la bassesse intéressée de son dévouement à la maison de Lorraine, quoi de plus vraisemblable qu'il loue Philippe II d'être prêt à donner une partie de ses royaumes, pour que tous les Français deviennent bons catholiques et reçoivent la sainte inquisition? Beaucoup d'âmes simples le croyaient.

Il n'est pas moins piquant de faire dénoncer

les arrière-pensées de la Ligue par un homme qu'y avaient jeté l'or de l'Espagne et l'espoir du chapeau. Ce personnage, c'est l'archevêque de Lyon. Calviniste dans sa jeunesse, avec les mœurs des pantagruélistes, mangeur de viande en carême et incestueux, la grâce de Dieu et celle des doublons d'Espagne, dit la satire, l'a déterminé à signer la sainte Ligue. Nul ne peut parler plus pertinemment des mobiles secrets et des conversions qui en ont grossi le parti.

Par une convenance satirique du même genre, c'est le docteur Rose, recteur de l'Université, tout à la Ligue, qui retrace les ravages des études, les paysans de la banlieue remplaçant les professeurs et les élèves, les classes servant d'écuries aux bestiaux. Il attaque son propre parti; il signale les intrigues de Mayenne contre son neveu le duc de Guise, sa politique qui tend toute à sa conservation. C'est le pédant qui se croit encore devant ses écoliers en régentant ses complices. « Vous êtes trop de chiens à ronger un os, » leur crie-t-il. Le lieutenant général Mayenne se baisse vers le légat, et lui dit à l'oreille : « Ce fol icy gastera tout le mystère. » Excellent trait, qui atteint à la fois les chefs et les auxiliaires d'une mauvaise cause.

La harangue du docteur Rose excite un grand

tumulte. Les massiers hurlent : *Qu'on se taise!* n'osant dire : *Paix là!* Le mot *Paix* est interdit dans cette réunion de faux braves qui font la guerre derrière Philippe II.

M. de Rieux, député pour la noblesse, complète cette galerie burlesque. On l'appelle M. de Rieux le jeune, parce qu'il n'est pas de l'ancienne maison de Rieux. C'est le fanfaron de la Ligue. Il en affiche effrontément les vrais motifs et se vante de ses cruautés, comme Montluc dans ses *Mémoires*. De Rieux a le délire de la guerre civile. « Que ne me fait-on roi? dit-il. Je suis plus que tous ceux-là : car mon grand-père était maréchal en France ou de France, et s'il a gagné *enfer*, je gagneray *Paradis*. » Il fut pendu à Compiègne en l'année 1594. La *Ménippée* lui fait prédire sa fin. « Si je puys prendre Noyon, dit-il, je feray la moue à ceux de Compiègne. » En effet, ceux de Compiègne lui firent faire la moue, en le pendant (1). Voilà le type du condottieri des guerres civiles. C'est l'enfant de l'anarchie politique et religieuse : il n'a ni Dieu ni roi, et il pille indistinctement les deux partis, sous prétexte qu'ils n'ont ni le vrai roi ni le vrai Dieu.

(1) C'est, du reste, un trait ajouté dans l'édition de 1594. On s'explique qu'il ait manqué dans les premières copies qui coururent en 1593, avant la mort de ce de Rieux.

Toute cette partie de la *Satire Ménippée* est un fruit du pur esprit français, tel qu'il paraît dans nos trouvères, dans Villon, dans Marot; cultivé, mais non transformé par la Renaissance. J'y reconnais la gaieté satirique de nos pères : rien n'y manque, ni le trait qui déchire, ni le jeu de mots qui assaisonne le sens, ni la pointe pour les goûts un peu grossiers. Quoique ce soit l'œuvre d'érudits, le grief national qui les a inspirés est si vif et si profond, qu'ils en oublient jusqu'à l'érudition, et qu'aucune imitation de l'antiquité ne paraît dans cette explosion de la vraie France blessée dans sa foi, dans son indépendance nationale, dans sa raison. Le but de ces harangues burlesques est d'ailleurs d'en rendre les héros ridicules : et à qui donc la France irait-elle emprunter l'arme du ridicule ? Mais la Renaissance a mis sa noble marque dans la harangue du prévôt des marchands, d'Aubray, la dernière du recueil et la seule qui soit écrite dans le ton sérieux. Elle aurait pu être prononcée par d'Aubray, lequel était « ainsi copieux et abondant en raison, dit la préface de l'imprimeur, et ne trouvoit jamais fin de son savoir ni de ses discours (1). » C'est encore l'esprit français, non plus sous les traits de Panurge, mais parlant la

---

(1) La harangue de d'Aubray est l'ouvrage de Rapin.

belle langue de Gargantua, dans son plan d'études; on y sent les fruits de la culture antique. D'Aubray a lu les modèles de l'éloquence latine; il s'en est assimilé la méthode et le tour. Il fait justice de la Ligue, au nom des principes éternels qui condamnent toute anarchie; il oppose à sa politique la vraie politique de la France, et il retrouve, pour peindre les horreurs de la guerre civile, les accents de Démosthène dévoilant Philippe, et de Cicéron accablant Antoine. Tout cela, sans doute, trop peu proportionné, trop long, — d'Aubray l'avoue lui-même en finissant, — quelquefois trébuchant de l'éloquence dans la déclamation, ou mêlé d'un certain mauvais goût, déjà moins pardonnable après Montaigne, mais vif, nerveux, abondant en raisons solides; premier manifeste et première image durable du parti de la modération dans notre pays.

§ III.

DES PROGRÈS DE L'ESPRIT FRANÇAIS AU XVIe SIÈCLE, ET DE L'ILLUSION QUE SE FONT A CET ÉGARD QUELQUES PERSONNES.

On peut dire qu'au XVIe siècle tout le champ de la pensée avait été défriché. Le présent, le passé, l'avenir, occupaient à la fois les intelligences, le présent raconté dans les Mémoires, le passé retrouvé par l'érudition dans les deux antiquités, l'avenir pressenti et comme préparé par les libres spéculations des moralistes, par les vœux de tolérance, par l'esprit de réforme civile et politique qui pénétrait dans la société française.

La religion, la philosophie, la morale, la politique, jusqu'alors confondues dans une sorte de science encyclopédique dont la théologie était la clef, s'étaient enfin séparées et classées, chacune à part, avec un domaine distinct et dans des limites déterminées.

La religion avait été renouvelée par la Réforme. La philosophie, jusqu'alors abîmée dans une science bien plus vaste et bien plus positive, la théologie, commençait à s'en retirer et à se séculariser.

La politique, comme science générale du gouvernement, avait suscité de profonds penseurs; la politique française proprement dite, celle de l'unité nationale, avait inspiré un pamphlet qui est demeuré.

La morale, comme règle générale des devoirs, s'était séparée du casuitisme, ou de la morale selon la théologie; et comme science non-seulement de la vertu en général, mais de toutes les bienséances particulières, quels admirables interprètes n'avait-elle pas eus dans Rabelais et dans Montaigne? La sécularisation de la morale, c'est peut-être l'œuvre la plus originale du xvie siècle.

J'ai dit que la matière unique de l'activité intellectuelle de ce siècle, c'était l'homme, l'humanité considérée du point de vue le plus général. Avant ce siècle, ainsi qu'il résulte des livres tant savants qu'écrits en langue vulgaire, l'idée de l'humanité est à peine touchée ; et, dans cette universelle préoccupation du présent, elle ne paraît guère qu'un souvenir involontaire qui se glisse parmi les pensées données aux choses contemporaines. L'homme tout entier, possédé par le moment dans lequel il vit, ne se retourne pas vers le passé, ne regarde pas vers l'avenir, et l'on peut dire sans exagération qu'avant le xvie siècle, ce qui a vécu dans les temps écoulés n'est qu'une faible tradition, et ce qui vivra dans les temps futurs, qu'un mystère.

Au xvie siècle, le passé et l'avenir tiennent plus de place dans les pensées que le présent, et le présent lui-même n'est plus considéré comme le temps tout entier, mais comme le passage de ce qui a été à ce qui sera. L'homme se reconnaît dans les hommes d'autrefois ; il agrandit sa vie en la reculant par delà le jour où il est né, en la prolongeant par delà les jours qu'il lui est donné de vivre. L'idée de l'humanité n'est plus une tradition confuse : c'est l'occupation même et la vie des intelligences. Il en paraît enfin une image dégagée de toutes les formes qu'elle reçoit dans chaque temps particulier, des religions et des sociétés diverses, et composée de ces traits généraux et communs qui constituent l'unité de l'homme, si divers par le temps et le lieu. C'est cette image que Montaigne nous a fait voir ; c'est cet homme des *Essais*, vu sous tant de faces, démêlé sous tant de déguisements, dépouillé de tant de costumes ; c'est cet homme examiné de si près, si épié, placé sous tant d'aspects et éclairé par tant de lumières, qu'on croirait qu'il n'y a plus rien à en écrire après le xvie siècle. De là, l'illusion de quelques personnes de notre temps, auxquelles il paraît que le xviie siècle en a moins su que le xvie sur ce grand sujet, et qu'il y a plus d'idées au temps de Montaigne qu'au temps de Bossuet : véritable illusion d'optique, si cela peut se dire, dont la cause est une certaine disposition d'esprit propre à notre siècle, et qui lui est commune avec le xvie siècle.

Je veux parler de la disposition qui nous a fait substituer, dans toutes les parties des connaissances humaines, la science à la croyance. Nous avons plus de curiosité que de foi. Dans la philosophie, nous faisons l'histoire des écoles, nous dissertons ingénieusement des mérites et des défauts de chacune. Mais qui donc s'attache aux principes eux-mêmes, c'est à savoir à la moelle même de la science ? Qui donc a la noble ambition de nous faire gravir un degré de plus de l'échelle mystérieuse par laquelle l'homme prétend s'élever jusqu'à Dieu avec les seules forces de sa raison? Dans l'histoire, nous faisons passer les particularités avant la moralité; nous cherchons l'individu sous le héros, et nous sommes plus curieux de ce qui diminue l'autorité des grands exemples que de ce qui peut y ajouter. En politique, nous tâtonnons entre différents principes, tous mal notés, soit à cause des excès qui en ont déshonoré l'application, soit à cause de leur impuissance à retenir les nations sur cette pente qui les précipite vers le mal, par l'ardeur du mieux. Les généralités nous fatiguent; nous aimons mieux les idées particulières qui nous donnent la réputation d'esprit, et qui nous laissent libres de notre conduite. C'est à cause de cette ressemblance avec notre siècle, que le xvie siècle plaît si fort aux esprits dont j'ai parlé, et qu'il leur paraît plus riche intellectuellement que le xviie. Ce nombre infini de nuances dans les idées et de particularités dans les faits, cette curiosité insatiable, l'essentiel perdu dans le superflu, rien d'oublié, rien d'omis, et l'incertitude sur toutes choses offerte aux esprits comme l'ombre de cette liberté dont ils sont si jaloux, voilà d'où vient l'illusion de ces personnes. Elles tiennent cette abondance pour une marque d'invention, cette diversité pour variété; et, ce qui ne devrait jamais avoir lieu dans les choses de l'intelligence, elles mettent la quantité avant la qualité.

Mais selon mon jugement, qui ne peut compter qu'à titre d'adhésion réfléchie au jugement le plus général, c'est par cette abondance et cette diversité même que le XVIe siècle est si imparfait, et qu'il rend le XVIIe si nécessaire. Tant d'incertitudes fatiguent l'esprit, tant de nuances le dispersent. Après cette revue du XVIe siècle, j'éprouve un sentiment de lassitude et comme une sorte d'éblouissement qui me font désirer le repos dans la pure lumière et l'ordre admirable du XVIIe siècle.

§ IV.

DU CARACTÈRE GÉNÉRAL DE L'ESPRIT FRANÇAIS MANIFESTÉ PAR LES QUALITÉS ET LES DÉFAUTS DE MONTAIGNE, ET DE CE QUE LE XVIe SIÈCLE LAISSAIT A FAIRE AU XVIIe.

Pour mieux apprécier la vérité de cette sorte d'impatience dont on est saisi après avoir lu les grands écrivains du XVIe siècle, il faut rassembler les traits qui leur sont communs, et en former une image de l'esprit français à cette époque, pour la comparer avec le type que nous en avons en nous.

Deux esprits contradictoires ont inspiré ces écrivains.

Chez les uns, c'est l'affirmation violente, inflexible, avec l'idée du recours à la force, pour contraindre les résistances ; c'est l'affirmation s'imposant à la foi. Tel est le caractère de Calvin, et généralement de tous les écrivains engagés dans les querelles de religion.

Chez le plus grand nombre, Montaigne en tête, c'est l'esprit de curiosité et de libre examen. La Réforme avait invoqué contre le catholicisme le principe du libre examen ; mais à peine conquis, elle l'avait étouffé dans son sein, ne le trouvant bon que contre ses ennemis. Les penseurs du xvie siècle s'en emparèrent, et l'étendirent à toutes les matières, à tout ce qui intéresse l'homme. L'esprit de curiosité et de libre examen, avec le doute, son compagon inséparable, tel est le caractère le plus général des écrivains du xvie siècle.

La curiosité était le sentiment le plus naturel à cette époque. Quelle vie pouvait suffire à la satisfaire? Qui pouvait se flatter seulement de passer en revue toutes ces richesses de l'esprit humain, et ces deux antiquités, répandant à la fois tous leurs trésors? Nous avons vu chez quelques-uns le savoir poussé jusqu'à l'ivresse. C'étaient de nouveaux enrichis, passant soudainement de la pauvreté à l'opulence, et possédés par leur fortune au lieu de la posséder, selon le précepte des sages. La plupart se bornent à couver des yeux leurs trésors. Le savoir a ses voluptueux et ses martyrs. Et ce qui fait l'originalité de ce siècle d'érudits, c'est que leur curiosité est animée, intelligente, enthousiaste, et que ces conquérants qui, sur l'invitation de Du Bellay, mettent au pillage les deux antiquités, témoignent leur joie ou leur surprise à la vue de tant de richesses, avec une naïveté et une vivacité admirables.

Quant au doute, né en partie de cette curiosité, en partie des excès même de l'affirmation dans les choses de la religion, il n'est pas le même que celui dont notre siècle se plaint d'être travaillé.

Nous faisons grand usage ou grand abus de ce mot. Il signifie généralement un état douloureux, inquiet, fort corrupteur à mon sens, si l'on y prend garde.

Le doute au XVIe siècle, le *Que sais-je?* n'a rien de douloureux. C'est le doute académique qui ne reconnaît que le vraisemblable, et qui, pour les points où il faut se décider immédiatement, se détermine par la coutume. C'est un goût égal pour les choses les plus contradictoires, plutôt qu'une défiance systématique ou inquiète des choses reconnues pour vraies. Douter, d'ailleurs, n'est-ce pas apprendre? et qui peut se flatter dans une vie d'homme d'avoir assez appris, pour cesser de douter? Entre les deux penchants les plus marqués de notre esprit, le désir de connaître et le besoin de se fixer, le premier est si excité par la nouveauté et la richesse des objets à connaître, qu'il parvient à tromper le second, et qu'il prend possession de l'esprit tout entier. Qui nous presse d'affirmer? semblent dire les penseurs de cette époque. N'en voyons-nous pas de beaux résultats autour de nous? Et ils continuent de douter, tant qu'ils ne savent pas tout.

On sent, du reste, les fâcheux effets de cette curiosité et de ce doute : le manque d'autorité, l'importance excessive donnée à l'individu, la pensée dégénérant en un jeu d'esprit. Tels sont les défauts des écrivains penseurs du XVIe siècle; et j'entends par défauts, non les taches de détail qui gâtent un ouvrage excellent, mais de mauvaises conditions pour voir la vérité et pour l'exprimer dans un langage durable.

Il est vrai que le doute du XVIe siecle, particulièrement dans les écrits de Montaigne, n'affecte jamais l'air dogmatique. Il ne prescrit rien, il ne règle rien. Pascal a dit (1) : « C'est le doute qui doute de soi, c'est l'ignorance qui s'ignore; »

(1) *Pensées.*

et plus loin : « Laisser aux autres le soin de chercher le vrai et le bien ; demeurer en repos ; couler sur les sujets, de peur d'enfoncer en s'appuyant ; ne pas presser le vrai et le bien, de peur qu'ils n'échappent entre les doigts ; suivre les notions communes ; agir comme les autres. » Voilà une image saisissante de l'esprit de Montaigne. C'est par là que s'explique son manque d'autorité sur le lecteur. Le doute sur le vrai et le bien ne convient qu'aux esprits très-légers, ou exclusivement occupés de leurs commodités présentes. Un esprit qui approfondit, qui peut trouver à s'attacher hors de soi, s'en est bien vite fatigué. S'il ne réussit pas à se fixer, c'est la marque même de sa distinction que d'y travailler ; car qui ose dire qu'il n'existe ni vrai ni bien, et que s'il existe, n'y ayant rien de plus digne d'être recherché, le poursuivre ne soit la tâche des esprits les plus généreux et les plus excellents ? C'est aux yeux de ces esprits-là, et de ceux qui, plus sensés que curieux, voient la brièveté de la vie, et combien il importe davantage d'éclairer la volonté que d'étendre le savoir, qu'éclate ce défaut d'autorité, le pire peut-être dans les ouvrages de l'esprit. Ces vaines caresses qu'on fait à ma liberté me séduisent d'abord : c'est par ma vanité que Montaigne veut me gagner à son doute, et je suis près de m'y laisser prendre. Mais je me lasse bientôt de cette complaisance, qui, si je n'y prends garde, va me dégoûter de toute vertu demandant un effort, et je finis par la trouver moins conforme à ma nature, bien qu'elle en chatouille toutes les faiblesses, que l'autorité et la discipline qui me règlent et me châtient. La liberté intérieure dont nous dote Montaigne est un leurre; il faudrait qu'il y pût joindre sa condition, pour qu'elle nous contentât, ou plutôt pour qu'elle ne nous fût pas funeste.

Un autre effet de la curiosité et du doute, c'est de donner une importance excessive à ce qu'il y a de personnel en chacun de nous. Le *moi si haïssable* de Pascal, il l'a d'abord vu dans Montaigne, à travers toutes ses adresses pour le rendre agréable. En effet, dans cette incertitude de toutes choses, qu'y a-t-il de certain que le *moi?* Et dans ce moi, composé d'un être double, d'une âme qui pense et d'un corps qui a des besoins certains, mais si difficiles à démêler d'avec ses passions, pour qui sera la préférence, ou de l'âme qui ne pense que des choses douteuses et ne remue que des obscurités, ou du corps dont les instincts sont si clairs et si impérieux? Nous voilà donc glissant insensiblement dans l'amour de notre bien-être, à la merci d'une certaine modération de tempérament, dont notre raison n'aura pas l'honneur, et nous déterminant dans nos jugements par nos humeurs ou nos intérêts. Qui sait même si nous ne pousserons pas l'amour de nous jusqu'à nous prendre pour la vérité elle-même? Qu'est-ce donc que la *faim de se connaître,* qui ne doit pas nous amener à distinguer en nous le bon du mauvais, à faire un choix, sinon l'extrême raffinement de l'amour de soi? J'ai peur que ce ne soit pour s'aimer, que Montaigne est si affamé de se connaître, et que le mauvais qu'il voit en lui ne lui paraisse simplement une chose différente du bon. Il s'en faut que les autres connaissances l'intéressent aussi vivement que celle-là; les plus importantes n'ont pas la vertu de l'attacher; il n'y a pas de risque qu'il s'y fasse une maîtresse qu'il aimerait plus que lui. Combien, au contraire, ne le vois-je pas attaché à la mobilité de sa nature individuelle? et quel sujet peut l'en éloigner pour plus d'un moment, ou ne l'y ramène pas sans cesse? Quel détail en a-t-il omis ou observé médiocrement? Il a eu plus de pudeur avec son valet de chambre qu'avec la postérité.

Enfin, voyez, par tant d'exemples où Montaigne et ses contemporains pensent au hasard et sans objet, combien cette curiosité et cette jalousie de son libre arbitre peut tromper d'excellents esprits. Cette intelligence qui a si peur de servir, qui se défie de la vérité à cause de sa ressemblance avec l'autorité, qui redoute si fort de se laisser surprendre, qui s'estime si au-dessus de son objet, voilà qu'un paradoxe sorti de quelque cerveau grec ou latin, un trait d'esprit, moins encore, un jeu de mots, a l'honneur de la mettre en branle, et de s'en rendre maître pour un moment! Une consonnance, une rime la font changer de route! Ce que dit Montaigne des causes qui déterminent sa volonté, de ces incertitudes où il faut si peu de chose pour le décider à jeter, comme il dit, sa plume au vent, peint naïvement les misères de cette liberté de l'intelligence qui résiste à un principe de morale universelle, et qui abdique devant une pointe! Les meilleurs écrivains de ce temps sont pleins de ces pointes; outre l'exemple de l'Italie, c'était un des effets de cet amour déréglé de la pensée pour la pensée. Où toutes les idées pèsent le même poids, où toutes les vérités ne sont que des idées, pourquoi une pointe n'aurait-elle point passé pour une vue de l'esprit?

La langue des écrivains en prose du xvie siècle trahit tous ces défauts. C'est une langue chargée et mal ordonnée. L'excès des mots y répond au défaut de choix dans les idées, le désordre y répond à la licence même de la spéculation et à la nonchalance du doute. Qui n'a rien à prouver, sinon que rien ne se peut prouver, ne pense guère à ranger ni à presser son discours. Il n'est pas étonnant que l'anarchie soit dans une langue où tout mot est souverain, parce que toutes les idées s'y valent. Ces nuances innombrables dans la pensée engendrent d'innombrables subtilités dans le langage. Les épithètes accablent le discours, rien n'étant présenté sous une face principale qui lui donne une valeur déterminée. Les images abondent, par cette illusion de l'esprit qui, n'ayant pas en vue une proposition considérable à prouver, donne à chaque détail un prix exagéré, et force le langage, moins pour tromper les autres que parce qu'il se trompe lui-même. Les écrivains s'échauffent sur chaque mot en particulier : ils ont une certaine verve de détail, dans un tout mal assemblé et languissant.

Par la théorie qu'en a donnée le plus habile d'entre eux, Montaigne, on peut apprécier tout ce que notre langue laissait à faire à ses successeurs. Parmi des vues d'une justesse admirable qui font de Montaigne un grand écrivain de tous les temps, il en est plus d'une où l'on reconnaît l'écrivain marqué des imperfections du sien. « Le maniement des beaux esprits, dit-il, donne prix à la langue, non pas l'innovant tant, comme la remplissant de plus vigoureux et divers services, l'estirant et ployant. Ils n'y apportent point de mots, mais ils enrichissent les leurs, appesantissent et enfoncent leur signification et leur usage (1). » La défiance de l'innovation est du grand écrivain de tous les temps ; le conseil fort dangereux d'enrichir les mots, d'en appesantir et d'en enfoncer la signification, est de l'écrivain du xvie siècle. Il transporte le principal travail des choses aux mots ; il l'arrête sur chacun en particulier ; il donne cette peur du langage de tout le monde qui fait qu'on s'épuise à tout déguiser et à tout transformer.

Je reconnais encore le grand écrivain de tous les temps dans cette critique de certains auteurs de son siècle : « Pourveu, dit-il, qu'ils se gorgiassent en la nouvelleté, il ne leur chault de l'efficace ; pour saisir un nouveau mot, ils quittent l'ordinaire, souvent plus fort et plus nerveux (2). » Mais voici qui est de l'écrivain du xvie siècle : « Le langage françois n'est pas maniant et vigoureux suffisamment ; il succombe ordinairement à une puissante conception : si vous allez tendu, vous sentez souvent qu'il languit soubs vous et fleschit ; et qu'à son default le latin

---

(1) *Essais*, livre III, chap. v.
(2) Ibid.

se presente au secours, et le grec à d'aultres. » Cette crainte d'en dire trop peu dans le discours, de laisser quelque chose de reste, et que ce reste soit le plus important, est bien d'un siècle plus affamé de connaissances que de vérité. J'y vois en outre une faiblesse des écrivains supérieurs commune aux plus médiocres par contagion, par laquelle ils font un tort à la langue de leur pays de résister à des conceptions molles ou extraordinaires.

Aussi Montaigne appelle-t-il le latin et le grec au secours de l'écrivain : « Et que le gascon y arrive, ajoute-t-il, si le françois n'y peut aller. » C'est la théorie de Ronsard. C'est ce fameux mélange des langues savantes et des patois provinciaux, la plus étrange des nouveautés conseillée par un homme qui tient toute nouveauté pour suspecte. Il n'y manque même pas le précepte d'employer les termes des professions réputées nobles. « Il n'est rien, dit-il, qu'on ne feist du jargon de nos classes et de nostre guerre, qui est un genereux terrein à emprunter (1). » De là au choix des *r*, comme faisant une belle sonnerie, il n'y a pas loin. C'est ainsi que Ronsard et Montaigne, quoique si inégaux et si différents, subissent l'influence du tour d'esprit de

(1) Toutes ces citations sont extraites du liv. III, chap. v.

leur siècle, lequel met le plus petit hors de sens, et trouble la raison du plus grand. Tous deux se trompent par la même illusion, en donnant trop aux mots, que l'un trouve trop peu nombreux, et l'autre trop peu significatifs pour ce qu'ils ont à dire.

De très-bons esprits, contemporains de Montaigne, lui en faisaient des critiques. « Tu es trop espais en figures, » lui disait son ami Estienne Pasquier. D'autres lui reprochaient d'employer des mots du cru de Gascogne. Pasquier, qui ne s'en aperçoit pas dans Ronsard, en est frappé dans Montaigne. On était plus exigeant pour les prosateurs que pour les poëtes; on y remarquait le superflu et le faux, parce qu'on y cherchait déjà l'utile et le vrai. Les mêmes hommes qui ne croyaient pas qu'un poëte pût être supérieur à Ronsard, imaginaient un prosateur plus parfait que Montaigne. La curiosité commençait à s'apaiser, le goût naissait.

§ V.

QUE DEMANDAIT-ON AU COMMENCEMENT DU XVIIe SIÈCLE? — CHARRON. — SAINT FRANÇOIS DE SALES. — INFLUENCE DU RÈGNE DE HENRI IV.

Aussi, que demandait-on au commencement du XVIIe siècle? Des vérités substituées aux idées, aux impressions, et, parmi ces vérités, celles-là surtout qui servent à la conduite de la vie. On demandait une méthode ; on sentait la nécessité d'une langue disciplinée, d'un choix dans les mots qui répondît à un choix dans les idées. On voulait en finir avec le Que sais-je? du XVIe siècle, et chercher ce qu'il faut savoir, pour connaître ce qu'il faut faire. Cette disposition a inspiré deux écrivains, qui, nés dans la seconde moitié du XVIe siècle, ont produit leurs meilleurs ouvrages dans les premières années du XVIIe, Charron et François de Sales. Écrivains secondaires tous les deux, Charron, pour avoir manqué des qualités du génie, François de Sales, parce que l'humilité chrétienne a enfermé le sien dans le cercle des vérités de piété, ils intéressent singulièrement par ce premier essai d'une méthode appliquée à la recherche de la vérité pour la conduite, et par un premier choix dans les idées et dans les mots, qui marque le passage du XVIe au XVIIe siècle. Ce que Charron fit pour la morale universelle, humaine, François de Sales le fit pour la morale chrétienne. Tous les deux ont regardé de deux points de vue différents l'homme, la vie, mais dans le même but, à savoir, pour les régler.

Charron (1) était l'ami et le disciple de Montaigne. Après des études faites à l'Université de

---

(1) Né à Paris en 1541, mort le 16 novembre 1603.

Paris, et, pour le droit, aux universités d'Orléans et de Bourges; après cinq ou six ans de pratique du barreau, dont il se dégoûta, pour s'attacher à la théologie et à la prédication, il devint, à l'école de Montaigne, moraliste, en gardant la méthode du théologien et cette habitude rigoureuse d'écrire pour convaincre. Montaigne, qui mourut en 1592, lui permit, par une clause testamentaire, de porter les armes de sa maison.

C'est en 1601 que parut, à Bordeaux, le livre qui a fait sa gloire, *la Sagesse*, publiée pour la première fois sous le titre de *Petit traité de la Sagesse*. La mort le frappa deux ans après, à Paris, comme il venait de terminer le manuscrit de la seconde édition. Le moraliste y oubliait si souvent le théologien, que le fameux jésuite Garasse y dénonça des hérésies, ce qui lui attira ce portrait du pédant dans la préface de cette édition : « Le pédant, dit Charron, est non-seulement dissemblable et contraire au sage, mais roguement et fièrement il lui resiste en face, et, comme armé de toutes pieces, il s'esleve contre lui et l'attaque, parlant par resolution et magistralement. » Montaigne eût mieux asséné le coup.

Après la mort de Charron, le parlement voulut supprimer le livre, et la faculté de théologie le censurer en forme; mais, grâce à quelques changements qu'y fit le président Jeannin, la seconde édition put paraître en 1604.

Les gens d'Église ne calomniaient pas Charron en l'attaquant. Le livre de *la Sagesse*, malgré les réserves les plus explicites et les plus sincères en ce qui touche la foi, s'y substituait à l'insu de l'auteur, en réglant par la morale générale certains points que la religion seule avait réglés jusque-là. On pouvait croire que, pour Charron, la religion n'était que la théologie, c'est à savoir, la science et la discussion des sources de la religion, une science d'obligation dans un pays chrétien, mais d'ailleurs sans application à la conduite de la vie, dans les rapports purement humains. Cet homme, si profondément chrétien, qui était chanoine et voulait être chartreux, ayant, pour ainsi dire, sous la main une doctrine qui règle toutes choses d'une manière si simple, qui ne laisse aucune objection sans réponse, aucune contradiction sans l'expliquer, demandait à cette sagesse, dont Montaigne venait de lui faire voir si clairement les obscurités et les misères, une règle dont l'imperfection avait été la thèse même du livre des *Essais*. Entre deux sortes de réfutation des athées, des païens et des schismatiques, la réfutation philosophique et humaine, et la réfutation selon la foi et la théologie, il s'attachait à la première, et il composait pour des chrétiens une sagesse de tous les aphorismes des païens.

L'esprit du maître est d'ailleurs empreint sur le disciple. Il arrive souvent que la curiosité vient distraire et le doute tenter par ses complaisances un esprit enclin à se fixer et à croire, plus ferme qu'étendu, plus porté à affirmer qu'à douter, qui affirme avec autorité, mais qui doute sans grâce. Dans le temps même qu'il écrivait son traité *De la Sagesse*, faisant bâtir une petite maison à Condom, en l'an 1600, il y mit sur la porte : « *Je ne sçai.* » Entre cette devise et celle de Montaigne, il y a cette différence que Charron semble y avouer qu'il a été par moments incommodé de l'ignorance qui fait les délices de Montaigne. « Que sais-je ? » est d'un épicurien aimable, satisfait de savoir pourquoi il ne sait pas, s'en faisant peut-être une gloire secrète, parmi tant d'ignorants ou de gens passionnés qui affirment. « Je ne sçai » est d'un esprit sévère, qui voudrait savoir pour enseigner, et qui s'étonne peut-être d'avoir quelquefois affirmé comme s'il avait su. Le doute du maître fait son plaisir; le disciple a essayé de tromper le sien par la rigueur d'une méthode; mais, des deux parts, c'est le même doute. Seulement, ce qu'il y a de sérieux dans celui de Charron, et par là même d'inconséquent, est la cause de l'impression équivoque que nous recevons de la lecture de son traité. On dirait un théologien que Montaigne a converti à son doute, *un opiniâtre affirmatif*, comme Charron appelle ses contradicteurs, gagné par un sceptique. La méthode ne convainc pas toujours, et le douteur en fait regretter un plus aimable.

Charron a retenu de son maître les formes du langage, ces figures, ces redoublements de mots pour renforcer le sens, l'étendre, en embrasser toutes les nuances; ces épithètes qui sont comme les faces diverses du même objet; ces images, si chères aux esprits spéculatifs, pour lesquels une demi-vue équivaut à une vue claire et entière. Mais ce langage du maître, dans l'imitation travaillée du disciple, jure au milieu de cet appareil de divisions et de subdivisions symétriques, de définitions, de distinctions dont Charron hérisse son livre, pensant le rendre plus clair et plus frappant. Le tour naïf de la spéculation libre est comme à la gêne dans les compartiments de cette sorte de scolastique, et le caprice du libre penseur fait trouver plus pesante la méthode du théologien. Cette langue a je ne sais quoi de pédantesque à la fois et de trop libre; le pédantesque revient à l'éducation et à la profession; le trop libre, à l'exemple.

Mais ni la rigueur n'en est assez concluante pour la raison, ni la liberté assez complète pour l'imagination. On cherche ce qui fait que le tour d'esprit de Charron n'a pas la franchise de celui de Montaigne, quoique avec tant de solidité en général, avec plus de profondeur que le maître sur certains points, et tant de ressemblance avec lui pour le style : c'est que l'écrivain dogmatique ne prouve pas assez, et que le sceptique de l'école de Montaigne veut trop prouver.

Malgré ces imperfections, qui font de Charron un écrivain de second ordre, son livre *De la Sagesse* fut d'un excellent exemple. Cette tentative, souvent heureuse, de recueillir en un corps tous les préceptes de la sagesse humaine, de les ranger dans un ordre naturel, de les traiter successivement, donna le goût des ouvrages méthodiques. C'est la première fois, en France, que la morale purement humaine était enseignée dogmatiquement. Peut-être même Charron est-il le seul de nos moralistes qui, nous ayant montré les diverses faiblesses de notre nature, nous ait indiqué pour chacune les moyens d'y remédier. Il a des prescriptions pour toutes les maladies. Si nous ne guérissons pas, ce n'est pas la faute de son livre; de plus grands médecins de l'âme y ont échoué. Mais après la gloire de guérir, qui est donnée à si peu, la plus belle consiste à nous faire connaître notre mal et les ressources de notre nature, et, par ce compte de nos faiblesses et de nos forces, à entretenir jusqu'à la mort le désir et l'espoir de la guérison.

Le même mérite de méthode et de proportion recommande les ouvrages de piété de saint François de Sales (1). Chaque point y est traité dans son ordre, avec une étendue proportionnée, sans mélange d'idées ou de développements qui n'y appartiennent pas. Mais ici ce n'est plus la sagesse humaine qui est la règle de la vie, c'est la religion. Les ressources que Charron veut tirer de notre nature pour résister à ses imperfections, saint François de Sales les tire de la foi. Le médecin de l'homme n'est plus l'homme, c'est Dieu lui-même, entourant l'âme chrétienne de sa providence, et s'insinuant dans ses plus secrets mouvements.

Les personnes pieuses, celles qui, ne pouvant s'élever à ce haut état, ne goûtent les ouvrages de spiritualité que par les vues qu'elles y trouvent sur la vie, savent avec quelle onction particulière et quelle douceur saint François de Sales administre ces prescriptions. Quel regard à la fois pénétrant et chaste il jette sur ces misères et ces désordres auxquels l'avait dérobé sa

(1) Né en Savoie en 1567; mort à Lyon en 1622.

précoce sainteté! Quelle hardiesse naïve et quelle mesure dans les peintures qu'il en a tracées! Quel tendre intérêt pour nos misères, que dis-je? pour les faiblesses qui les engendrent, pour les convenances de nos conditions diverses, pour nos amusements même, que sa douce vertu ne nous envie pas! Il touche à toutes les circonstances de la vie, il connaît tout, il dit tout, ou, comme il s'en rend le témoignage à la fin d'un chapitre sur *l'honnêteté du lit nuptial*, « il fait entendre sans le dire ce qu'il ne voulait pas dire (1). »

En tout ce qui regarde les actes de la vie secrète, il y a une grande différence entre Charron et lui. Charron, trompé par son honnêteté même, ou entraîné par l'exemple des licences du maître, fait tout voir grossièrement, ne croyant pas son âme complice de l'impureté de son intelligence. François de Sales ne lève qu'un coin du voile; il ne nous montre des égarements humains que ce qui peut nous en donner ou le regret ou la crainte; et toutefois telle est la force de ses peintures, qu'elles ne laissent jamais l'esprit incertain ni languissant.

C'était la première fois que la religion se dis-

(1) *Introduction à la vie dévote*, IIIe part., chap. 39.

tinguant de la théologie, au lieu de régler l'homme par des formules, condescendait à l'examiner dans le détail, et à reconnaître sa liberté par le soin même qu'elle prenait d'en surveiller tous les mouvements. Au lieu du sombre docteur de Genève, qui pousse des générations de sectaires vers la mort, dont son orgueil croit avoir le secret, et par delà laquelle il a marqué la destinée de chacun; qui ne permet à personne de s'attarder et de prendre haleine dans ce rapide et douloureux voyage vers l'autre vie; je vois un pasteur aimable qui conduit doucement son troupeau au dernier terme. A peine est-il sévère pour ceux qui s'égarent; pour les autres, il les laisse marcher de leur pas, trouvant bon qu'ils prennent quelques plaisirs honnêtes dans ce monde où Dieu les place pour quelques moments, à titre d'hôtes et de passagers. Chemin faisant, il parle à chacun selon ses besoins, s'aidant pour les persuader de tout ce qu'ils voient et de tout ce qu'ils aiment; tirant ses comparaisons des usages de leur vie, de leurs habitudes domestiques, de leurs souvenirs; rendant les enseignements sensibles en y intéressant leur imagination et leur cœur.

Né parmi les grands spectacles de la nature alpestre, élevé en Italie, saint François de Sales avait la mémoire remplie de toutes ces images de la grandeur et de la bonté de la Providence. Il a le sens de ces secrètes relations qui unissent l'homme au lieu qu'il habite, et tantôt il égaye sa piété par mille ressouvenirs de la vie des champs, des troupeaux, des abeilles, des vignes plantées parmi les oliviers, « des oiseaux qui nous provoquent aux louanges de Dieu, » tantôt il la rend familière ou spirituelle, comme une conversation délicate entre mondains, par des images tirées des travers ou des vices de la société. Tour à tour poétique et pittoresque, ingénieux et subtil, il ôte aux esprits les plus difficiles l'envie de remarquer quelques traces des défauts du temps parmi tant de beautés aimables que lui inspire le désir de plaire aux âmes pour les sauver.

Telles sont les qualités qui feront toujours lire avec charme, même par les plus mondains, le plus célèbre des ouvrages de François de Sales, l'*Introduction à la vie dévote*. Ajoutez-y toutes les grâces d'un style approprié à la matière, abondant et coloré dans tout ce qu'il emprunte d'images à la nature extérieure, délicat et exquis dans de chastes peintures des passions, insinuant et suave pour rendre la piété aimable, efficace parce qu'il est affectueux. L'Académie française, dans le choix qu'elle fit de quelques écrivains pour servir de modèles de la langue, ne se montra que juste en y joignant saint François de Sales à Malherbe.

L'*Introduction à la vie dévote* parut en 1608. Ce furent d'abord de simples lettres de direction écrites par le saint évêque à une dame de ses parentes. Cette dame les fit voir à un jésuite, qui en admira la solidité, et tâcha de persuader à François de Sales de les recueillir et d'en faire un ouvrage suivi, le menaçant, à son refus, de les publier lui-même. Pendant qu'il hésitait, Henri IV lui fit dire par un de ses amis qu'il désirait de lui un ouvrage qui servît de méthode à toutes les personnes de la cour et du grand monde, sans en excepter les rois et les princes, pour vivre chrétiennement, chacun dans son état. Il le voulait également éloigné de deux dispositions alors générales, par l'effet des guerres de religion, le relâchement né de l'idée que Dieu ne fait pas attention aux hommes, et le désespoir où conduit l'idée qu'il veille sur nous pour nous punir, et que la piété est impossible. Il demandait que cette méthode fût exacte, judicieuse, et telle que chacun pût s'en servir. Saint François de Sales ne se crut plus en droit de résister; il redemanda ses lettres à sa parente, et en composa l'aimable livre de l'*Introduction à la vie dévote*, qu'il adresse à Philotée, ou l'âme dévote. Henri IV avoua que ce livre avait surpassé son attente.

Je ne rappelle pas cette anecdote pour l'agrément, mais pour rendre au plus populaire de nos rois un hommage qui lui est dû. Il convenait à celui par qui l'ordre et l'unité s'établissaient dans l'État, de les prescrire dans les ouvrages de l'esprit. L'estime de Henri IV pour Malherbe et François de Sales n'est pas moins d'un grand roi que sa politique. Il sentit que le temps était venu où l'image de la France, arrachée aux partis intérieurs et victorieuse de l'étranger, devait se réfléchir dans les lettres; et il fournit aux quatre meilleurs esprits du temps, Charron, Malherbe, Regnier, saint François de Sales, un premier idéal.

FIN DU TOME PREMIER.

TABLE DES MATIÈRES
DU TOME PREMIER.

Préface de la seconde édition. i
Préface de la première édition v

LIVRE PREMIER.

CHAPITRE PREMIER.

§ I. Distinction entre l'histoire de la littérature française et l'histoire littéraire de la France. — Où doit commencer l'histoire de la littérature. — § II. Ce que c'est que l'esprit français. — § III. En quoi l'esprit français diffère de l'esprit ancien. — § IV. En quoi il diffère de l'esprit de quelques nations modernes. — § V. Comment l'image la plus exacte de l'esprit français est la langue française. — § VI. Des différences générales entre la langue française et les langues littéraires du midi et du nord de l'Europe. — § VII. Objet et plan de cette histoire.. 1

CHAPITRE II.

§ I. Où commence l'histoire de la langue. — Caractères généraux des premiers écrits en prose française. — Les Chroniqueurs. — § II. Des chroniques qui ne sont que des mémoires personnels. — Villehardouin et Joinville. — § III. Les Chroniqueurs de profession. — Froissart. — § IV. Travail de la prose française pendant les deux derniers tiers du xve siècle. — Christine de Pisan et les chroniqueurs de la cour de Bourgogne. — § V. Première ébauche de l'art historique. — Mémoires de Philippe de Comines 42

CHAPITRE III.

§ I. Caractères généraux des premiers écrivains en vers. — § II. Courte analyse du Roman de la Rose. — I. Guillaume de Lorris. — II. Jean de Meung. — § III. Des critiques dont le Roman de la Rose fut l'objet, du

TABLE DES MATIÈRES. 503

xive au xvie siècle. — § IV. Par quels caractères le Roman de la Rose a mérité son rang dans l'histoire de la poésie française. — § V. De quelques poëtes du xve siècle. — § VI. Charles d'Orléans. — § VII. Villon . 102

CHAPITRE IV.

§ I. De ce qui a manqué à l'esprit français et à la langue, du xiie au xvie siècle. — Qu'entend-on par les idées générales ? — § II. Dans quelle mesure l'esprit français, au moyen âge, a-t-il eu des idées générales ? — Des philosophes et des théologiens. — De la scolastique. — § III. De ce que la théologie en particulier a fait pour la langue. — Sermons de saint Bernard traduits en français. — Fragment inédit d'un sermon de Gerson. — § IV. Si les clercs ont eu plus d'idées générales que les écrivains en langue vulgaire ; pourquoi les uns et les autres en ont-ils si peu ; d'où ces idées doivent venir. 171

LIVRE DEUXIÈME.

CHAPITRE PREMIER.

§ I. De la Renaissance et de la Réforme, et de leur première influence sur l'esprit français. — § II. Quels auteurs en ont été touchés les premiers. — § III. Marguerite de Valois. L'*Heptaméron*, ou *Histoire des amants fortunés.* — § IV. Clément Marot. 200

CHAPITRE II.

§ I. Détails sur Rabelais. Histoire de Gargantua et de Pantagruel. — § II. De la part de la Réforme et de la Renaissance dans l'ouvrage de Rabelais, et de la part de création. — § III. Des progrès que Rabelais a fait faire à la langue littéraire. — § IV. Quel rang doit occuper Rabelais parmi les hommes de génie de notre pays. 236

CHAPITRE III.

§ I. De la philosophie chrétienne, et comment Calvin en exprime pour la première fois les vérités dans la langue vulgaire. — § II. Détails biographiques. Calvin fonde l'Église et le gouvernement de Genève. — § III. Des caractères généraux du calvinisme. La prédestination. — § IV. Lutte entre Calvin et le parti des libertins. Mort de Calvin. — § V. L'*Insti-*

tution chrétienne. Beaux côtés du génie de Calvin. — § VI. Mauvais côtés et défauts, et comment l'esprit du calvinisme est un schisme dans la littérature française. 279

CHAPITRE IV.

§ I. État de la poésie française après la mort de Marot. — Mellin de Saint-Gelais. — § II. Manifeste d'une nouvelle école poétique. — *Illustration de la langue françoise*, par Joachim du Bellay. — § III. Ronsard et son école.. 318

CHAPITRE V.

§ I. Explication du jugement de Boileau sur Desportes et Bertaut. — Caractère des poésies de Desportes. — § II. Bertaut. — § III. Malherbe. — Caractère général de sa réforme. — § IV. Détails biographiques. — Du caractère et du tour d'esprit de Malherbe. — § V. Détail des changements opérés par ce poëte dans l'art d'écrire en vers. — § VI. Perfectionnement de la langue et de la versification. — § VII. Des exemples donnés par Malherbe à l'appui de sa discipline. 368

CHAPITRE VI.

§ I. Comparaison entre les progrès de la poésie et de la prose, au XVIe siècle. — § II. Le *Plutarque* d'Amyot. — § III. Michel Montaigne. Comment il est formé par la Renaissance. — § IV. Le sujet des *Essais*. Caractère de Montaigne ; sa vie ; son temps. — § V. Caractère général des *Essais*. Pourquoi Montaigne a-t-il un goût particulier pour certains écrivains de la décadence latine ? — § VI. Des causes de la popularité de Montaigne.. 413

CHAPITRE VII.

§ I. Des principaux écrivains du second ordre au XVIe siècle. — § II. La satire Ménippée. — § III. Des progrès de l'esprit français dans les lettres au XVIe siècle, et de l'illusion que se font, à cet égard, quelques personnes. — § IV. Du caractère général de cet esprit, manifesté par les qualités et les défauts de Montaigne, et de ce que le XVIe siècle laissait à désirer. — § V. Que demande-t-on au commencement du XVIIe siècle ? — Charron. — Saint François de Sales. — Influence du règne de Henri IV. 459

FIN DE LA TABLE DU TOME PREMIER.

www.ingramcontent.com/pod-product-compliance
Lightning Source LLC
Chambersburg PA
CBHW051135230426
43670CB00007B/812